La Empresa Sostenible en América Latina: estudios de caso

La Empresa Sostenible en América Latina: estudios de caso

editores

Susan Ward, World Resources Institute
Lawrence Pratt, INCAE

WORLD RESOURCES INSTITUTE
1997

Carollyne Hutter
Directora encargada, Publicaciones

Maggie Powell
Gerente de Producción Electrónica

Hyacinth Billings
Gerente de Producción

Patricia Ardila
Redacción

Cada informe del Instituto de los Recursos Mundiales (WRI) trata un tema de interés público de manera erudita y oportuna. El Instituto asume la responsabilidad por la escogencia de los tópicos y por garantizar que sus autores tengan libertad de investigación. También solicita y responde a las orientaciones de consejos asesores y paneles de expertos. Sin embargo, toda interpretación o hallazgo que aparezca en las publicaciones de WRI es responsabilidad de los autores, a no ser que se indique lo contrario.

ISBN 1-56973-183-7

Impreso en papel reciclado

CONTENIDO

AGRADECIMIENTOS

Este volumen representa en sí mismo mucho más que una serie de estudios de caso. En realidad, el desarrollo de este proyecto se ha constituido en el vehículo principal para lanzar el programa LA-BELL y configurar una red amplia de académicos y practicantes que trabajan en temas relativos al desarrollo sostenible y empresarial en toda América Latina.

En este sentido, quisiéramos expresar nuestros agradecimientos a todos los individuos que participaron en la elaboración de este libro y cuyos esfuerzos permitieron llevarlo a un feliz término. Lloyd Timberlake de la Fundación AVINA merece un reconocimiento especial, pues fue instrumental tanto en la concepción original de LA-BELL como de este compendio. Sus ideas y apoyo han sido desde entonces un componente invaluable en el trabajo de MEB en América Latina.

Agradecimientos especiales también para Manuel Rodríguez Becerra de la Universidad de los Andes por sus ideas y ayuda en la estructuración del proyecto. Entre los individuos que también prestaron su contribución a este esfuerzo figuran los siguientes: Michael Jenkins de la Fundación MacArthur; Bob Wallace del Fondo Global Wallace; Renate Rennie de la Fundación Tinker; Jack Vanderryn del Fondo Moriah; Jacqueline Aloisi de Larderel del PNUMA; Sylvia Pinal del CEDSAL; Miguel Reynal de la Fundación Ecos; Enrique Ogliastri de la Universisdad de los Andes; Jorge Talavera de CLADEA, y Geoff Bearnard de The Nature Conservancy.

El equipo de MEB en su totalidad colaboró en la publicación de este libro. En particular, quisiéramos agradecer a Frederick Long, sin cuyo respaldo hubiera sido imposible sacar adelante tanto LA-BELL como el presente volumen, y a Matthew Arnold por sus continuas orientaciones en este proyecto. Patricia Londoño, Marijke Hallo de Wolf, Rebekah Paulson y Jennifer Kelly prestaron su valiosa asistencia en el trabajo con los autores de los casos, así como en las labores de edición y traducción de los originales.

Muchas otras personas contribuyeron con sugerencias y comentarios editoriales, incluyendo a los participantes de la Conferencia Global sobre Liderazgo realizada por MEB en 1995 y de la Conferencia sobre Liderazgo llevada a cabo por LA-BELL en 1996, donde se pusieron a prueba la mayoría de los casos.

En WRI quisiéramos agradecer al equipo de publicaciones, particularmente a Hyacinth Billings y Maggie Powell, así como a Patricia Ardila por su riguroso trabajo editorial.

Agradecimientos especiales para el Environmental Law Institute por sus valiosos comentarios y por el apoyo prestado a lo largo del proceso.

Deseamos expresar nuestra gratitud a las instituciones que financian LA-BELL por su apoyo generoso y continuo para este proyecto y para nuestro trabajo en América Latina. Son ellas la Fundación AVINA, la Fundación John D. and Catherine T. MacArthur, la Fundación Tinker, el

Fondo Global Wallace, el Programa de las Naciones Unidas para el Medio Ambiente, la Organización Internacional del Trabajo, Citibank, Eastman Kodak Company, la Fundación Leo Model y el Fondo General Electric.

Finalmente, este proyecto no hubiera sido posible sin el compromiso de las compañías participantes que tan generosamente compartieron sus experiencias, y sin el de los autores que con tanto interés y entusiasmo capturaron la esencia de los dilemas que hoy en día enfrenta el sector empresarial latinoamericano. A unas y otros nuestros más sinceros agradecimientos.

Prólogo

El presente volumen reúne algunos de los primeros estudios de caso escritos en América Latina sobre manejo ambiental a nivel de empresa. Estos casos ilustran una amplia gama de situaciones que tanto compañías como comunidades enfrentan en la medida en que sus actividades económicas interactúan con el medio ambiente. El objetivo principal de este trabajo es servir como instrumento de enseñanza en el marco de la educación empresarial. También se espera que constituya un recurso importante para los empresarios y responsables por la formulación de políticas de la región.

Los casos fueron escritos individualmente o en equipo por profesores de universidades y escuelas de administración de varios países de América Latina. A ellos se les solicitó que desarrollaran sus estudios en forma tal que sirvieran de base para la discusión y el análisis de situaciones o decisiones en el área de administración. Cada caso simula un dilema enfrentado por compañías y gerentes de la región. Con estos ejemplos no se trata de presentarle al lector soluciones a los dilemas planteados, sino más bien proporcionarle las mismas herramientas e información con que cuentan los gerentes que tienen que tomar decisiones concretas y oportunas en la vida real. Esto podría implicar trabajar con información incompleta y opciones contradictorias; con ello se espera que el estudiante se vea obligado a adoptar una alternativa en condiciones similares a aquellas en que la mayoría de los gerentes tienen que tomar decisiones a diario. Las discusiones en clase deberán estructurarse de manera que se le permita al estudiante analizar, comparar y defender sus decisiones. El profesor no da la respuesta porque no la tiene y porque tampoco existe una sola respuesta correcta. Su función es guiar al estudiante para que formule las preguntas adecuadas y para que considere todas las facetas de la situación en su análisis del caso. En la medida en que los estudios de caso que aparecen en esta colección fueron escritos por y para latinoamericanos, estos reflejan el estilo cultural y pedagógico que permite estimular una interacción dinámica en la clase en un escenario latinoamericano.

Los casos fueron desarrollados como parte integral de uno de los proyectos del Management Institute for Environment and Business (MEB), un programa del World Resources Institute (WRI) cuyo propósito es capacitar al sector privado de América Latina para que integre factores ambientales y de desarrollo sostenible en la toma de decisiones administrativas. Este esfuerzo, canalizado a través del programa LA-BELL (Latin American-Business Environment Learning and Leadership), es un proyecto conjunto del MEB, el Consejo Empresarial para el Desarrollo Sostenible de América Latina/CEDSAL (Business Council for Sustainable Development - Latin America/BCSD-LA), y las principales escuelas de administración de empresa en toda América Latina.

LA-BELL fue creado en 1995 con el apoyo de la Fundación AVINA y de la Fundación John D. and Catherine T. MacArthur. La Fundación Tinker y el Programa de las

Naciones Unidas para el Medio Ambiente también contribuyeron al desarrollo de este libro. En la fase inicial de la estructuración de LA-BELL, MEB condujo una encuesta informal entre los líderes académicos y empresariales de la región para evaluar qué tipo de aceptación tendría en la región un programa de educación sobre administración y medio ambiente. Los resultados confirmaron que a pesar del surgimiento de estándares ambientales internacionales como el ISO 14000, de las negociaciones encaminadas a la integración comercial del Hemisferio, y del incremento de las regulaciones ambientales a nivel mundial — todo lo cual ha ayudado a crear una mayor consciencia en la comunidad empresarial sobre la importancia de la problemática ambiental —, la mayoría de los educadores y escuelas de administración no han hecho lo suficiente por incluir los temas ambientales y de desarrollo sostenible en su curriculum. Podría afirmarse que prácticamente no existe material de enseñanza ni investigación seria sobre estos tópicos a nivel local, y que en general la mayoría de los profesores se hallan renuentes a enseñar temas que ellos mismos no tuvieron la oportunidad de estudiar y que por lo tanto desconocen. Es así como el desarrollo de materiales pedagógicos y la capacitación del profesorado se ha convertido en una prioridad para el programa LA-BELL.

Un número importante de profesores de administración de empresas de toda la región fue invitado a presentar sus propuestas para el desarrollo de estudios relacionados con temas de administración y medio ambiente en América Latina. La colección de casos aquí reunidos es el resultado de este esfuerzo. Se espera que estos constituyan un material básico para los cursos y programas de manejo ambiental, así como un marco de referencia para académicos de otras disciplinas con un creciente interés y experiencia en este campo en toda América Latina.

En términos del contenido, los casos ilustran una amplia variedad de iniciativas impulsadas por el sector privado en toda la región para mejorar el desempeño empresarial y al mismo tiempo reducir el impacto ambiental de sus actividades. Los ejemplos versan sobre una amplia gama de empresas: desde pequeños negocios hasta grandes compañías, desde complejos industriales hasta cooperativas agrícolas que van desde México hasta la Argentina. Como tales, los casos llenan dos vacíos críticos: 1) la falta de ejemplos locales sobre prácticas empresariales ambientalmente sanas, y 2) la carencia absoluta de materiales de enseñanza en el campo ambiental inspirados en las realidades socio-económicas únicas de América Latina.

Dado que el libro en su totalidad pretende ilustrar el amplio espectro de la actividad empresarial en la región, los casos no están agrupados por industria o por país, sino por el tipo de problemas que las compañías están tratando de resolver, de acuerdo con el imperativo empresarial o político que confrontan. Esta clasificación le da a administradores de empresas y otros individuos responsables por la toma de decisiones la oportunidad de ver las dimensiones de una amplia variedad de problemas. ¿Cómo se puede aumentar el valor agregado local en un área rural altamente marginada? ¿Cómo puede una compañía grande desarrollar una estrategia para un manejo ambiental de talla mundial en un país donde se le da muy poco valor al desempeño ambiental?

Esta colección de estudios de caso pretende entonces brindar a los educadores empresariales de toda América Latina las herramientas de enseñanza básicas para tratar temas de desarrollo sostenible y medio ambiente en sus cursos y curriculum. El volumen es también valioso para funcionarios responsables por la formulación de políticas que buscan entender mejor de qué manera ven las empresas el desempeño ambiental, para lograr diseñar estructuras normativas que promuevan un manejo ambiental óptimo.

Esperamos que en el futuro este volumen estimule el análisis y la investigación sobre temas de crucial importancia para el desarrollo sostenible en América Latina.

Susan Ward, WRI
Lawrence Pratt, INCAE
Editores

El Desarrollo Sostenible: Un Imperativo para América Latina*

El debate sobre la necesidad de conservar nuestro medio ambiente y asegurar un crecimiento económico continuo le ha dado un impulso al llamado "desarrollo sostenible" a nivel mundial. Si bien la definición del término todavía genera discusión, la mayoría concuerda en que debemos encontrar un camino hacia un desarrollo económico que proteja la base de recursos naturales y humanos necesaria para nuestro futuro bienestar y crecimiento. Se trata de un reto a la vez global y local: los países industrializados tienden a centrarse en imperativos globales tales como la protección de la biodiversidad y la capa de ozono, mientras que el mundo en desarrollo se concentra en necesidades locales como el acceso al agua potable y a fuentes de energía. Por lo tanto, es necesario encontrar soluciones que tomen en cuenta las preocupaciones ambientales, sociales y económicas en ambos niveles. El camino que cada región o país tome dependerá de su propia cultura, medio ambiente y contexto socioeconómico. La tarea es enorme; las generaciones actuales y futuras sufrirán las consecuencias de las decisiones y acciones que adopten los líderes de hoy.

América Latina es diversa y rica en recursos ecológicos y culturales. En la región se pueden encontrar muchas de las compañías más competitivas y tecnológicamente avanzadas del mundo. Con todo, y a pesar de la creciente urbanización, seguimos siendo fundamentalmente una región de economías agrarias y empresas pequeñas.

Los retos que enfrenta la región son grandes y variados. Los pueblos latinoamericanos viven muchos de los problemas que existen en los países altamente industrializados, siendo uno de ellos la contaminación industrial; al mismo tiempo experimentan problemas típicos de las naciones en vía de desarrollo como son la pobreza crónica, la destrucción acelerada de los recursos naturales, y las dificultades asociadas con la creación de valor agregado y riqueza a nivel local y regional.

Los gobiernos se ven agobiados por una serie de exigencias políticas y sociales que requieren acción inmediata para aumentar las oportunidades económicas. Sin

* Este capítulo fue escrito por el licenciado Eugenio Clariond Reyes, presidente y director ejecutivo del Grupo IMSA, S.A., México, y todas sus subsidiarias. Asimismo el licenciado Clariond es presidente del Consejo Empresarial para el Desarrollo Sostenible de América Latina (CEDSAL) y vicepresidente del World Business Council for Sustainable Development (WBCSD). Es también miembro fundador del Consejo Empresarial para el Desarrollo Sostenible — Golfo de México (CEDES-GdeM) y del Centro de Estudios del Sector Privado para el Desarrollo Sostenible (CESPEDES); es igualmente miembro de la junta directiva de Bat Conservation International y del Instituto Tecnológico y de Estudios Superiores de Monterrey (ITESM), México.

embargo, tales oportunidades deben surgir de esfuerzos concertados entre los diferentes sectores de la sociedad y no sólo del Estado, y se deben crear sin destruir los recursos necesarios para garantizar la prosperidad en el largo plazo. Después de varias décadas de políticas económicas fracasadas, América Latina ha adoptado la economía de mercado como marco para formular y llevar a cabo estrategias de desarrollo que apuntan a mejorar las condiciones de vida actuales sin comprometer los recursos naturales que constituyen el patrimonio de nuestros hijos.

La liberalización de las economías locales, junto con niveles cada vez mayores de inversión extranjera directa, han hecho que el sector privado se vea considerablemente comprometido a desempeñar su papel de fuerza motriz en este nuevo tipo de desarrollo. Más aún, con mejor acceso a un mayor volumen de información, a la tecnología y a la experiencia acumulada de la industria mundial, el sector privado se halla en una posición cada vez mejor para conducir la región hacia un futuro industrial más sostenible.

En sus operaciones diarias y planificación estratégica, las compañías líderes en todo el mundo están demostrando que la incorporación del desarrollo sostenible a sus operaciones comerciales les proporciona ventajas comparativas y competitivas. Estas ventajas se acumulan de diversas maneras: mediante el uso más eficiente de materias primas, menores costos en la eliminación de desechos, y la creación de productos más atractivos para los consumidores.

Es así como está surgiendo una nueva manera de concebir productos y procesos. Las compañías que anteriormente veían la protección ambiental como un gasto innecesario, ahora se dan cuenta que si consideran toda la cadena de producción y los procesos básicos de operación en su totalidad, descubrirán oportunidades para obtener ganancias a través de la implementación de medidas tendientes a conservar el medio ambiente.

Los estudios de caso que se incluyen en esta colección ilustran algunos de los procesos y resultados que reflejan esta nueva manera de pensar en el contexto latinoamericano. Asimismo muestran cómo las empresas están buscando formas de mejorar sus operaciones de negocios a través de los principios del desarrollo sostenible. Estos ejemplos —donde aparecen los pasos concretos tomados por una gran cantidad de empresas en toda la región — ilustran la amplia gama de oportunidades que existen cuando las compañías abordan el desarrollo sostenible como cualquier otra estrategia empresarial. Por ejemplo, Rhodia, la subsidiaria brasileña de una compañía multinacional francesa de químicos, está reduciendo sus costos de producción y mejorando el nivel de satisfacción de sus clientes utilizando mejores sistemas gerenciales. Mexicana de Cobre, la mayor productora de cobre en México, está financiando su expansión y mejorando su eficiencia adoptando medidas de protección ambiental. Biofert, una pequeña empresa costarricense de fertilizantes orgánicos, se podría convertir en un verdadero motor del mercado creando valor a partir de los desechos de otras empresas.

La experiencia de compañías líderes norteamericanas y europeas ha mostrado que el mayor reto para la industria está en la incorporación del desarrollo sostenible a las operaciones diarias de la empresa. La experiencia acumulada conduce a tres conclusiones críticas que constituyen enseñazas valiosas para la empresa latinoamericana.

1. La contaminación es evidencia de procesos ineficientes. En vez de concebir la contaminación o los desechos como el problema, los gerentes deben mirar "hacia arriba" para determinar qué parte del proceso productivo está "desperdiciando" el desecho. Al igual que los médicos, los gerentes deben identificar y curar la enfermedad y no sólo tratar sus síntomas.

2. La tecnología no es el remedio para todo. La clave del mejoramiento ambiental es la buena administración. Ciertamente, las soluciones tecnológicas son un componente importante de la ecuación. Sin embargo, es sólo a través de una buena administración en la que se incorporen herramientas financieras, de mercadeo, estadísticas y de ingeniería, que los responsables por la toma de decisiones aprenderán cómo y dónde hacer inversiones críticas en tecnología. Esto es particularmente importante en América Latina, donde los recursos financieros y técnicos son escasos y donde por necesidad los gerentes tendrían que competir a base de inteligencia con las industrias más capitalizadas del Norte.

3. Sólo el liderazgo firme de los ejecutivos de alto nivel puede conciliar las metas de la sostenibilidad en el largo plazo con la necesidad de obtener ganancias en el corto plazo. Sin el liderazgo y el apoyo activo de la gerencia, las empresas no podrán producir y mantener los cambios necesarios en su cultura organizacional para lograr resultados. Las empresas que están aprovechando los beneficios del mejoramiento ambiental hoy en día son aquellas en que la gerencia ha fomentado una cultura que estimula una ruptura con los viejos paradigmas.

Desde luego, el sector privado no opera en el vacío. Un liderazgo innovador en materia de políticas que estimule un crecimiento económico ambientalmente sano y al tiempo promueva la responsabilidad compartida para lograr resultados en el campo ambiental es un factor igualmente crítico. Sólo cuando se comprenden las decisiones que enfrenta el sector privado a nivel de la empresa será posible comenzar a apreciar el significado de las decisiones políticas y económicas más amplias a nivel nacional. La experiencia de los Estados Unidos y Europa demuestra la necesidad de contar con estructuras regulatorias basadas en resultados ambientales más que en sus medios, y con un sector privado capaz de encontrar eficiencias y prácticas que le reporten ventajas a la empresa y a la sociedad. A medida que se privatiza la industria, crecen las economías y se establecen estructuras regulatorias en toda América Latina, los responsables por la toma de decisiones aprenderán de los errores y logros de los países industrializados para crear una transición más ágil y menos costosa hacia estructuras regulatorias que fomenten resultados sostenibles.

Este es el momento oportuno para que los líderes latinoamericanos promuevan la cooperación y la acción audaz tanto en el sector público como en el privado. La eliminación de las barreras comerciales y un mayor acceso de la región al capital mundial y a los mercados de productos presentan nuevas oportunidades y desafíos. Las exigencias de los mercados y estándares internacionales obligarán a los gobiernos y a las compañías a desarrollar una estructura de políticas que beneficie tanto la rentabilidad de la empresa como al medio ambiente, llevando a las economías nacionales hacia el desarrollo sostenible.

Eugenio Clariond Reyes

ECOEFICIENCIA

Los estudios de caso contenidos en esta sección hacen referencia al mejoramiento de la eficiencia y efectividad de las empresas con la ayuda de una gestión ambiental de alto nivel. Las compañías aquí analizadas se están esforzando por identificar formas de lograr sus metas financieras mediante el mejoramiento de la eficiencia en la utilización de los recursos naturales que alimentan sus procesos de producción y de aquellos generados como residuos industriales.

Los casos presentan una serie de problemas, aspectos y enfoques que en su conjunto constituyen una buena guía en la búsqueda de la ecoeficiencia. Los ejemplos son de carácter multidisciplinario. Las propuestas y alternativas no son ejercicios sencillos de cálculo, sino que plantean la necesidad de buscar y pensar más allá de la situación expuesta. Los aspectos referentes a las metas y comportamiento organizacionales, incentivos y medición del desempeño se presentan en una forma realista para que puedan ser analizados en un contexto más amplio.

Solsire. *El dueño de una pequeña empresa uruguaya de productos madereros explora alternativas para reducir el impacto ambiental de su compañía que sean coherentes con su inclinación personal y al mismo tiempo garanticen la rentabilidad del negocio durante su etapa de crecimiento. El caso ofrece una perspectiva única sobre los procesos de toma de decisiones administrativas en una empresa pequeña. La narración es animada y constituye una excelente oportunidad para discutir aspectos de producción, procesos, logística, mercadeo y posicionamiento de productos, y comercialización de residuos. El caso puede ser usado eficientemente en las áreas de administración de producción, ética empresarial, o desarrollo empresarial.*

Biofert. *Este caso versa sobre un proyecto reciente en Costa Rica para desarrollar una empresa rentable que utilice los desechos agrícolas como su principal fuente de materia prima. Se trata de un ejemplo muy interesante de una "empresa ambiental" que ofrece varios análisis sobre cómo los desechos pueden ser reutilizados y convertidos en una materia prima valiosa, al tiempo que se reduce la contaminación ambiental y se obtiene una ganancia económica. El caso se centra en el análisis de viabilidad financiera del proyecto haciendo un énfasis particular en las incertidumbres asociadas con la creación de una nueva empresa. El caso es apropiado para una gran variedad de cursos, incluyendo* *los de finanzas, desarrollo empresarial y administración ambiental.*

Rhodia y Acido Orgánico. *La división de ácido adípico de Rhodia, subsidiaria brasileña de una multinacional francesa productora de químicos, ha desarrollado un sistema de manejo ambiental de alto nivel basado en el modelo de admistración de Calidad Total. En este caso, la compañía Acido Orgánico S.A. evalúa la experiencia de Rhodia, así como sus posibilidades de adoptar un sistema de manejo ambiental similar. El caso presenta las metas generales de la empresa, incluyendo sus componentes ambientales, y describe el novedoso enfoque adoptado por ella en la creación de un sistema encaminado a proteger el medio ambiente y a promover la salud y seguridad industrial de sus trabajadores, al tiempo que mejora la eficiencia y la calidad de su proceso de producción. Este caso es especialmene útil como ejemplo de la implementación de los principios de Calidad Total para corregir las ineficiencias ambientales en los procesos de producción. Se recomienda para cursos de administración de producción, control de calidad y administración ambiental.*

Notas para la enseñanza de política ambiental

Este grupo de casos es particularmente valioso para identificar los elementos internos que motivan la eficiencia en empresas que buscan mejorar su desempeño ambiental. Las ventajas que se obtienen promoviendo esfuerzos de concientización en el sector privado son evidentes; sin embargo, existen pocos estudios acerca de los obstáculos conceptuales, tecnológicos y normativos que las compañías deben enfrentar cuando intentan mejorar su desempeño ambiental. Es esencial entonces que los responsables por el diseño de políticas ambientales determinen qué tipo de escollos son los que los empresarios tendrán que enfrentar en su trayecto hacia el cumplimiento de políticas que buscan crear un medio ambiente más limpio y una empresa más rentable. Una vez identificados los obstáculos potenciales se deben encontrar las alternativas políticas que los eliminen y que permitan cumplir con los objetivos propuestos, al tiempo que promueven acciones ambientales positivas por parte de un sector más amplio de la industria.

Entre las preguntas a considerar figuran las siguientes:

1. Entre las estructuras normativas existentes, ¿cuáles podrían impedir el mejoramiento en el desempeño ambiental? ¿Existen regulaciones, incentivos tributarios u otro tipo de normas estatales que pudieran motivar al sector industrial a mejorar sus procesos y su desempeño ambiental?
2. ¿Cómo se pueden superar las limitaciones de acceso a la tecnología (o de acceso a la información tecnológica) en su país?
3. ¿Existen fuentes de financiamiento asequibles para llevar a la práctica ideas creativas en el área ambiental?

Solsire*

Introducción

Hacia las seis de la tarde del que esperaba fuera uno de los últimos días fríos de agosto, Roberto Ambro vió partir el último viaje de residuos de su planta industrial en el viejo Bedford que se alejaba dejando a su paso una humareda de aceite quemado y gasóleo. A su retorno de los galpones y mientras transitaba por las oficinas ahora vacías y casi mudas, cuyo silencio era apenas interrumpido por algún empleado con tareas atrasadas, se dejaba embriagar por el ambar veteado del roble que dominaba en las lambrices, los pisos y mobiliarios. El, quien personalmente había ordenado y supervisado las tareas de restauración emprendidas unos años atrás, antes de adquirir la Barraca Juan Pons y Cía., se ufanaba íntimamente de ambas decisiones. En definitiva, buena parte del éxito comercial de Solsire S.A. se asociaba al compromiso vocacional con la estética de la madera.

Sus pensamientos se vieron repentinamente interrumpidos por la inconfundible voz del capataz, el "gallego" Pérez, dirigiéndose a él:

- Jefe, mañana llegan las partidas de lapacho y peteribí de Paraguay y el cedro de Colombia. Es un lote grande de madera que viene en su mayoría en piezas de 8' x 8' y de 10' x 6'. Tengo pensado ubicarlas en el primer galpón.
- Se me ocurre que sería mejor ponerlas en el patio, por su proximidad a la sierra sin fin, dado que seguramente tendremos que partirlas en trozos más pequeños. De todos modos, como ya lo sabes, ese ha sido siempre su lugar de almacenamiento.
- Cierto, pero recuerde que el patio no tiene capacidad libre, pues colocamos allí la producción de la semana pasada con destino a carpintería rural y la totalidad del parquet producido en las últimas dos semanas.
- Ah, claro, el exceso de residuos acumulados provenientes de las parqueteadoras y moldureras (aserrín, virutas y retazos) nos hicieron desplazar provisionalmente el lugar de almacenaje de estos productos. Pero por suerte acabamos de aliviar bastante esta situación. Hace apenas un momento estuve observando la culminación de las tareas del flete que contratamos. ¿Qué opina si trasladamos esta mercancía del patio al lugar donde estaban los residuos — que acabamos de dejar libre — para así poder colocar en el patio las maderas que llegan?
- Sí, por supuesto. Pero en tal caso, ¿qué vamos a hacer con los residuos de la nueva producción? Cada vez tenemos problemas más frecuentes con su manejo. En especial, el aserrín y las virutas ocupan un espacio descomunal, entor-

* Este estudio de caso fue preparado por los profesores Andrés Berterreche y Juan Pablo Severi de la Universidad Católica de Uruguay, Montevideo, Uruguay.

peciendo sistemáticamente las tareas de producción y de almacenamiento. Además, se está terminando el invierno y todos los retazos que ahora vendemos al por menor con destino a la calefacción familiar se dejarán de vender y se agudizará el problema.

➢ Le agradezco sus observaciones; con Ernesto estamos estudiando algunas alternativas para dar solución definitiva a este punto. De momento, mañana a primera hora, y tal como le indiqué, comience a desalojar el patio.

De vuelta a su oficina, sorprendido de que sus reflexiones momentáneas en relación a la quema de desechos de madera convergieran espontáneamente con problemas rutinarios de operación de la planta, Ambro decidió abordarlos sin más dilación. La excusa que dió a Pérez sobre las presuntas soluciones en estudio por parte de Ernesto, ponía de manifiesto que el problema estaba latente y que se le debía remediar en el mediano plazo. En últimas, las soluciones parciales que habían venido implementando a medida que aumentaba la producción y por ende la cantidad de residuos, terminaban por convertirse en remiendos transitorios. Aunque era cierto que algunos problemas con la municipalidad y con los vecinos habían sido superados,* estas medidas generaban costos extras para la empresa y no solucionaban definitivamente la situación.

Ambro recordó que tiempo atrás había asistido a unos cursos de actualización en industria en la Universidad Católica del Uruguay, de lo cuales extrajo dos enseñanzas importantes. De un lado, la posibilidad de incorporar ciertas mejoras tecnológicas a su negocio como las sierras de dientes de widia para mejorar la calidad del corte. De otro lado, las ventajas de solicitar asesoría especializada.

Fue así como se puso en contacto telefónico con un ingeniero forestal de la universidad a quien conocía y le solicitó audiencia para plantearle su problema. Finalmente, y dado que éste último también tenía que entregar alguna documentación al empresario, acordaron tener una reunión en las instalaciones de Solsire.

La necesidad de asistencia técnica

La reunión pactada comenzó en un ambiente acartonado que se fue suavizando durante el transcurso de la conversación, dado el ánimo locuaz de ambos coloquiantes. El diálogo discurrió alrededor de su gusto en común por las maderas, y mediante narraciones referentes a sus respectivas trayectorias de acercamiento a aquellas. Así, Ambro se enteró de los duros tiempos de becario del ingeniero cuando éste hacía su maestría en el sur de Chile, supo sobre el manejo de los montes indígenas — tema dilecto del académico — y sobre otras generalidades por el estilo.

* Los problemas con la municipalidad se refieren a las multas por acumulación de residuos en la vía pública, tal y como lo establecen las normas para evitar la generación de basurales endémicos. Los problemas con los vecinos hacen referencia a las quejas por las humaredas y el esparcimiento de hollín en la zona. Ambos se han evitado acumulando los residuos dentro de las instalaciones y pagando fletes para que sean transportados y quemados lejos de la planta.

La conversación le permitió a Ambro dar a conocer su larga experiencia como empresario. Se inició en la actividad gerencial de una importante empresa de Uruguay que importaba, procesaba y comercializaba sal. Aquella empresa pertenecía a su familia desde hacía varias generaciones. Luego, y casi como una afición y entretenimiento personal, comenzó a realizar algunas importaciones de maderas tropicales para comercializarlas posteriormente.

Ambro relató la forma en que se le presentó la oportunidad de adquirir la Barraca Juan Pons, en un momento en que se consideraba atractivo desde el punto de vista económico dar un salto significativo al sector maderero. La charla se salpicaba con anécdotas y comentarios de ambos participantes sobre las maderas exóticas, y con reiteradas manifestaciones de su especial gusto por las maderas nobles. En particular, el empresario le adjudicaba explícitamente a esta inclinación personal un rol decisivo en su decisión de abrirse hacia este nuevo renglón de actividad, decisión ésta de la que no se arrepentía.

Así transcurría la reunión. A pesar del buen clima, fue difícil que abordaran el tema central de la entrevista e identificaran el problema, probablemente debido a la distancia entre dos lenguajes provenientes de distintas actividades.

Ambro puso al ingeniero en antecedentes y respondió a sus preguntas. Le describió con singular precisión la molestia personal que sentía en relación con el destino actual de las que no eran sino maderas en su mayoría de excelente calidad. No ocultó tampoco las otrora reiteradas quejas de los vecinos de la planta* cuando acostumbraban quemar algunos sobrantes de desechos en hornos precarios, molestando al vecindario con el humo, el olor y las cenizas generadas durante este proceso.+ El empresario no era ajeno tampoco a la preocupación prevalente por lo problemas ambientales en un entorno cada vez más sensibilizado respecto a estos temas.

Durante la charla, y como resultado de las explicaciones dadas por el ingeniero, Ambro descartó la posibilidad de arrojar los desperdicios en terrenos situados en zonas suburbanas debido a los efectos ambientales negativos — de los cuales no estaba consciente antes de su conversación con el técnico — y a los costos directos de manejo. La degradación natural de los desechos de madera genera contaminación de la capa freática como resultado del proceso de descomposición y consecuentemente afecta el sistema acuífero.

Dada su condición de empresario, Ambro debía hacer énfasis en solucionar los problemas crecientes que la acumulación de residuos generaba en la planta. A este respecto, el espacio que existe entre las

* La planta se emplaza en una zona residencial relativamente céntrica de la ciudad de Montevideo.

\+ La combustión del aserrín es particularmente lenta, contaminante y de bajísimo rendimiento energético. Esto se debe al alto grado de humedad de equilibrio y a la deficiente oxigenación natural que el aserrín almacenado tiene cuando se lo enciende. Por esta razón se obtienen los efectos señalados: lentitud en la quema, contaminación por la combustión incompleta y alto consumo energético en la liberación de vapor.

partículas de aserrín, virutas y retazos hace que aumente el volumen que estos materiales ocupan como residuos comparado con el que ocupaban como madera sólida.

En resumidas cuentas, el empresario enfrentaba un problema doble. De un lado, un problema estricto de operaciones y administración de planta, y de otro, un problema ético relacionado con el destino de los desperdicios del proceso.

Al finalizar la reunión, Ambro y el ingeniero acordaron que era necesario recopilar información y hacer entrevistas con los operarios de la planta con el fin de buscar alternativas ambientalmente aceptables. En este sentido el ingeniero le indicó al empresario algunas posibles soluciones, incluyendo la manufactura de subproductos a partir de los residuos, tales como tableros de aglomerado, y retazos y briquetas* para ser usados como combustible. Esta última alternativa fue evaluada en mayor profundidad debido a las dudas del empresario sobre su eficacia y validez como solución ambiental. Sin embargo, este análisis, lo llevó a la conclusión de que la utilización de residuos madereros como combustible puede significar un ahorro sustancial de otras fuentes de energía, en particular de leña.

El problema

La recopilación de la información fue realizada por el ingeniero con relativa celeridad. Ambro estuvo en todo momento solícito a sus requerimientos, facilitando de esta forma su tarea. Esta actitud comprometió más de lo habitual el trabajo del asesor.

La información reunida permitió constatar que Solsire es una empresa de tamaño mediano, tanto dentro de la estructura empresarial nacional como en relación con el sector maderero en particular. Su principal actividad es la importación de maderas tropicales para venderlas en el mercado interno. La madera se vende en su estado original o dimensionada. Solsire también produce maderas en formatos estándar para el revestimiento de pisos (parquet) y paredes (lambriz), así como para carpintería rural.

La planta está situada en una zona urbana de Montevideo, y a pesar de que cuenta con un área significativa en relación con su localización, tiene dificultades serias de expansión por esta misma razón.

Mensualmente entran al aserradero 60.000 pies de madera de diferentes escuadrías con los que se producen tablas a medida, pisos de parquet y molduras para diferentes usos, así como materia prima para una pequeña fábrica de carpintería rural. Este proceso de producción genera residuos en forma de retazos de diferentes tamaños, aserrín y viruta proveniente de las moldureras y del cepillo.

Los precios de venta al por mayor oscilan entre US$1,5 y US$3,0 por pie.+ En la actualidad, Solsire presenta una rentabilidad aceptable, no tiene problemas con el

* Las briquetas se fabrican compactando el aserrín en forma de cilindros. Tal producto permite disminuir el volumen ocupado por los residuos y aumenta su densidad permitiéndole por lo tanto un buen desempeño como combustible.

\+ El pie de madera es una unidad de medida utilizada a nivel regional. Equivale al volumen de un prisma de un pie de ancho por un pie de largo y por una pulgada de espesor.

suministro de materia prima y cuenta con un mercado suficientemente fluido para sus productos.

El crecimiento del sector maderero, impulsado por la ley de promoción del año 1987, permite pronosticar una mayor competencia por el mercado actual. Es de esperar que este escenario incentive el aumento en la sustitución de maderas nacionales y el impulso a la industria que se desarrollaría paralelamente.

La preocupación de Ambro en relación con la eliminación del creciente volumen de residuos estaba plenamente justificada, con mayor razón si se tenía en cuenta que la empresa aspiraba a seguir incrementando sus niveles de producción.

En términos volumétricos, Solsire genera alrededor de un 47% de residuos en relación a la madera que originalmente entra a la fábrica. El volumen de residuos está distribuido de la siguiente manera: 21% de aserrín sólido (30 m^3) que, apilado, corresponde a 100 m^3; 25% de viruta proveniente del cepillado y de las moldureras, el cual, apilado, corresponde a 110 m^3 (aproximadamente 35 m^3 de madera sólida), y 1% de retazos de madera de diferentes dimensiones y especies, los cuales, apilados, corresponde a 1,5 m^3.[*]

La necesidad cada vez mayor de espacio de almacenamiento para una empresa en crecimiento hace que sea necesario considerar seriamente la posibilidad de transformar los residuos en subproductos. Hasta entonces los residuos tenían diferentes destinos. Los retazos se vendían para ser utilizados como combustibles para la calefacción; los residuos más finos se regalaban en la mayoría de los casos, y en algunas circunstancias se pagaba por su retiro (Ver cuadro 1, Anexo 2).

Se pudo determinar además que el aserrín era usado en las chacinerías[+] para darle el sabor ahumado a la "factura", y que las virutas eran usadas como camas para la crianza de pollos. Sin embargo, las virutas iban a parar finalmente a una usina de deposición o relleno sanitario en la periferia de Montevideo, con los perjuicios ambientales que esto implica.

El problema que enfrentaba Ambro tenía que ver estrictamente con aspectos de manejo de planta por un lado, y con los efectos ambientales negativos por otro. En cuanto a estos últimos, la preocupación personal de Ambro era bastante singular, dado que en un principio él consideraba que desde el punto de vista empresarial este problema no lo afectaba ya que el costo de la ineficiencia era transferido al consumidor final.

Sin embargo, un análisis más profundo llevó al empresario y al ingeniero a concluir que el manejo de los residuos y la preocupación en relación con ellos no era únicamente un problema para el dueño, sino también para el personal encargado de operaciones debido al entorpecimiento

* Estos valores encajan razonablemente dentro de la eficiencia media del sector según la investigación titulada, "Residuos de la industria maderera en el Uruguay". Informe de investigación, Mimeo. Ing. Andrés Berterreche, DINAMA/UCUDAL, enero de 1996.

\+ Ventas de carnes frías y embutidos, los que se conocen como "fiambre" o "factura" en Uruguay y Argentina, y "cecinas" en Chile.

directo que su acumulación generaba para el proceso de producción. En cambio era probable que la preocupación con el medio ambiente y el mal uso de los desechos era una cuestión que le concernía exclusivamente a Ambro, planteándose por lo tanto un problema ético que quedaba pendiente. Su particular cariño por las maderas nobles le dejaban un sabor ingrato al comprender que parte de los bosques tropicales de América del Sur terminaban siendo incinerados.

Como síntesis de sus análisis, el técnico determinó que los principales problemas eran tres:

- Problemas de localización que debían resolverse en forma urgente. En tal sentido, la imposibilidad de expandirse a terrenos aledaños y la información relativa a la distribución de la planta (Anexo 1) eran concluyentes.
- Problemas ambientales que el propio empresario tenía interés en resolver.
- Problemas de uso racional de recursos y de eficiencia en la producción.

Las soluciones

A la hora de elaborar un informe con recomendaciones, el ingeniero se encontró con algunas dificultades. Tenía claro que las soluciones iban desde liberar espacios para obtener una mayor superficie que permitiera el movimiento interno de la madera, hasta evaluar diversas modalidades de reciclar los residuos que además generaran beneficios económicos. Asimismo, se debía realizar un análisis sobre la conveniencia económica de algunos subprocesos productivos que había identificado para los residuos (ver Anexo 2).

El determinar la conveniencia económica de los subprocesos era factible; sin embargo, al mismo tiempo había identificado dos aspectos adicionales que quería incorporar en sus recomendaciones y que no terminaba de hilvanar adecuadamente. En tal sentido pretendía incluir, por un lado, un análisis sobre la conveniencia de abordar estos temas ambientales desde el punto de vista empresarial, y por el otro, sugerir posibles modalidades de institucionalización de tales subprocesos, dado que su incorporación en la operación normal de Solsire resultaba inconveniente. En el mejor de los casos, considerando el volumen de residuos, las prácticas diarias de manejo de esos materiales y la misma cultura organizacional, los subprocesos difícilmente podrían ser integrados de forma armónica al sistema de producción de la empresa.

Las dudas surgidas lo llevaron a consultar con académicos de la Facultad de Ciencias Empresariales. De acuerdo con las sugerencias recibidas, el ingeniero incluyó finalmente en su informe dos líneas de reflexión que le permitieron aconsejar en términos más globales a la empresa.

Con relación a la temática ambiental, sus sugerencias se referían, por un lado, a la evaluación de la conveniencia de dirigir la empresa hacia un posicionamiento comercial basado en el respeto a los recursos naturales. Esta idea capitalizaba la progresiva sensibilización social hacia los temas ambientales, de la misma manera en que el hipoclorito de sodio fue posicionado como resultado de las campañas de prevención contra el cólera o como se hizo con los productos naturales como resultado del movimiento hacia una vida sana. En este caso, la incorporación de soluciones ambientales en una estrategia global de mercadeo era una posibilidad que no se podía despreciar.

La otra alternativa tenía que ver con las formas de institucionalización. En este sentido, los expertos en ciencias empresariales le habían sugerido evaluar la posibilidad de un programa de calidad total y de motivación del personal, que incluyera aspectos tales como la eventual contratación con terceros para la manufactura de los subproductos.

El proceso de toma de decisiones

La recopilación de información y las sesiones de trabajo en la universidad habían quedado atrás. Finalmente el informe había llegado a Solsire y se le había entregado a Ambro, Ernesto (jefe de planta) y Mateo (gerente). Días después, en el despacho de la dirección de Solsire se llevó a cabo una reunión para discutir el documento, la cual se desarrolló en los siguientes términos:

Ambro— Me animo a decirle que el informe me pareció en general bueno, aunque tiene secciones en las que probablemente por exceso de tecnicismo e información me resultaron tediosas.

Ingeniero— Creo que no se trata de tecnicismos; los académicos tenemos la tendencia a refugiarnos en complicadas estructuras retóricas e instrumentales cuando no comprendemos que la realidad es simple...

Ambro— Bueno, bueno, no quise decir tanto ... pero tratemos de ir al grano. En el informe nos expone el proceso de selección de los subprocesos posibles para la reutilización de los residuos. Me queda claro que, a la vista de los indicadores calculados, resultaría rentable la producción de revestimientos para pisos, tableros de viruta y briquetas. En el informe se incluye un detallado sistema de selección con abundantes consideraciones de tipo cualitativo, que mucho agradezco ya que invita a la reflexión. Sin embargo, supongo que tanto Ernesto como Mateo tendrán varios reparos a este respecto, tal y como me lo adelantaron en días pasados.

Mateo— De acuerdo con los indicadores de rentabilidad que usted calcula, y aun sobre algunos supuestos que considero válidos, en todos los casos estamos hablando de volúmenes financieros de poca significación para la empresa, a excepción de la alternativa de reubicación de la planta. En este sentido, y si bien entiendo los problemas generados por el manejo de residuos, no puedo ver la justificación para implementar un cambio de estrategia general de tal magnitud con base en un problema de tan poca importancia....

Ernesto— Ustedes suponen que el personal de planta resulta dócil y flexible. Sin embargo, la puesta en marcha de un nuevo proceso, cualquiera que éste sea, requiere de tiempos increíbles para que resulte "aceitado" dada la rigidez relativa de la mano de obra; y en esto me juego toda mi experiencia en la materia! En el mismo sentido, recurren a argumentos algo ingenuos sobre lo que motiva al personal cuando lo único que parece interesarle es el salario en sentido estricto. Por otro lado, los cambios que debamos hacer en el futuro para acomodarnos a las variaciones aleatorias de demanda de nuestros productos principales nos obligarán a rediseñar constantemente el plan diario de trabajo de varios operarios; esto seguramente provocará continuos traumatismos y fricciones que pueden hacer caer la productividad en forma recurrente. Así es que, según lo entiendo, las propuestas aconsejadas, más que dar soluciones a los problemas de planta — que correctamente identifica — agrega nuevos inconvenientes...

Mateo— ...a lo que agregaría nuevamente que nos estamos refiriendo a montos despreciables en relación a la operación global de la empresa...

Ambro— Muchachos, creo que olvidan, como ya les señalé en días pasados cuando me hicieron comentarios similares, que el informe se ajusta perfectamente a la solicitud que yo personalmente hice al técnico de la universidad. Es a mí a quien finalmente le preocupa dar un noble destino a nuestros residuos. Podríamos eventualmente llegar a soluciones que no nos satisfagan plenamente, o que desechemos en conjunto, pero debemos reconocer por lo menos el esfuerzo realizado y la profundidad del análisis, que es mayor a la que esperábamos. De otro lado, cuando oportunamente los invité a embarcarnos juntos en el tema de la madera, una y otra vez les insistí en la necesidad de contar con una inclinación especial por experimentar nuevos caminos. Muchas veces, debo reconocerlo, el suyo fue el discurso aterrizado frente al genio impulsivo y apasionado que me caracteriza. Pero en otras ocasiones, y así lo deben reconocer, fue ignorando sus comentarios como dimos algunos saltos cualitativos en el desarrollo de la empresa. Ernesto, ¿no recuerdas tu resistencia a la producción de tablitas de parquet para pegar de 8 mm, usando los desechos más significativos de la parqueteadora? Y tú, Mateo, ¿cuántas nuevas y nobles maderas estamos hoy ofreciendo provenientes de aquellos sitios distantes con los que asegurabas era imposible comerciar? No pretendo con esta reunión evaluar nuestra trayectoria, como tampoco ignorar que sin ustedes el lugar que ocupamos en el mercado no sería el mismo. Lo que sí quiero que analicemos críticamente, como tantas otras veces en el pasado, son las alternativas que se nos ofrecen.

Mateo— Si claro, Roberto. Eso intentamos hacer. Sin embargo, cuando todo parecía ir bien, tenemos nuevamente que embarcarnos en modificaciones...

Ernesto— ...¿qué todo iba bien? A tí los números te cierran bien, y listo. Te invitaría a que fueras más seguido afuera y a que vieras el caos en el que actualmente estamos por culpa de los residuos...

Ambro— Bueno, bueno, parece que sin querer Ernesto se acordó de los residuos...Insisto en que volvamos al tema que nos ocupa, y dejemos nuestros conflictos internos para otro momento. En este sentido, quiero que volvamos al análisis del informe que gentilmente nos han presentado. Me parecen excelentes las consideraciones en relación a un plan de mercadeo que nos identifique decididamente en favor del medio ambiente. Sin embargo, desde esa perspectiva no alcanzo a comprender la alternativa de fabricación de briquetas para combustible industrial...

Mateo— Roberto, si yo entendí bien, creo que lo que hay detrás de esta propuesta es el hecho de que mientras se consumen briquetas se ahorra fuel oil, y que mientras las briquetas se fabrican con aserrín y virutas que hoy se queman sin destino, tal como se propone, un recurso no renovable como el petóleo te lo agradecería.

Ambro— Está bien en el caso del fuel oil, pero las briquetas pueden ir a dar a quemadores familiares o calderas a leña...

Mateo— En tal caso, el agradecido resultaría ser un árbol.

Ambro— Además del argumento central relacionado con el programa de mercadeo y el posicionamiento de la empresa, también resulta interesante que se refiera a la motivación del personal y a las alternativas de subcontratar con terceros. En este sentido, sin embargo, coincido con Ernesto en que el personal con el que contamos no manifiesta adhesión ni compromiso significativos con ciertas fórmulas que hemos ensayado. En general resultan reacios a la incorporación de tecnología...

Ernesto— Sr. Ambro, me permito matizar en algo sus apreciaciones. No siempre nos fue mal. En algunos casos, como cuando incorporamos las sierras de dientes de widia, por ejemplo, el personal, si bien reacio a las dificultades de mantenimiento, demostró más de una vez en forma entusiasta la satisfacción que le producía la calidad que alcanzaba con el corte. Lo que sucede, y en esto el informe es claro, es que incorporar técnicas de calidad total implica una actitud global, un convencimiento íntimo del compromiso real y continuo de la empresa, una actitud constante de mejoramiento, independientemente de la relevancia objetiva de la tarea. Implica, entre otras cosas, dignificar la función de operaciones como función, y no como el regocijo estricto de la belleza de los productos ...

(Roberto Ambro y el ingeniero se miraban con complicidad. Ambro repasaba íntimamente la imagen del humo del Bedford que aparentemente iba y venía en forma caprichosa, pero que finalmente terminaba ascendiendo en forma inexorable. Desde visiones distintas, todos coincidían en que la reunión alcanzaría tarde o temprano un acuerdo que los comprometería con un futuro en el que todos deseaban participar).

Anexo 1

Distribución de la planta, Solsire S.A.

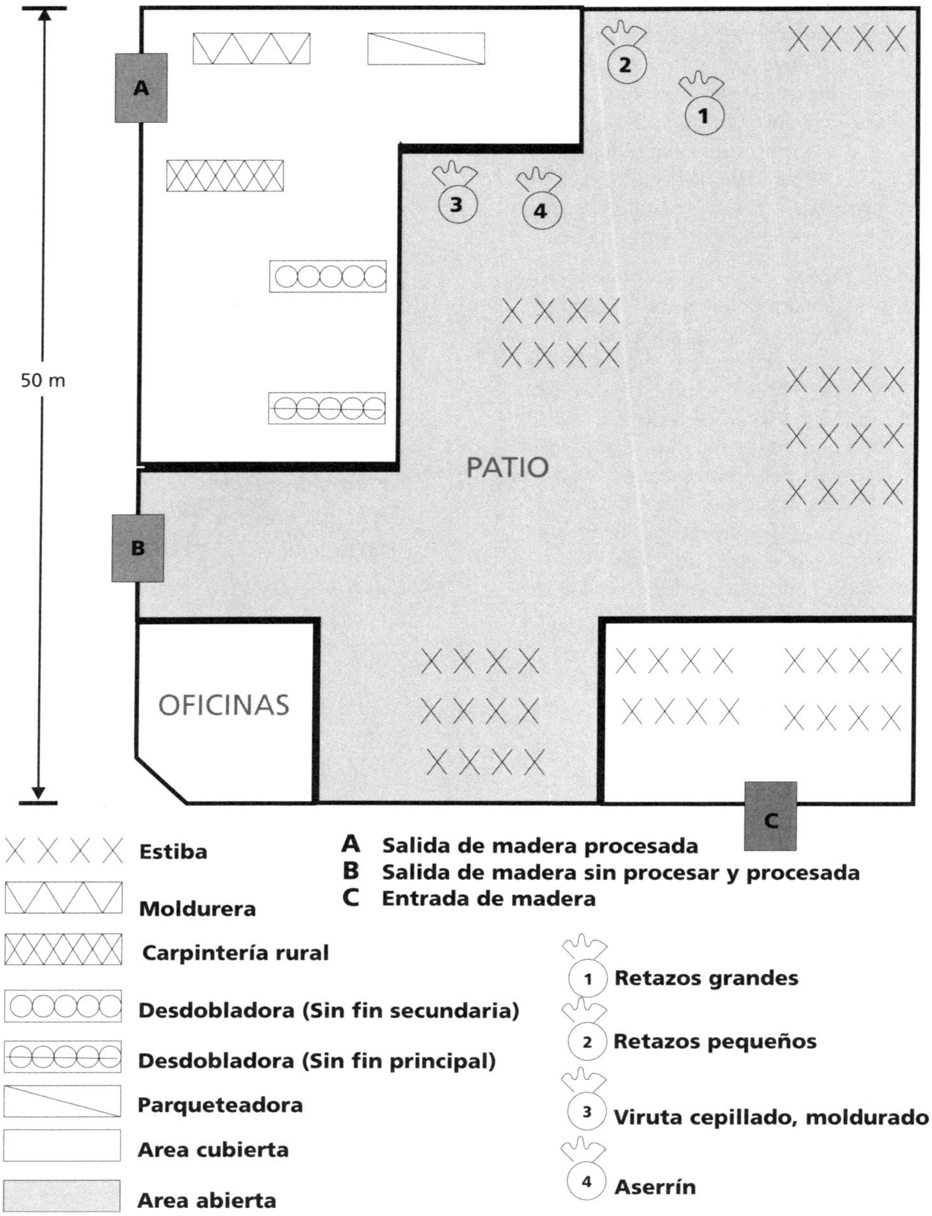

Anexo 2

Manejo Actual de Residuos

Cuadro 1. Costos e ingresos del manejo actual de los residuos.

RESIDUO	COSTOS[a] (US$/m^3 m.s.)	INGRESOS (U$/m^3 m.s.)[b]
ASERRIN	7,0	—
VIRUTAS	2,5	—
RETAZOS	20,0	50,0

a. Incluye el acondicionamiento, clasificación y acopio y, en el caso del aserrín, el costo promedio del flete para sacarlo de la instalación.
b. m^3 m.s.: metro cúbico de madera sólida

Nuevos Productos

Alternativa 1. Reclasificación de retazos provenientes de la fabricación de parquet

Los retazos de parquet permiten una clasificación por especies y espesores para la fabricación de tablitas uniformes de 7 mm de espesor que, pegadas, son aptas para el terminado de pisos. Este proceso tiene una eficiencia aproximada del 50%, dejando un 30% de viruta después del calibrado, 10% de aserrín después de los cortes y 10% de retazos que no podrían incluirse en el nuevo producto debido a su dimensionamiento o calidad, y que se venderían como combustible. Recuérdese que el volumen de materia prima disponible para este proceso es de 1,5 m^3 mensuales. Esta alternativa no requiere de la adquisición de nuevas máquinas y herramientas.

Cuadro 2. Costos e ingresos para pisos de 7 mm de espesor.

	COSTOS (US$/m^2)	INGRESOS (US$/m^2)
Pisos	6,5	16,0

Alternativa 2: Tableros de viruta

La forma de las partículas de viruta permite fabricar tableros de mejor desempeño mecánico que los aglomerados de aserrín. Es así como se pueden obtener tableros con destino a estanterías, tirafondos o artículos similares. El proceso de fabricación implica una clasificación de las virutas (las más finas y más grandes, un 20% del total, se desechan de este proceso pues pueden ser recogidas con el correspondiente al aserrín). Luego de ser clasificadas, son encoladas con adhesivo y prensadas en caliente*. El tipo de adhesivo, presión necesaria y calor dependen de las propiedades finales que se quieran dar al producto. Los datos ofrecidos corresponden a la fabricación de tableros del orden de los 19 mm

* El uso de adhesivos y otros productos químicos utilizados en el proceso tiene efectos ambientales negativos. Sin embargo, los volúmenes manejados son insignificantes para este efecto.

de espesor y con propiedades mecánicas adecuadas para los usos señalados.

Cuadro 3. Costos e ingresos de la fabricación de tableros de viruta.

INVERSION	
Prensa encoladora,etc.	US$30.000
AMORTIZACION	10 años
COSTOS VARIABLES	
Mano de obra	US$5,6/$m^2$
Costos del proceso	US$3,8/$m^2$
VALOR DEL TABLERO EN EL MERCADO	US$11,0/$m^2$
COSTO DE CAPITAL DE SOLSIRE	12%

Alternativa 3: Fabricación de briquetas

La briqueta es un producto que se usa como combustible y se fabrica a base de aserrín o viruta prensada. Al tener una densidad mayor que la madera original, su poder calórico es superior al de aquella. El proceso de producción requiere de una máquina cuyo sistema de alimentación es casi autónomo, lo que hace que los costos de mano de obra sean insignificantes. Con algunas modificaciones, la caldera puede ser utilizada en la empresa que tiene Ambro para el secado de sal. El costo actual del secado de sal, utilizando fuel oil como combustible, es de aproximádamente US$ 1000 mensuales. La capacidad para producir briquetas correspondería aproximadamente a las necesidades energéticas que hoy tiene la empresa para dicho proceso. La necesidad de materia prima es aproximadamente de 2,5 m^3 de residuos sólidos por tonelada de briquetas.*

Cuadro 4. Costos e ingresos para la fabricación de briquetas.

INVERSION	US$8.000
AMORTIZACION	8 años
CAPACIDAD DE PRODUCCION	11 toneladas/mes
COSTO DEL PROCESO	US$10/tonelada
VALOR DE LA BRIQUETA EN EL MERCADO	US$40/tonelada

Alternativa 4: Relocalización de la planta

Teniendo en cuenta que la relocalización es otra posibilidad para disminuir los efectos del problema de espacio generado por los residuos, se dan los valores de la adquisición de un nuevo predio, construcción de la infraestructura necesaria y transporte e instalación de la maquinaria. Los datos corresponden a un emplazamiento en zonas suburbanas de Montevideo. No se incluyen los costos adicionales de fletes+, ni los costos de funcionamiento general de la empresa correspondientes a su nueva localización. También se presenta el ingreso por concepto de venta de la estructura actual. Cabe aclarar que el puerto de Monte-

* La diferencia de contaminación entre la combustión de fuel oil y la de briquetas no es significativa dados los volúmenes manejados.

\+ Se estima que únicamente por flete de madera se incurriría como mínimo en un costo anual de US$7.200.

video, por el cual ingresa casi la totalidad de la madera comercializada por Solsire, se encuentra cerca a la planta actual, mientras que las zonas suburbanas en donde se reubicaría la planta se encuentran más distantes. Además, es en Montevideo donde se concentra más del 40% de la población del país (aproximadamente 1'300.000 de un total nacional de 3'000.000).

Cuadro 5. Costos e ingresos de la relocalización de la empresa.	
ADQUISICION DE UN NUEVO PREDIO	US$25.000
CONSTRUCCION DE INFRAESTRUCTURA NECESARIA	US$48.000
COSTO DE TRANSPORTE E INSTALACION	US$12.000
VENTA DEL LOCAL ACTUAL	US$95.000

Biofert*

En junio de 1995, cuando Alberto Sánchez se hallaba sentado en su escritorio leyendo el periódico encontró un artículo que le llamó mucho la atención. Este versaba sobre la agricultura sostenible y sugería que uno de los retos que enfrentaba el continente era precisamente encontrar nuevos métodos de sostener la producción agrícola sin causar más daño al medio ambiente. Tal vez esta era la señal que él había estado esperando para seguir adelante con la producción de abonos orgánicos.

Sánchez era un ingeniero agrónomo que durante casi seis años se había dedicado a la producción de alimento concentrado para animales con base en estiércol de aves, mejor conocido como gallinaza. En la actualidad se desempeñaba como gerente general de "Salvaganado", una compañía que produce y comercializa alimentos para animales. Si bien el negocio era rentable, tenía sus bemoles y en ese momento la empresa debía buscar una salida para los problemas que enfrentaba. Entre ellos figuraba la estacionalidad del producto, ya que si bien en el verano había un consumo muy fuerte del mismo, en el invierno bajaba pues existía una mayor cantidad de pasto en razón a las lluvias. Por eso, durante ciertas etapas del año la compañía enfrentaba problemas de flujo de fondos.

Aparte de la estacionalidad en la demanda del producto, Sánchez sabía que existía una buena cantidad de gallinaza que no servía para la alimentación animal (sólo sirve la de los gallos, no así la de las gallinas). Además, las granjas necesitaban tener pisos de cemento ya que la gallinaza proveniente de las granjas de pisos contaminados con tierra no servía para la alimentación animal. Analizando la situación, Sánchez no pensaba en otra cosa que en el reto que Otoniel Aguilar, su jefe actual y antiguo socio de la segunda empresa avícola más grande del país, le había planteado días atrás...

Antecedentes de la Empresa

Inicialmente, la gallinaza cruda (tratada tradicionalmente como un desecho de las granjas avícolas) se utilizaba para la fertilización de potreros, café y otros; sin embargo, más que todo lo que se buscaba era una manera de deshacerse de ella. Dadas sus reconocidas cualidades nutricionales, así como algunas experiencias y literatura sobre el tema que demuestran que la gallinaza es un buen instrumento en la alimentación animal, el señor Otoniel Aguilar —gestor de la idea — inició la construcción de una planta productora de concentrados animales hace unos cuatro o cinco años, a la que llamó Salvaganado.**

Luego de una serie de complicaciones originadas fundamentalmente en lo nove-

* Este estudio de caso fue preparado por Sarah Cordero Pinchansky (MPA), catedrática del INCAE, Alajuela, Costa Rica, con la asistencia de Milton Arguedas, investigador de la misma universidad.

** Actualmente, tanto la compañía como la alimentación animal se conocen como "Salvaganado".

doso del proceso se logró terminar la planta. En aquel momento, Aguilar estaba interesado en vender la empresa a las corporaciones PIPASA y As de Oro (las dos más grandes de la industria avícola en Costa Rica), pero el momento no era propicio ya que, dada la carencia de experiencia en el ramo, la credibilidad del proyecto era muy limitada.

Luego de una serie de complicaciones originadas fundamentalmente en lo novedoso del proceso se logró terminar la planta. En aquel momento, Aguilar estaba interesado en vender la empresa a las corporaciones PIPASA y As de Oro (las dos más grandes de la industria avícola en Costa Rica), pero el momento no era propicio ya que, dada la carencia de experiencia en el ramo, la credibilidad del proyecto era muy limitada.

El desecho de la gallinaza, cuyo volumen semanal en Costa Rica alcanza aproximadamente 1.000 toneladas métricas, ha sido un motivo de preocupación constante para la industria avícola pues representa un foco peligroso de contaminación, con las consecuentes molestias de moscas y malos olores. Esto permitió que Aguilar consiguiera un contrato de largo plazo mediante el cual las empresas del sector le suministrarían la gallinaza en forma exclusiva.

Es así como Salvaganado comenzó a dar solución a los desechos contaminantes de la avicultura en una forma industrial. Cabe notar que la compañía era entonces la única en su ramo en el país, lo que la definía como un proyecto innovador según el Ministerio de Recursos Naturales, Energía y Minas de Costa Rica. Sin embargo, Aguilar era conciente de los problemas que enfrentaba su empresa. Así pues, sabiendo que el mercado de los fertilizantes tiene un comportamiento estacional inverso al de los concentrados, pensó que la integración de las dos actividades contribuiría a contrarrestar la posible disminución de los ingresos a causa de la estacionalidad, y fortalecería a la compañía como un todo.

Fue entonces cuando en julio de 1995, Aguilar llamó a su asistente y mano derecha Alberto Sánchez para plantearle sus inquietudes y compartir con él su intuición de que Salvaganado no sólo era la solución al problema de la gallinaza en la avicultura sino que también era un negocio rentable. De inmediato le encomendó que estudiara la factibilidad técnica del proyecto y que realizara todos los cálculos necesarios para tomar una decisión dentro de un mes..."¡Ahí te dejo el problemita, Alberto!," afirmó paternalmente Aguilar, estrechándole con firmeza la mano.

El Mercado de los Fertilizantes

Con base en niveles de consumo pasados, en el año de 1995 se estimó que la producción agrícola del país consumiría 307.330 toneladas métricas de fertilizante para un gran total de 485.400 hectáreas cultivadas en 24 diferentes tipos de cultivos económicamente importantes (Cuadro 1).

FERTICA—el mayor productor de fertilizantes en Costa Rica —suplía un 79% del mercado total; el resto era producido o importado por la competencia, dentro de la cual no figuraba ningún registro de comercializadores de abono orgánico o de "gallinaza cruda"(ver Gráfico en el Anexo 1). Se sabía que estaba en proceso de investigación un proyecto que permitiría, a partir de la broza del café, bagazo y cachaza de

Cuadro 1. Consumo de fertilizante por cultivo (1995)

CULTIVO	AREA/Has	TM[a]/Has/Abono	CONSUMO TOTAL TM
CAFE	106.000,00	0,76	80.560,00
BANANO	42.000,00	2,00	84.000,00
CAÑA DE AZUCAR	45.000,00	0,35	15.750,00
ARROZ	45.000,00	0,40	18.000,00
PASTOS	32.000,00	0,50	16.000,00
PALMA AFRICANA	29.000,00	0,30	8.700,00
PAPA	3.000,00	1,50	4.500,00
MAIZ	51.000,00	0,32	16.320,00
HORTALIZAS	6.000,00	1,60	9.600,00
TABACO	400,00	1,00	400,00
SORGO	300,00	0,25	75,00
PIÑA	7.500,00	1,00	7.500,00
FRIJOL	70.000,00	0,25	17.500,00
MACADAMIA	8.000,00	0,45	3.600,00
CACAO	1.000,00	0,20	200,00
FRUTAS	5.500,00	0,30	1.650,00
MELON/SANDIA	3.750,00	1,00	3.750,00
ORNAMENTALES	4.450,00	1,50	6.675,00
PALMITO	2.000,00	0,40	800,00
CITRICOS	18.000,00	0,50	9.000,00
MANGO	2.500,00	0,50	1.250,00
OTROS	3.000,00	0,50	1.500,00
TOTAL	**485.400,00**		**307.330,00**

a. TM: toneladas métricas.
Fuente: Departamento de Mercadeo, FERTICA

caña, obtener "compost", un nutriente muy similar al humus, capa superior fértil del suelo. Por otra parte, se consideraba factible aprovechar un 80% de toda la gallinaza apta para producir abono orgánico. Teniendo en cuenta las dimensiones del mercado actual de fertilizantes, era necesario obtener el porcentaje que se podría suplir con abono orgánico.

Oportunidad de Mercado

El jueves 25 de mayo de 1995, cuando Sánchez se hallaba leyendo el diario oficial "La Gaceta", vió con incredulidad el texto donde se anunciaba que por medio del artículo No. 1 del Decreto No. 24242-MAG (Ministerio de Agricultura y Ganadería) *"se prohíbe el uso de gallinaza cruda como abono orgánico en cultivos de interés económico"*. Esto significaba que la gallinaza debía ser procesada si se quería utilizar como abono.

Sánchez sabía que en ese momento las granjas avícolas del país se verían obligadas por la ley a buscar una alternativa distinta a la venta de gallinaza en forma "cruda" como abono para eliminar sus desechos. Salvaganado (concentrado animal) y BIOFERT (abono orgánico enriquecido) eran las únicas empresas que tenían una planta autorizada por el Ministerio de Salud y con capacidad de procesamiento para toda la gallinaza del país.

Fertilización de Cultivos Agrícolas

La fertilización de cultivos agrícolas es un componente esencial en cualquier paquete tecnológico que persiga altos rendimientos en esta actividad. En la relación suelo-planta-clima, la fertilización busca incorporar todos aquellos componentes minerales esenciales para la planta que el suelo por sí solo no puede suplir en la cantidad y calidad requerida.

Con los elevados rendimientos en masa vegetal que por regla general se quieren alcanzar en la actividad agrícola moderna, la fertilidad natural de los suelos generalmente no da como resultado cosechas satisfactorias. Para reponer los nutrientes extraídos por las cosechas y para equilibrar las pérdidas de los mismos causados por otros factores (por ejemplo por "lavado" o *leaching*) es necesario fertilizar el suelo.

Junto al abastecimiento de elementos principales, a saber, nitrógeno, fósforo y potasio, es necesario tener en cuenta el aprovisionamiento de elementos secundarios, esto es, calcio, magnesio y azufre. En casos aislados también se deben remediar eventuales deficiencias de microelementos. Fisiológicamente cada nutriente posee, solo o en conjunto con los demás, funciones bien definidas que influyen en el crecimiento vegetal. Técnicamente, la cantidad y calidad del fertilizante necesario se guía por la exigencia del tipo de cultivo por un lado, y por la reserva de nutrientes en el suelo, por el otro.

Se pueden distinguir dos alternativas de prácticas de fertilización utilizadas: la fertilización orgánica y la fertilización química o sintética. La primera se fundamenta en el aprovechamiento de residuos vegetales post-cosecha y excrementos animales como abono. Con este tipo de fertilización se pretende reincorporar los componentes nutricionales de dichos materiales al suelo, además de mejorar la calidad física del mismo (aereación, retención de agua, equilibrio microbiológico, etc.). La fertilización sintética consiste en la aplicación de abonos producidos industrialmente bajo sistemas artificiales que reúnen las condiciones técnicas en calidad y cantidad como proveedores de nutrientes a los cultivos.

Si bien la fertilización sintética es la práctica usual y recomendada como la forma más eficiente de suplir minerales a las plantas, tiene el problema de que se la relaciona con la contaminación de nitratos en aguas subterráneas y con el exceso de químicos en algunos productos agrícolas. Estos aspectos no toman en cuenta el impacto ambiental que además puedan tener las industrias de fertilizantes.

La principal ventaja técnica de la fertilización química sobre la orgánica radica en su capacidad de proporcionar una mayor cantidad de nutrientes en un menor volumen de material fertilizante, lo que facilita su manejo en el transporte y uso en el campo. Además, al tener un balance homogéneo de componentes químicos, este tipo de fertilización permite establecer con mayor precisión la dosificación para un cultivo. En este contexto, la fertilización orgánica ha sido hasta el momento una práctica complementaria a la química para mejorar la calidad del suelo.

De los cursos que tomó en la universidad, Sánchez recordaba que un producto fertilizante debía reunir varias características para ser competitivo: a) bajo costo por unidad de nutriente para las plantas, b) bajo costo de transporte, c) menor cantidad de espacio para almacenamiento, d) fácil manejo y e) rapidez de aplicación en el campo.

Con estos puntos en mente, Sánchez debía estudiar y definir su estrategia competitiva y oportunidades de mercado.

Uso de Fertilizantes Orgánicos

Se ha comprobado que los beneficios sustanciales de los llamados paquetes tecnológicos para la agricultura van acompañados de efectos negativos, siendo uno de ellos la contaminación ambiental ocasionada por los plaguicidas y fertilizantes sintéticos. En el pasado muy pocos se preocupaban por tal impacto ambiental, razón por la cual los científicos no lo consideraron seriamente en el desarrollo tecnológico de la actividad agrícola. A ello se sumaron la visión mercantilista de algunos sectores económicos y la falta de información técnica sobre el buen uso de los plaguicidas por parte de los agricultores, lo cual agravó la contaminación ambiental originada en esa actividad.

Trastornos gastrointestinales causados por el consumo de productos contaminados por residuos químicos de plaguicidas, esterilidad por el contacto con aspersiones de plaguicidas, aguas contaminadas con nitratos derivados de suelos sobrefertilizados, problemas pulmonares por inhalación de agroquímicos, deforestación, erosión, etc, son todos problemas que se han ligado directamente con la actividad agrícola. Además, algunos productos agrícolas de exportación no cumplen con los requisitos mínimos establecidos por organismos como la FDA de los EEUU (US Food & Drug Administration) porque contienen una cantidad excesiva de residuos de agroquímicos, lo que ocasiona problemas en el mercado internacional.

La prohibición de químicos agrícolas con alto riesgo de contaminación, la capacitación técnica para el buen uso de los plaguicidas y fertilizantes por parte de los usuarios y la búsqueda de alternativas técnicas no contaminantes o de menor riesgo desde la perspectiva ambiental forman parte fundamental de la solución al creciente problema de contaminación originada en la actividad agrícola.

El abono orgánico es uno de los fertilizantes más antiguos. Este consiste en adicionar al suelo productos orgánicos en estado de descomposición y se caracteriza por tener diferentes sustancias nutritivas, minerales e ingredientes orgánicos. El estiércol es el abono más comúnmente utilizado; lo constituyen los desechos de todos los animales de la finca, aunque por regla general la mayor parte del estiércol que se añade al suelo proviene del ganado vacuno.

El abono orgánico ofrece la ventaja de restablecer el equilibrio biológico, físico, químico y ecológico del suelo. Al enriquecer la flora microbiana benéfica, permite la reproducción de lombrices de tierra al tiempo que libera los elementos químicos que las plantas necesitan. Asimismo, este tipo de abono contribuye a mejorar la calidad del medio ambiente y favorece la producción sostenible de alimentos.

Sánchez consideraba que la actividad empresarial de procesar gallinaza para producir abono orgánico definitivamente constituía una solución a la contaminación proveniente de la avicultura, al tiempo que beneficiaba a las poblaciones y productores aledaños a las granjas de aves debido a la conversión de desechos en bio-abono.

El Proyecto

Aguilar esperaba salir al mercado con cuatro productos fertilizantes bajo la marca BIOFERT Abono Orgánico; los tres primeros estarían enriquecidos con ingredientes químicos que mejorarían su capacidad fertilizante y el cuarto sería básicamente gallinaza procesada no cruda (ver Anexo 3).

Según las fórmulas básicas de los componentes de nitrógeno, fósforo y potasio por peso de BIOFERT, Alberto sabía que su capacidad fertilizante o el potencial de suplir nutrientes representaba un tercio de las fórmulas equivalentes de los fertilizantes sintéticos. Esto implicaba que para suministrar igual cantidad de nutrientes debía aplicarse un volumen de BIOFERT tres veces superior al del abono químico; en otras palabras, por cada saco de abono químico se debían aplicar tres de abono orgánico. Sin embargo, se reconocía que la ventaja técnica del abono orgánico sobre el químico estribaba en sus características para mejorar la calidad del suelo.

No existía evidencia práctica sobre la eficiencia de los productos ofrecidos como fertilizantes. Para este fin la empresa había creado parcelas demostrativas en diferentes fincas donde obtendría resultados de campo sobre las ventajas de sus productos. También se intentaba coordinar ensayos del producto con instituciones de investigación agrícola como la Universidad de Costa Rica.

Se eligió ubicar la fábrica de abono orgánico en la Garita de Alajuela, por ser este un lugar estratégico localizado en el corazón de la zona principal de producción avícola del país. Se pensaba ubicar la planta en una finca de 140 has., en la que actualmente funcionaba la fábrica de alimentos concentrados. Las principales áreas avícolas son Atenas, Turrucares, Alajuela, Belén, Tacares, la mayoría de las cuales se encuentran dentro de un radio de 20 kilómetros de la fábrica.

Abastecimiento de materia prima

La idea de resolver el problema de los residuos indeseables de la producción avícola (materia vegetal y estiércoles) mediante su aprovechamiento como fertilizantes es de por sí una solución a la contaminación generada por ellos. Se trata además de una solución ventajosa, en la medida en que representaría un ingreso adicional para los productores sobre lo que antes constituía un costo.

La industria avícola nacional producía 65.918 TM de gallinaza; el 80% de este total lo generaban siete grandes empresas y el otro 20% lo suplían las restantes (cin-

Cuadro 2. Producción anual de gallinaza en Costa Rica

	TM/AÑO	%	% Acum.	Situación como proveedor
Corporación Pipasa	23.641,00	36%	36%	Contrato
Corporación As de Oro	9.880,00	15%	51%	Contrato
Granja Avícola Ricura	7.326,00	11%	62%	Contrato potencial
Grupo Zaragoza	3.947,00	6%	68%	Contrato potencial
Granja Monserrat	3.923,00	6%	74%	Contrato potencial
Granja Santa Marta	2.616,00	4%	78%	Contrato potencial
Avicultores Unidos	1.089,00	2%	80%	Contrato potencial
Coopemontecillos	741,00	1%	81%	Obstáculos burocráticos para negociar
Propokodusa	364,00	0,55%	81,55%	Poco interés
Otros/Avicultura	182,00	0,3%	81,85%	Poco interés
Otros/Huevos	12.209,00	18%	100,00%	Muy disperso/pequeños avicultores
Total	**65.918,00**			

Fuente: Gerencia General de Salvaganado S.A.

cuenta empresas medianas y pequeñas). En el Cuadro 2 se muestra la producción nacional de gallinaza y su distribución por proveedor.

De la cantidad total de gallinaza producida se estimaba que un 75% era apta para ser utilizada como abono, y un 25% se podía usar para alimentos concentrados.

En 1995 se habían suscrito contratos entre Salvaganado y las dos productoras de aves más grandes del país (PIPASA y As de Oro), garantizándose así el abastecimiento del 50% de la producción nacional de gallinaza. Dada la importancia estratégica del abastecimiento seguro de la materia prima en este negocio, se pretendía contratar un 30% adicional del mercado con proveedores avícolas (Ricura, Zaragoza), aprovechando la restricción gubernamental mencionada. De esta forma se abarcaría el 68% de la producción total de gallinaza.

Los contratos con los proveedores actuales se suscribieron por un período de siete años. En el caso de PIPASA se ajustaban los precios cada dos años de acuerdo con criterios de mercado, mientras que con As de Oro se actualizaban cada año de acuerdo con la inflación.

Proceso de producción

El proceso de producción de los abonos ofrecidos era relativamente simple. La gallinaza se recolectaba directamente en las granjas avícolas y luego se secaba al sol. En unos patios de biodegradación se la transformaba en compost (materia prima para fabricar fertilizantes) a base de agua y movimiento. Este se mezclaba luego físicamente con componentes químicos enriquecedores como urea, triple superfosfato, roca fosfórica etc., siendo el producto final un componente orgánico fibroso con un contenido de humedad de aproximadamente un 15% por peso. Se pensaba que en un futuro se podría agregar broza de café (desecho altamente contaminante) a la gallinaza por el aporte de nutrientes que se podría obtener.

El producto debía ser empacado en sacos sintéticos de segunda mano de un quintal de capacidad; estos se cosían a máquina y en la línea de costura se les adicionaba una tarjeta/etiqueta en la que se describían las características del producto.

Las fórmulas de los productos ofrecidos, o su componente químico cuando se los usa como fertilizantes, los determinaba un asesor contratado por la empresa que contaba con un sistema sofisticado de cómputo llamado "Sistema Brill". Este determinaba las cantidades de las diferentes materias primas "enriquecedoras" que se debían mezclar con la gallinaza de la forma más económica posible.

El proceso en sí no generaba subproductos contaminantes, ni tampoco dejaba residuos líquidos o gaseosos; se trataba simplemente de una mezcla física seca donde toda la materia prima era aprovechada.

Mercadeo

A través de BIOFERT, la empresa quería penetrar dos segmentos del mercado. Uno era el de los productores orgánicos, para los cuales este sería un producto único en la medida en que se trataba de un fertilizante 100% orgánico. Si bien este era un nicho de mercado muy interesante, se creía que no tendría el volumen de compra necesario para la producción planeada. El segundo era el de los productores tradicionales, o sea, no orgánicos. En este segmento el rango de cultivos es muy variado y va desde café, hortalizas, bananos y cítricos hasta pastos, helechos y otros. Se pretendía aprovechar los centros de Insumos Agrícolas Dos Pinos como el principal canal de distribución en todo el país, dado que estos centros ya distribuían los concentrados animales de la compañía.

El 70% del producto se transportaba en dos camiones propios y el resto en camiones rentados, o se efectuaba la venta del producto directamente en la planta. También era posible utilizar los centros de distribución tradicionales de productos agropecuarios en todo el territorio nacional. En materia de apoyo ejecutivo, se esperabaa hacer la labor de promoción y venta técnica con un agente vendedor (ingeniero agrónomo) y utilizar medios escritos (revistas y suplementos agropecuarios), y audiovisuales (radio y televisión) como soporte para la divulgación del producto.

Aspectos financieros

La inversión en la planta de abono orgánico se estimaba en 28 millones de colones*, lo cual incluía: a) movimientos de tierra por ¢3 millones, b) construcción por ¢10 millones, c) instalación eléctrica por ¢2 millones, d) maquinaria y equipo por ¢8 millones y e) el terreno, cuyo valor se estimaba en ¢5 millones.

Para las ventas se daba un 70% de crédito a 30 días plazo. Sin embargo, en práctica el promedio de recuperación de las cuentas por cobrar era de 60 días. La compra de gallinaza se pagaba por contratos de 30 días.

* En agosto de 1995 la tasa de cambio era ¢185/$US1.

Los gastos administrativos equivalían a ¢3'200.000 en el año cero, por lo que si las operaciones se iniciaban en el año uno, el valor correspondiente debía incluir la inflación. La tasa de inflación promedio anual era de un 20%. Los gastos de ventas para el año cero se estimaban en ¢2'000.000. La inversión sería financiada en un 100% por un banco costarricense que cobraba intereses del 39% ajustables. Se trataba de un préstamo a cinco años.

Se diseñó una planta con capacidad para producir 19 mil toneladas métricas anuales, es decir, un 48% de la producción nacional de gallinaza (Cuadro 3). Sánchez calculó y elaboró un pronóstico de ventas en quintales por trimestre considerando la estacionalidad del producto (ver Anexo 3). En el Anexo 3 se incluyen además los precios de venta de los productos y sus respectivos costos de materia prima. El Anexo 4 presenta los precios de venta de FERTICA.

Cuadro 3. Producción de abono orgánico, Salvaganado, S.A. 1995

Datos de capacidad de planta	TM anuales	%
Capacidad actual	19.090,91	48%
Producción nacional de gallinaza	39.844,24	*

Fuente: Gerencia General de Salvaganado, S.A.
*Cantidad potencial de gallinaza para uso efectivo de fertilizantes, cantidad total anual a nivel nacional.

Organización

Según Sánchez, "la visión de organización que tiene la dirección de la empresa es moderna, ya que se estableció una organización lo más plana posible, buscando que fuera simple y eficiente y fundamentada básicamente en un sistema de información competitivo (Hardware/Software)".

Actualmente la compañía cuenta con 40 empleados fijos; 30 de ellos constituyen el personal de la planta y los otros 10 ofrecen apoyo administrativo (presidente, gerente, encargado de ventas, contadora/operador de computadora, mensajero, dos choferes, portero, secretaria/recepcionista y guardia). Además se contratan 50 personas para recolectar la gallinaza. Este contrato incluye siete camiones para transportarla desde las granjas hasta la planta. Conforme van saliendo los animales del gallinero, los recolectores recogen toda la gallinaza. En el contrato con las corporaciones se estipula que se dan tres días máximo para dejar los gallineros limpios.

Esto ha sido muy importante para las corporaciones, dado que se ha producido una mayor reutilización de los gallineros y el período abierto ha sido mucho más corto. Anteriormente transcurrían cerca de 22 días entre la fecha en que salía un pollo y aquella en que ya se podía introducir a los polluelos de un día. En la actualidad este período se ha acortado, siendo de 10 días aproximadamente. Esto añade valor ya que al final de un año o dos hay mayor uso de los gallineros, lo cual quiere decir que con la misma capacidad instalada se puede producir una mayor cantidad de pollos. Además, por cuestiones sanitarias, es vital para las corporaciones que una vez se saquen los animales se limpie toda la gallinaza para evitar cualquier posible foco de contaminación.

En cuanto a la administración de la planta, el proceso de abonos orgánicos requiere únicamente de tres trabajadores pues la supervisión la ejerce el Jefe de Planta de

Concentrados. También se aprovecha parte de la capacidad contable y administrativa ya existente para ciertas funciones en la planta.

Con toda esta información a mano, Sánchez tenía frente a sí la tarea de resolver la factibilidad de la inversión y hacerle saber a Aguilar si la intuición de éste último era técnicamente factible o si sólo se trataba de un sueño de alto riesgo.

Anexo 1

SEGMENTACIÓN DEL MERCADO DE FERTILIZANTES SINTÉTICOS

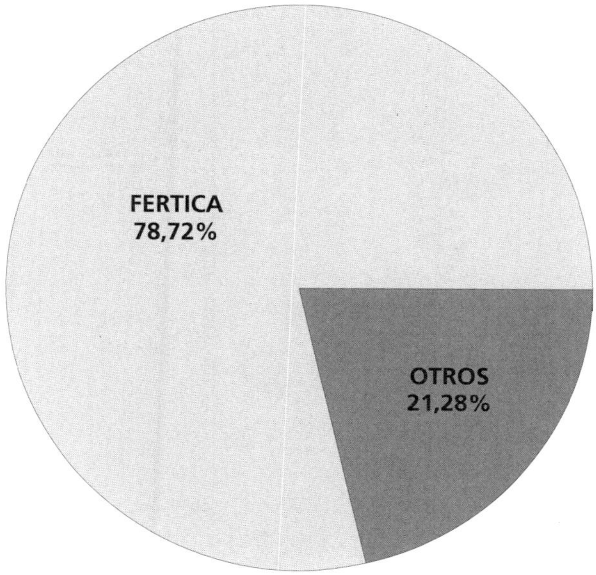

Fuente: Departamento de Mercadeo, FERTICA

Anexo 2

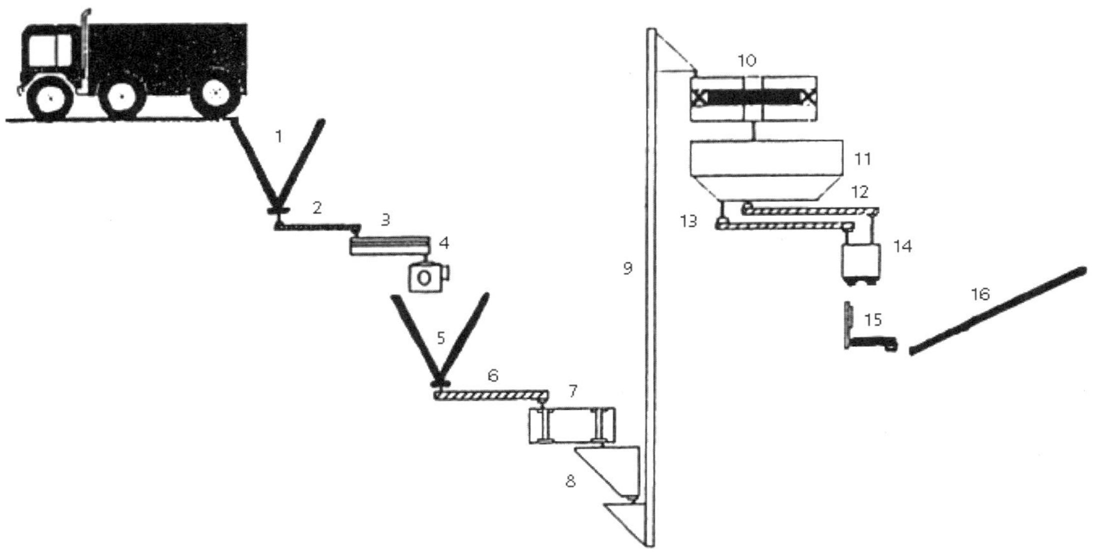

1. Cajón receptor de gallinaza
2. Transportador en forma de tirabuzón
3. Cernidora
4. Moledora
5. Cajón de gallinaza molida
6. Transportador en forma de tirabuzón a la balanza
7. Balanza
8. Envase especial para materia prima
9. Elevador
10. Mezcladora
11. Envase para guardar el producto terminado
12. Transportador en forma de tirabuzón al área de empaque
13. Transportador en forma de tirabuzón al área de empaque
14. Area de empaque
15. Balanza
16. Banda transportadora

Anexo 3

Cuadro 1. Parámetros	
1. Inversión de una planta de fertilizantes (en colones)	
Remoción de tierra	3.000.000
Construcción	10.000.000
Instalaciones eléctricas	2.000.000
Maquinaria y equipo	8.000.000
Terreno	5.000.000
Total	**28.000.000**
2. Gastos adicionales	
Gasto anual en administración	3.200.000
Gasto anual en ventas	2.000.000
3. Parámetros de producción	
Capacidad máxima qt*/día/turno	800
Capacidad máxima qt/mes/turno	16.000
Capacidad máxima qt total anual	384.000
Días de trabajo al mes	20
Número de turnos al día	2

* qt = quintales por trimestre.

Cuadro 2. Costos y precios

	Costo de materia prima	**Precios de venta**
Producto 1	1.357,00	1.700,00
Producto 2	784,60	1.000,00
Producto 3	563,64	850,00
Producto 4	164,00	700,00
Biodegradado	945,00	1.500,00
Gallinaza cruda	81,90	130,00

Anexo 3 — cont.

Cuadro 3. Cantidades proyectadas de materia prima (producto/trimestre) en qt.

a) Porcentaje proyectado de incremento en cantidades consumidas.

año 2	45%
año 3	40%
año 4	30%
año 5	15%

	Año 1			
	1	**2**	**3**	**4**
Producto 1	600	1.500	3.000	1.000
Producto 2	1.500	4.000	7.000	2.000
Producto 3	3.000	6.000	6.500	4.000
Producto 4	6.000	8.000	10.000	7.000
Biodegradado	1.500	4.000	4.000	2.000
Gallinaza cruda (*)	250.000	180.000		
Total qt	**27.600**	**34.300**	**30.500**	**16.000**
				108.400

* Empaque más pequeño. Para convertir a quintales, multiplicar por 0,06.

Cuadro 4. Cantidades proyectadas de ventas (producto/trimestre) en qt.

a) Porcentaje proyectado de incremento en ventas.

año 2	100%
año 3	80%
año 4	50%
año 5	30%

	Año 1			
	1	**2**	**3**	**4**
Producto 1	300	750	1.500	500
Producto 2	750	2.000	3.500	1.000
Producto 3	1.500	3.000	3.000	2.000
Producto 4	3.000	4.000	5.000	3.500
Biodegradado	750	2.000	2.000	1.000
Gallinaza cruda (*)	250.000	180.000		
Total qt	**21.300**	**22.550**	**15.000**	**8.000**
				66.850

* Empaque más pequeño. Para convertir a quintales, multiplicar por 0,06.

Anexo 4

Precios de fertilizantes químicos FERTICA		
FORMULA[a]	**PESO Kg**	**Colones**
Nitrato de amonio	45,00	2.090,00
10-30-10	50,00	3.025,00
10-24-10-6S	50,00	2.915,00
12-12-17-2S	50,00	2.970,00
12-24-12	50,00	2.640,00
15-3-22-6-2	50,00	2.805,00
15-3-25-6	50,00	2.778,00
15-3-31	50,00	2.640,00
15-15-15-3	50,00	2.866,00
18-3-10-8-1.2	50,00	2.833,00
18-5-15-6-2	50,00	2.833,00
18-6-12-4-.7	50,00	2.448,00
20-7-12-3-1.2	50,00	2.668,00
Urea granulada	45,00	2.750,00
Sulfato de amonio	50,00	1.870,00

Fuente: Departamento de Mercadeo, FERTICA.
a. Los primeros tres números representan el contenido de nitrógeno, fósforo y potasio.

Rhodia y Acido Orgánico*

INTRODUCCIÓN

En 1995, la junta directiva de la empresa Acido Orgánico solicitó a su gerente de producción, el ingeniero Ignacio Cruz, un estudio sobre la calidad de los efluentes que estaban siendo vertidos al río Atibaia que pasaba cerca a la fábrica. Después de un análisis de la situación, el ingeniero Cruz concluyó que el problema era evidente, dado que en determinados momentos el nivel de la demanda química de oxígeno (DQO) de los desechos líquidos que la empresa estaba emitiendo superaba el límite permitido por la ley; esto ponía en peligro la calidad del agua del río y había causado en varias ocasiones la mortandad de peces. El problema tendía a agravarse dado que la fábrica estaba expandiendo una de sus unidades de operación, la cual aumentaría significativamente la carga de DQO de los efluentes una vez se encontrara en plena operación a partir de 1997.

De no tomarse ninguna medida correctiva, la empresa podría ser multada con las consecuentes repercusiones en los medios de comunicación y el efecto negativo para su imagen. Por otro lado, el río en el cual se vertían los desechos, además de ser crítico para el suministro de agua en la región, también hacía parte integral de una cuenca hidrográfica importante de la cual dependían más de un millón y medio de personas. Asimismo, siendo que una de las características geológicas particulares de esta región es la ausencia de aguas subterráneas, el río se convierte en su fuente principal de abastecimiento de agua. Todos estos factores permitían prever las enormes presiones que recaerían sobre la empresa en caso de agravarse el impacto ambiental de sus operaciones.

Para solucionar el problema, el ingeniero Cruz contrató un estudio sobre la instalación de un sistema de tratamiento de los efluentes antes de que fuesen vertidos al río. Este consistía básicamente en tratar los desechos en tanques y lagunas de decantación. Posteriormente, el lodo producido sería transportado y depositado en otro local más adecuado, lejos de la fábrica.

Los análisis realizados por el ingeniero Cruz para evaluar la factibilidad de la instalación de este sistema lo estaban convenciendo de que si bien el proyecto era adecuado desde el punto de vista técnico, sus altos costos representaban una dificultad que debía ser superada dado el momento difícil por el que atravezaba la empresa. Fue durante el transcurso de estas evaluaciones que Cruz se enteró, por medio de uno de sus consultores, que Rhodia, otra empresa de productos químicos, había enfrentado un problema similar con la unidad productora de ácido adípico de su planta localizada en Paulínia.

---

* Este estudio de caso fue preparado originalmente en portugués por el profesor Isak Kruglianskas de la Universidade de São Paulo, Brasil. La traducción al español fue realizada por Elizabeth Koechli.

Después de estudiar detenidamente el informe que recibió del consultor sobre la experiencia de Rhodia, el ingeniero Cruz se vió en un dilema. Por un lado, la estrategia de implementar un nuevo sistema de tratamiento de desechos conllevaba obstáculos de orden financiero que aún no sabía como superar; por otro lado, la solución adoptada por Rhodia presentaba incógnitas en cuanto a los resultados que podrían obtenerse, ya que su éxito dependía del comportamiento de los empleados, de la actitud de los gerentes y de otras variables que posiblemente él no podría controlar. Decidió entonces compartir su preocupación con la junta directiva de Acido Orgánico.

La junta debatió ampliamente las dos opciones presentadas por Cruz pero no logró llegar a un consenso y quedó dividida. El director administrativo y financiero favorecía la solución adoptada por Rhodia, mientras que el director técnico se inclinaba por la implementación del sistema de tratamiento de desechos propuesto en el proyecto en estudio. Al ver el conflicto que se había generado entre los dos directores, el presidente de la compañía solicitó a Cruz que revaluara la situación y presentara la alternativa que según él sería más conveniente para la empresa, sustentada por todos los argumentos en su favor.

Acido Orgánico S.A.

La empresa Acido Orgánico S.A. puede ser catalogada como mediana si se considera el tamaño de su planta de personal; sin embargo, su nivel de facturación la proyecta como una empresa grande. Ocupa una posición destacada dentro del sector químico brasileño, y se le reconoce por su preocupación con la calidad de sus productos y con el servicio que brinda a sus clientes. Tradicionalmente se ha dedicado a suministrar insumos a otras industrias en los sectores textil, plástico y farmacéutico, y siempre ha sido reconocida por acatar la legislación en todos sus aspectos, incluso los ambientales.

Sus instalaciones se erigieron 30 años atrás en el estado de São Paulo cerca del río Atibia y a 30 kilómetros de la ciudad más próxima. En aquella época esta región se hallaba casi deshabitada y se encontraba rodeada por algunas propiedades que no eran utilizadas por sus dueños. Con el correr del tiempo, y como resultado directo de las mejoras que la empresa introdujo en la región — carreteras, electricidad y oportunidades de empleo — se desarrolló una pequeña comunidad en las áreas adyacentes a sus instalaciones.

A partir de 1990, y simultáneamente con la introducción de cambios importantes en el Brasil a raíz de la apertura hacia el mercado externo, la empresa trató de mejorar su productividad transformando sus métodos de trabajo en aras de obtener, por ejemplo, la certificación en ISO 9000. Asimismo realizó programas de capacitación para sus empleados con el fin de mejorar su competitividad frente a compañías extranjeras, especialmente las asiáticas, las cuales podrían constituir una amenaza seria para la empresa.

El crecimiento de la población alrededor de la planta y la agudización de las restricciones impuestas por la legislación ambiental aumentaron la preocupación de Acido Orgánico por la calidad de los desechos que estaban siendo vertidos al río. Algunos movimientos liderados por habitantes de la región proclamaron su descontento con la contaminación que, según ellos, había causado la reducción del volumen de peces. Igualmente, la Compañía Estatal de Tecnología y Saneamiento Básico (CETSESB), organismo responsable por la fiscalización ambiental, también se estaba preparando para profundizar los análisis de contaminación y llevar a cabo una inspección en la fábrica.

Sistema de tratamiento de desechos

Las inversiones necesarias para implementar el sistema de tratamiento de desechos eran del orden de US$4'500.000. El costo de operación del sistema, incluyendo personal, energía y materiales, estaba estimado en US$75.000 mensuales, monto que también cubría la disposición del lodo que sería retirado de los tanques.

Después de estudiar el sistema propuesto, el ingeniero Cruz constató que el área necesaria para efectuar el tratamiento de los desechos, cerca de 650m3/hora, superaba en gran medida la superficie de la cual disponía la empresa para esta finalidad. Como los terrenos vecinos estaban ocupados, sería necesario negociar la compra de alguna de estas propiedades, cuyos costos eran difíciles de calcular dado que sus dueños se sentirían en condiciones ventajosas para establecer su precio. Se estimaba, por lo tanto, que los costos para dichas adquisiciones fluctuarían entre US$6 y US$10 millones.

Durante las discusiones sobre este tema con la junta directiva se decidió que cualquiera que fuese la decisión tomada, el eventual aumento de los costos de producción no podría ser transferido al precio final ya que se trataba de productos básicos (*commodities*) cuyas cotizaciones eran determinadas por el mercado internacional. Asimismo, se estableció que la ganancia líquida no podría verse reducida en más de 4% de su valor corriente, ya que de lo contrario peligraría el valor de las acciones de la empresa en el mercado. Una reducción superior a este porcentaje también sería inaceptable para los accionistas mayoritarios. De esta forma quedó claro que la empresa tendría que conseguir en el mercado financiero los recursos necesarios para llevar a cabo estas inversiones, pues su capital disponible estaba totalmente comprometido con las expansiones de la producción ya iniciadas.

Con base en estas observaciones preliminares, el ingeniero Cruz solicitó un estudio sobre la historia y las proyecciones de los resultados financieros de Acido Orgánico S.A.. Según el departamento financiero, el comportamiento más probable de las cuentas promedio de la empresa para los próximos años — considerando la expansión en curso pero excluyendo las inversiones requeridas para el nuevo sistema de tratamiento de efluentes bajo estudio — serían las siguientes:

El departamento financiero informó al ingeniero Cruz que la tasa de interés mínima a la que la empresa podía obtener crédito en el mercado financiero para cubrir las inversiones necesarias para el sistema de tratamiento de desechos sería de 20% al año. Se le indicó también que de acuerdo con la política adoptada por la empresa, el tiempo para la depreciación de esta clase de equipos debería ser de diez años mientras que para los inmuebles sería de veinticinco años.

Cuadro 1. Estado de pérdidas y ganancias de Acido Orgánico S.A.
(Proyección de valores promedio para el período 1996-2006)

RENGLON	VALOR (en US$1.000)
Ventas	**220.000**
Impuestos y deducciones sobre ventas	-20.000
Ventas netas	**200.000**
Costo de producción	-102.000
Utilidad bruta	**98.000**
Gasto de ventas	-22.000
Gastos de administración y generales	-20.000
Depreciaciones y amortizaciones	-4.200
Utilidad operacional	**51.800**
Gastos e ingresos financieros	-18.000
Utilidad neta antes de impuestos	**33.800**

RHODIA: RESEÑA HISTÓRICA

Rhodia es la subsidiaria en Brasil de la empresa Rhone-Poulenc, una multinacional francesa de gran tamaño. Rhodia inició sus operaciones en Brasil en 1919 y, como consecuencia del bloqueo del litoral brasileño durante la segunda guerra mundial, comenzó a fabricar alcohol. Con el tiempo, la compañía amplió su línea de productos químicos para transformarse en lo que es hoy en día.

La unidad de ácido adípico de Rhodia en que se interesa Acido Orgánico está localizada en la planta química de Paulínia (UQP por sus siglas en portugués), localizada a seis kilómetros de la ciudad del mismo nombre en el estado de São Paulo. La planta forma parte de un complejo grande que incluye unidades de investigación y desarrollo. El área contigua a la UQP se ha industrializado bastante y hoy día incluye otras empresas de gran tamaño como la refinería de Petróleos Brasileños (PETROBRAS), una compañía estatal.

La UQP genera 1700 empleos directos y también cuenta con 500 personas que le prestan servicios regulares por medio de subcontratos. La edad promedio de los empleados es de 36 años y su sueldo mensual promedio bruto es de US$1300. El 59% de los empleados trabajan en tres turnos de 8 horas y el 41% labora en horario administrativo. En cuanto a su nivel de escolaridad, se constató que el 27% tiene formación universitaria, el 40% terminó el colegio secundario y el 33% terminó el colegio básico.

Figura 1. Croquis de las principales instalaciones de la planta química de Paulínia

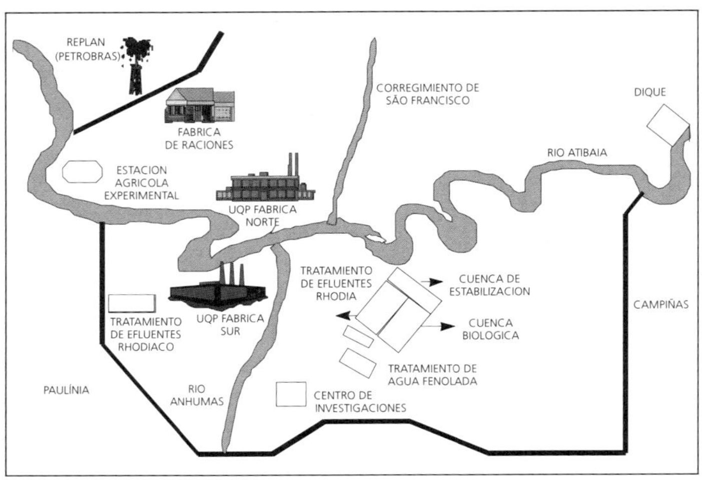

En la UQP, Rhodia fabrica varias líneas de productos mediante variados procesos de producción. El complejo de Paulínia reúne varias actividades industriales, entre las cuales se destacan las siguientes:

- Planta Química de Paulínia (UQP)
- Centro de Investigaciones
- Estación Experimental Agrícola
- Rhodiaco (asociación de Rhodia con Amoco del Brasil)
- Rhodia - Merieux Veterinaria (asociación de Rhodia con el Instituto Merieux de Francia), y otras unidades

La línea de producción de este complejo de industrias la constituyen materias primas destinadas a la fabricación de numerosos productos, desde neumáticos hasta analgésicos.

La **Cadena Nylon** fabrica hilos, fibras y polímeros plásticos utilizados en las industrias textil, de alfombras, de repuestos y accesorios para automóbiles, y electrodomésticos, entre otras.

La mitad de la producción de la **Cadena Fenólica** se utiliza internamente. Externamente se usa en resinados de tipo epoxi, fórmicas, en las industrias de pinturas y barnices, de automóbiles, electrodomésticos y farmacéutica.

El **Látex** y sus derivados son utilizados en la construcción civil, en la fabricación de pinturas, impermeabilizantes, pegamentos y goma de mascar.

El silicato de sodio y el bióxido de silicio, ambos producidos por **Silicas**, son componentes ampliamente utilizados por las industrias de caucho, papel, calzado, dentríficos y productos alimenticios.

Los productos de la **Química Fina** son utilizados en la industria farmacéutica para la extracción de antibióticos, en pinturas para la imprenta, esmaltes, barnices y en la preparación del cuero natural y artificial.

La **Cadena Poliester** atiende las necesidades de la industria textil fabricando hilos y fibras, que también se usan para la confección de películas para embalajes, condensadores, alfombras, etc.

En el conjunto de Paulínia también se producen antibióticos, antiparasitarios, quimioterápicos, aditivos para medicamentos y productos biológicos (vacunas) para el uso en avicultura, ganadería y suidocultura.

La planta de ácido adípico es una de las dos principales fuentes en la producción del nylon (ver Figura 2). Es interesante resaltar que este ácido en sí es inactivo, y que de hecho fue aprobado en los Estados Unidos como una sustancia que se le puede agregar a los alimentos. Sin embargo, su fabricación emplea sustancias peligrosas y produce niveles altos de DQO en sus efluentes.

Figura 2. Cadena de producción Sal Nylon

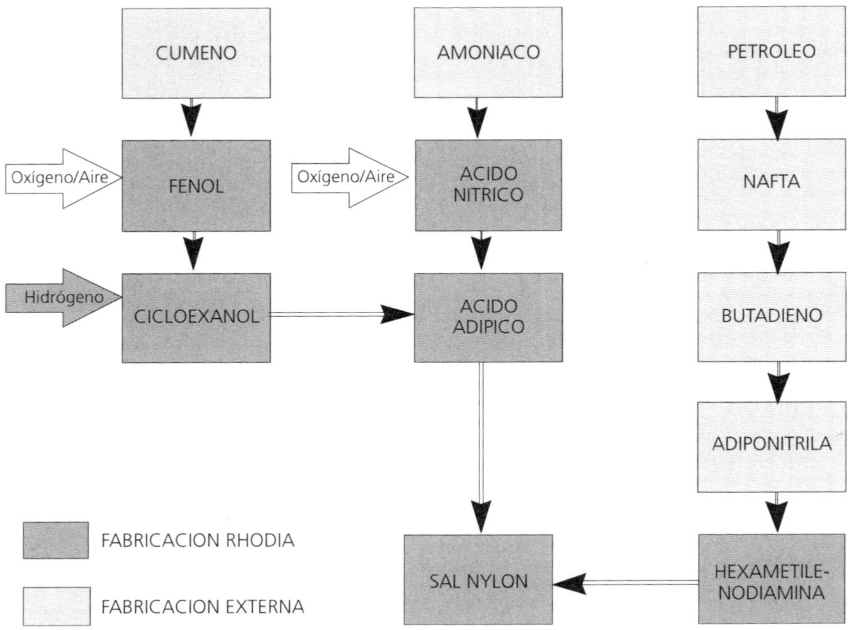

Modelo gerencial de Rhodia y de su gestión ambiental

En vez de seguir un enfoque tradicional basado en soluciones tecnológicas para el tratamiento de los desechos vertidos en las fuentes de agua, Rhodia ha desarrollado un sistema sofisticado para manejar los aspectos ambientales de su proceso de producción de ácido adípico. Este enfoque se deriva del modelo de gestión de la compañía basado en principios gerenciales de calidad. El Programa Rhodia de Excelencia (PRHOEX por sus siglas en portugués) ha evolucionado durante los últimos años con los siguientes propósitos:

- adoptar una visión amplia de la compañía como empresa innovadora, rentable y responsable;
- examinar los procesos industriales y la forma de hacerlos menos variables y más productivos;
- promover el aprendizaje organizacional;
- potenciar a todos sus empleados, y
- aplicar un tipo de gerencia interfuncional.

El Anexo provee una descripción más detallada del modelo gerencial Rhodia; el cambio real de su enfoque organizacional se explica en el Cuadro 2 a continuación.

A medida que la compañía comenzó a enfrentar retos ambientales se apoyó en su modelo gerencial para sacarlos del ciclo de respuestas tecnológicas que normalmente se seguía en cuestiones de efluentes.

Cuadro 2. Hacia la nueva filosofía gerencial: Programa Rhodia de Excelencia (PRHOEX)

VARIABILIDAD	Cultura y comportamiento con el enfoque gerencial tradicional (un desvío → una corrección)	Cultura y comportamiento con la nueva filosofía de gestión Rhodia CAUSA SISTEMICA X CAUSA ESPECIAL
Actitud frente a cambios	Miedo de cualquier cambio	Cambio visto como una oportunidad para el éxito
Información	Compartir cuando me conviene	Compartir para desarrollar el conjunto
Comunicación	Respetar los canales pre-establecidos	Comunicar de manera directa y eficaz
Motivación	Predominantemente extrínseca	Equilibrio extrínseca e intrínseca
Liderazgo	Jefe	Capacitador
Medición	Gestión únicamente por intuición	Gestión según datos e intuición
Control	del producto	del proceso
Sistema	Optimización de las partes	Optimización del todo (total)

Para entender mejor cómo funciona el enfoque de la división de ácido adípico es necesario ver primero cómo evolucionó el sistema gerencial ambiental en Rhodia, cuyas preocupaciones ambientales se remontan al año de 1973 (Donaire, 1995) cuando se creó el Departamento Central de Seguridad Industrial (DCSI) vinculado a la superintendencia (nivel jerárquico más alto de la empresa). Posteriormente el DCSI fue subordinado al gerente general de recursos humanos. En 1984 el DCSI, que se había transformado en una asesoría especial constituida por un único asesor, se convirtió en el Departamento de Seguridad Industrial y Medio Ambiente (DSIMA). En 1989, cuando ya estaba siendo implementado el PRHOEX, el DSIMA adquirió una mayor categoría al ser elevado a nivel de gerencia, convirtiéndose en Gerencia de Seguridad Industrial y Medio Ambiente (GSIMA), cuya configuración básica se conserva hasta la fecha.

A nivel corporativo, la GSIMA está actualmente subordinada a la División Científica y Tecnológica. En el organigrama de Rhodia que aparece en la Figura 3 se puede apreciar la posición ocupada por la GSIMA y la estructura interna de la compañía.

La Asesoría de Seguridad de Procesos y del Medio Ambiente (AMA) tiene a su cargo fijar las políticas y pautas obligatorias que deberán seguir las gerencias de las diferentes plantas de Rhodia, como es el caso de la UQP. Es así como sobre la AMA recae la tarea principal de planificar, mientras que cada unidad es responsable por la organización, dirección y control de su gestión ambiental a través de sus coordinadores de medio ambiente y las respectivas jefaturas.

En el complejo de Paulínia, la coordinación del medio ambiente sigue una estructura paralela a la del nivel corporativo. Sin embargo, la GSIMA reporta a la gerencia general, lo que le da una categoría elevada en la jerarquía de la empresa. A nivel de la planta, el departamento recibe apo-

Figura 3. Organigrama de Rhodia

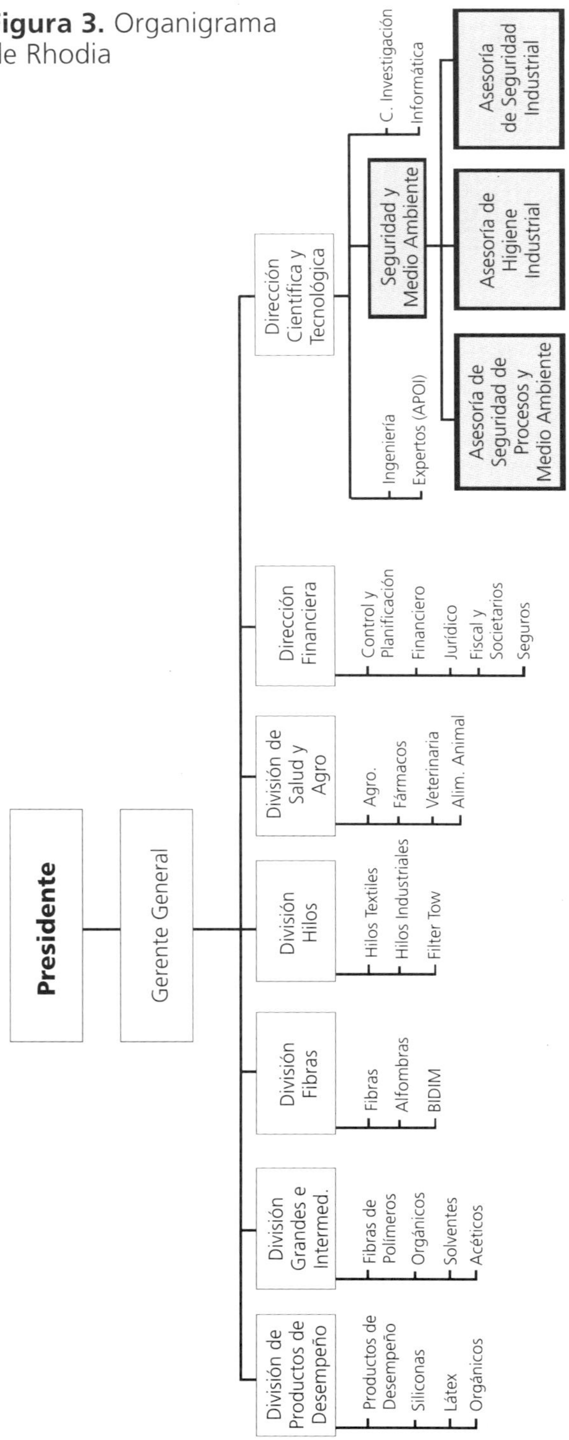

yo técnico de varias fuentes, incluyendo los servicios de laboratorio e investigaciones y los departamentos de ingeniería. La GSIMA también recibe apoyo del nivel corporativo y del Grupo Rhone-Poulenc en el exterior. Esta coordinación es crítica porque Rhodia tiene que seguir todas las directivas ambientales de su casa matriz.

La experiencia con el proceso de gestión ambiental en Paulínia sugiere que su éxito en la introducción de cambios dirigidos a mejorar la calidad ambiental depende del resultado de un conjunto de fuerzas que actúan en favor o en contra de las transformaciones propuestas. En la Figura 4 se presentan las principales fuerzas que generalmente han operado dentro de la planta química de Paulínia.

La experiencia de gestión ambiental en Paulínia le ha permitido a la empresa establecer los elementos básicos que deben ser considerados e integrados para que las acciones ambientales tengan éxito en la reducción de los desechos, a saber:

Creación de un grupo para mejorar el proceso (GMP).

- Este grupo se ocupa de proponer mejoras en el proceso con el fin de disminuir y eliminar efluentes.

Búsqueda de nuevas tecnologías

- Desarrollo de nuevos proyectos conducentes a la formulación de procesos que no generen efluentes.
- Estudios para posibilitar la recuperación/tratamiento de los mismos.

Figura 4. Campo de fuerzas observadas en los procesos de cambio dirigidos a mejorar la calidad ambiental en Paulínia (reducción de desechos).

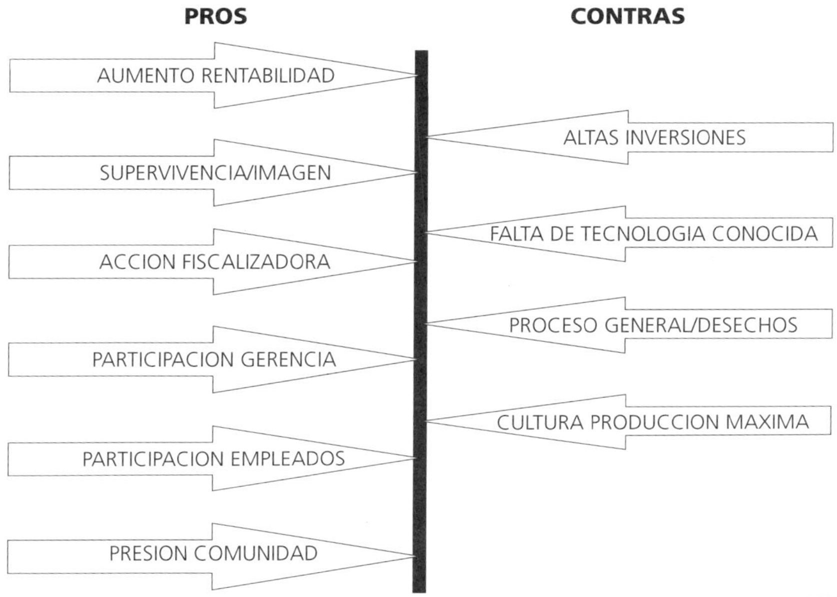

Conscientización de la comunidad Rhodia

- Educación/capacitación (véase abajo el ejemplo del PRISMA)
- Políticas ambientales
- Formación de grupos con personal operacional

Búsqueda de alternativas de utilización industrial

- Desarollo de nuevos productos
- Búsqueda de nuevos clientes

Recuperación de insumos

- Recuperación de la parte de los insumos que no es incorporada a los productos, de manera que estos puedan ser reutilizados por otras empresas.

Para dotar el esfuerzo de protección ambiental de la compañía con una base sólida de recursos humanos, Rhodia ha implementado un curso básico sobre conceptos ambientales. PRISMA (Programa de Instrucción sobre el Medio Ambiente) es un curso básico de ochos horas de duración diseñado para personas de todos los niveles jerárquicos de la empresa. En este curso se discuten aspectos fundamentales sobre la cadena atrófica y otros conceptos ecológicos destinados a informar y sensibilizar a los participantes sobre la interdependencia sistémica de todos los procesos de la naturaleza, especialmente aquellos relacionados con la actividad industrial. Al momento de escribir este caso, más del 70% de los empleados de Paulínia ya habían tomado el curso.

Gestión ambiental en la unidad de producción de ácido adípico desde 1990

Debido a una emisión accidental de subproductos en la unidad de ácido adípico de Rhodia, en 1990 se constituyó un grupo de trabajo multidisciplinario para evaluar las posibles acciones preventivas.

La CETESB, organismo responsable por la fiscalización ambiental que había multado la emisión, pasó a ser parte de este grupo de trabajo que buscaba reducir, o preferiblemente eliminar el riesgo de este tipo de emisiones.

Gracias a una mayor consolidación del PROHEX en toda la compañía se comenzó a observar una filosofía gerencial fundamentada en los principios de *calidad total* y una mayor participación y compromiso con los aspectos ambientales por parte de los empleados en todos los niveles.

El grupo de trabajo, compuesto por empleados del departamento de ácido adípico (ADOH) responsables por las operaciones, identificó varias causas de las emisiones así como las acciones que se deberían ejecutar para reducir los efluentes de esa unidad, entre las cuales figuran:

- eliminación de las filtraciones provenientes de los empaques de las bombas y válvulas;
- eliminación de emisiones de productos resultantes de la toma de muestras;
- minimización del riesgo de transbordos de equipos,
- reutilización de las aguas provenientes del lavado de aquellos.

Así fue como se preparó y se puso en marcha un programa de conscientización de los operadores a todo nivel. Estas acciones fueron realizadas mancomunadamente por operadores, supervisores y gerentes, lo que dió como resultado una visión integradora que superó los objetivos previstos inicialmente. En este proceso se utilizaron técnicas propias del enfoque de calidad total, como por ejemplo:

- Identificación de problemas a través del Gráfico de Pareto (ver Figura 5).
- Diagrama Ishikawa (espina de pescado) para identificar las causas del DQO elevado (ver Figura 6).
- Utilización del Control Estadístico del Proceso (CEP) para acompañar y controlar los parámetros del mismo.

Figura 5. Gráfico de Pareto aplicado a problemas ambientales

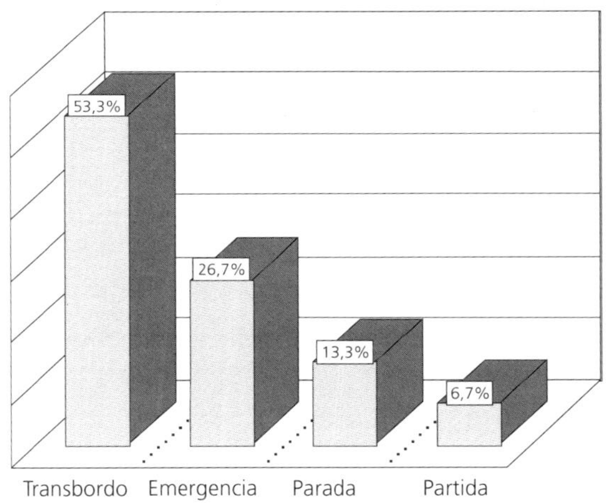

Se empezaron a efectuar análisis cotidianos de DQO y se institucionalizó el llamado Diario de Abordo, que consistía en anotar todos los eventos excepcionales ocurridos

Figura 6. Diagrama Ishikawa (DQO ácido adípico)

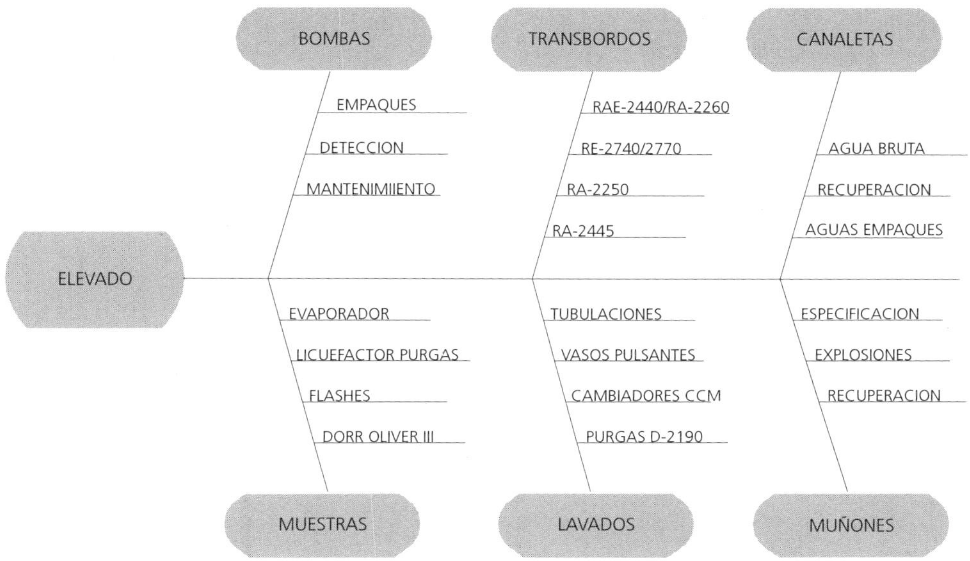

durante un determinado turno para mantener informado al turno siguiente y a los responsables por las respectivas acciones, permitiendo así un mejor seguimiento de los sucesos. Tales diarios de abordo son herramientas utilizadas por el Control Estadístico del Proceso (CEP).

Esto trajo como consecuencia una mayor conscientización y participación por parte del personal operacional en la búsqueda de reducción de pérdidas y por lo tanto un aumento del rendimiento; en 1991 ya fue posible obtener una reducción adicional de la carga de DQO vertida al ambiente del orden de 50% con relación al año anterior.

En 1992 fue posible identificar mejor los puntos más importantes de emisión de DQO gracias a los datos acumulados por el CEP. A partir de estas informaciones fue concebido el proyecto de Adecuación de la Demanda Bioquímica del Departamento de Acido Adípico (ADBOH por sus siglas en portugués), cuyo objetivo era eliminar o reducir los puntos identificados. Este proyecto fue parcialmente implementado en 1992 y consiguió resultados muy significativos. La carga de DQO vertida al río Atibaia fue reducida nuevamente en un 50% con relación a 1991.

En 1992 también se instaló un totalizador de tiempo de pH para medir las variaciones por encima de las metas fijadas. Este totalizador se colocó en la sala de control de la UQP y los valores medidos, además de ser totalizados, también fueron registrados en cartas de control continuas que permitían saber en qué momento en el período de 24 horas había ocurrido el fenómeno. El resultado constatado con estas mediciones permitió verificar que mensualmente en 1992 el pH había estado por encima de las metas fijadas durante el 11% del tiempo.

A partir de la introducción de la nueva modalidad de gestión empresarial a Rhodia en 1989, los valores de la DQO de los desechos vertidos al río Atibaia ya presentaban la evolución que se registra en la Figura 7.

Figura 7. Evolución de la emisión media anual de DQO/día en el período 1989/1995 (el valor verificado en 1989 fue tomado como referencia = 100%)

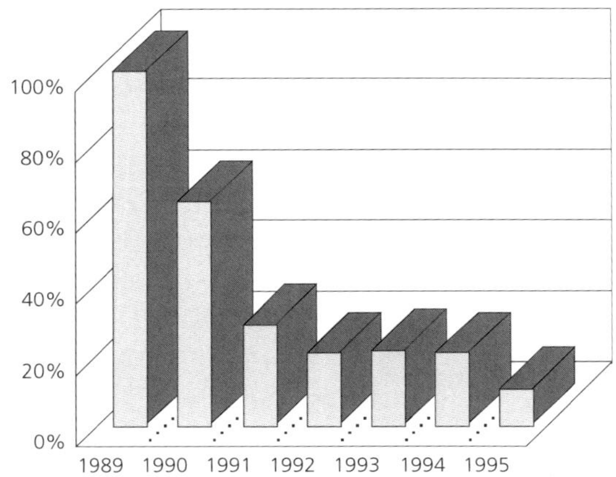

Los cambios gerenciales introducidos en Rhodia crearon las condiciones favorables para ampliar la cobertura de la gestión ambiental. Es así como a comienzos de la década de los noventa, los valores promedios anuales de las horas mensuales en que el pH de efluentes oscilaba por encima de las metas establecidas por la empresa comenzaron a mostrar la evolución ilustrada en la Figura 8.

Figura 8. Evolución del promedio anual de horas mensuales con pH fuera de las metas establecidas (el valor del año 1992 fue tomado como referencia = 100%)

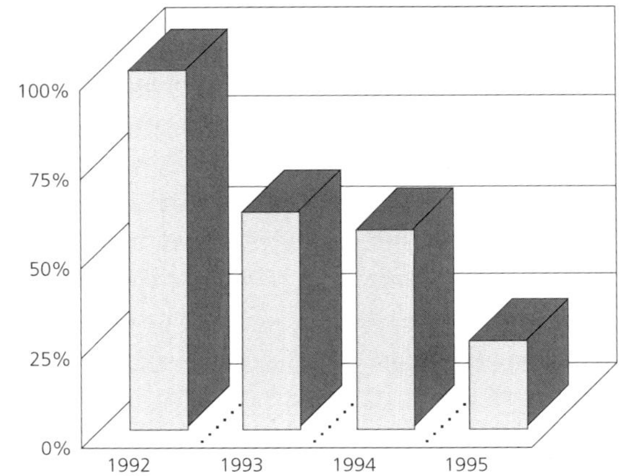

Consideraciones Finales sobre el Estudio de Rhodia

Los resultados sugieren claramente que a partir de finales de la década de los ochenta, cuando se produjo el cambio en el enfoque de gestión de la empresa, las prácticas administrativas y las herramientas gerenciales utilizadas en la gestión ambiental de sus unidades organizacionales se vieron profundamente alteradas. A su vez, los resultados verificados en términos del desempeño ambiental también mostraron ser significativamente superiores a los obtenidos antes de que la compañía hubiese adoptado la nueva política administrativa.

Como sugieren los análisis efectuados, la estrategia tecnológica dominante hasta finales de los ochentas apuntaba al tratamiento de los desechos y no a la búsqueda de la reducción de los mismos; en consecuencia, se hacía hincapié en la adquisición de equipos y tecnologías que neutralizaran su efecto. A partir de entonces, y a raíz de que se les delegara más autoridad a los operadores de producción y se les transfirieran mayores responsabilidades para que eliminasen las fuentes de productos indeseables, la gestión tecnológica se tornó en un instrumento de apoyo al sector de producción en la búsqueda de soluciones. Este cambio en términos de estrategia tecnológica representó para Rhodia un menor volumen de inversiones y una gestión más efectiva de problemas que ahora se diagnosticaban con una mayor objetividad.

A pesar del éxito obtenido por Rhodia, el consultor contratado por el ingeniero Cruz de Acido Orgánico encontró que la información disponible acerca de esta experiencia no era suficiente para tomar una decisión sobre lo que esta última compañía debía hacer en términos de sus propios efluentes; en resumen, eran muchas las variables a ser tenidas en cuenta antes de determinar la aplicabilidad y viabilidad del enfoque de Rhodia en Acido Orgánico. El consultor recomendó entonces que la empresa condujera un estudio de factibilidad detallado sobre un enfoque de manejo ambiental basado en la calidad. Coincidencialmente mencionó también que él tenía la capacidad y disponibilidad para llevar a cabo tal estudio.

Cruz no contaba con mucho tiempo, pues se le estaba venciendo el plazo que tenía para dar su recomendación final a la junta directiva. Fue así como reunió a sus empleados y les pidió que hicieran un estudio rápido de factibilidad para determinar los elementos y condiciones necesarios para que un sistema de administración como el de Rhodia funcionara en Acido Orgánico.

¿Cuáles, específicamente, son las "variables" a las que se refiere el consultor? ¿Se podría recomendar este sistema como sustituto de la planta de tratamiento? Por qué sí o por qué no? ¿Cuánto tiempo se necesitaría para poner este sistema en funcionamiento? Cuáles son los riesgos involucrados en cada alternativa? ¿Cambia el perfil de riesgo si se considera el corto plazo en comparación con el largo plazo?

Anexo

Para poder entender cómo opera la gestión ambiental en la UQP es necesario conocer el modelo de gerencia de Rhodia. A continuación aparece en primera instancia el modelo a nivel global, seguido por el enfoque que orienta la gestión ambiental en Rhodia.

El Programa Rhodia de Excelencia (PRHOEX)

Hasta finales de la década de los ochenta Rhodia aplicaba un modelo tradicional de gestión, calcado fundamentalmente del modelo burocrático, el cual había mostrado su eficacia para la realidad que prevalecía en ese entonces; por tanto era utilizado por las demás empresas multinacionales activas en el país.

Sin embargo, ya hacia mediados de la denominada "década perdida" de los ochenta se podía apreciar que estos enfoques tradicionales no eran suficientes para asegurarle a la empresa el dinamismo y la eficiencia exigidos por la globalización del mercado. Fue así como en 1985 se introdujo el PROHEX, cuya primera fase se concentró en conscientizar a la gerencia sobre los principios del nuevo enfoque. La segunda fase, iniciada en 1991, introdujo el proceso de diseminación para todos los niveles de la empresa. Este enfoque de gestión empresarial puede ser caracterizado por los siguientes conceptos:

Visión del futuro de Rhodia

Una empresa líder donde todos sus trabajadores sentirán orgullo y placer

...orgullo porque:

- trabajamos con constancia y determinación por el éxito de nuestros clientes, en asociación con nuestros proveedores
- somos una empresa destacada, innovadora y en crecimiento
- somos rentables y ofrecemos a nuestros clientes la valoración continua de sus inversiones
- somos una empresa ciudadana en la medida en que contribuimos al desarrollo de las comunidades que nos abrigan y respetamos la seguridad y el medio ambiente

... placer porque:

- valoramos el aprendizaje como factor esencial para el desarollo individual y colectivo
- vivimos en un ambiente donde hay justicia pues nuestros esfuerzos, compromisos y competencia son reconocidos y recompensados
- nos respetamos mutuamente y valoramos las diferencias entre las personas
- mantenemos el equilibrio entre la vida profesional y la vida familiar

Misión de Rhodia

Además de establecer su visión para el futuro, Rhodia definió la "misión" que se propone cumplir, y que es la siguiente:

> *Desarollar los negocios de la Rhone-Poulenc en América del Sur y, en forma complementaria, aquellos que refuercen su posición regional participando en la estrategia del grupo a través de su base industrial y su tecnología, aumentando de manera continua el valor de la empresa.*

Filosofía gerencial

El conjunto de visión, valores, misión y principios de gerencia constituye lo que la empresa pasó a denominar "filosofía gerencial". Es esta filosofía la que estimula las transformaciones organizacionales que le han permitido a la empresa alcanzar y mantener un "desempeño de talla mundial". Esta filosofía está basada en tres "pilares", tal y como se ilustra en la Figura 1.

Figura 1. Los tres pilares de la filosofía de Rhodia

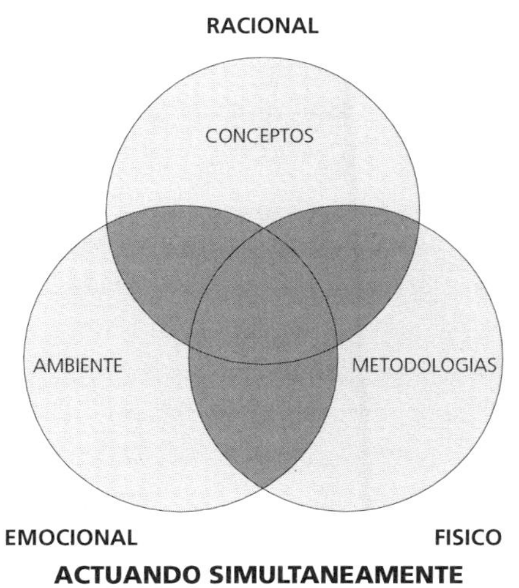

En la Figura 2 se ilustra la aplicación de estos tres pilares de la filosofía gerencial de Rhodia; allí se puede apreciar cómo se concibe el sistema para medir el desempeño de la empresa.

Figura 2. Ejemplo de la utilización de los tres pilares de la filosofía gerencial de Rhodia para concebir un sistema de medición de su desempeño.

Valores

En términos de valores, el modelo gerencial de Rhodia prioriza los siguientes aspectos:

1. Visión Sistémica, cuya esencia se traduce por medio de los siguientes valores:
   - *Lo óptimo de un Todo es mucho mayor que lo óptimo de sus Partes*

- *Pensamiento sistémico X Acción fragmentada*
- *Sistemas interrelacionados y interdependientes*

2. Enfoque en los procesos

Este enfoque consiste en visualizar todas las actividades de la empresa como un conjunto de procesos que se inician con los del proveedor, que a la vez se tornan en insumos para los procesos de Rhodia, los cuales se transforman en productos que se convertirán en insumos para los procesos de los clientes (ver Figura 3). Todo el esfuerzo debe estar siempre concentrado en conseguir la reducción de variabilidades de dichos procesos a fin de lograr mejoras en los mismos.

Figura 3. Enfoque en los procesos

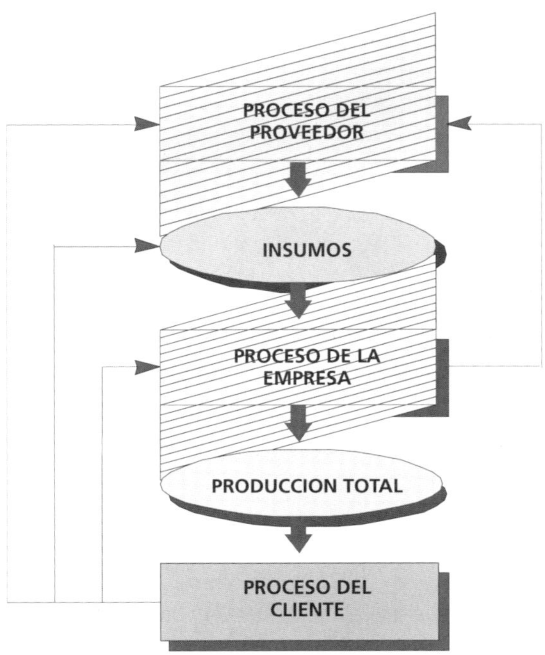

3. Organización que aprende

Este es otro de los valores de la filosofía de Rhodia, que parte del supuesto de que las organizaciones necesitan cuestionarse constantemente y conducir un proceso sistemático de "destrucción constructiva" para que puedan seguir siendo competitivas. A continuación aparecen los conceptos que constituyen el núcleo de este enfoque:

- Aprender a aprender
- Predisposición para aprender, poner en práctica y enseñar
- Ciclo PDCA (Plano de *Check-Act*)
- Humildad: estar dispuesto a decir "no sé"
- Indice de logros (*Benchmarking)*
- Aprendizaje colectivo

4. Valoración de las personas (Potenciación o *Empowerment*)

Este es uno de los valores más importantes de la filosofía gerencial de Rhodia. Está basado en el supuesto de que la organización debe utilizar el potencial de las personas en su totalidad (el cerebro de los operadores, los brazos de los gerentes y el corazón de todos), y que los jefes deben adoptar nuevas posturas de liderazgo a través de las cuales se ven más en el papel de capacitadores que en el de jefes.

En la Figura 4 se ilustran los efectos de la adopción de esta perspectiva de valoración de las personas en la reestructuración de la empresa.

Figura 4. Implicaciones organizacionales de la potenciación del personal en Rhodia

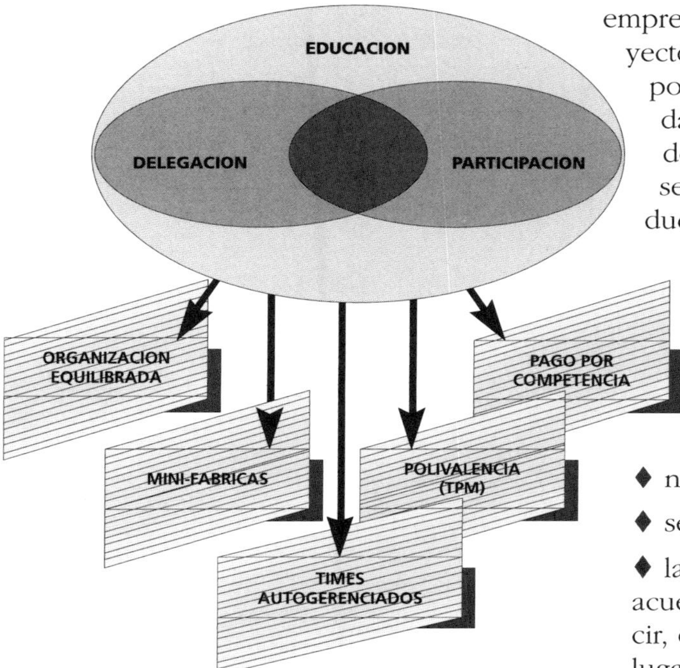

5. Gestión interfuncional

Siguiendo las tendencias observadas en las empresas consideradas exitosas a nivel mundial, Rhodia también adoptó como uno de los valores pertinentes a su nuevo modelo de gerencia la eliminación de las barreras interdepartamentales. De acuerdo con esto, las estructuras jerarquizadas deben ceder su lugar a "equipos de negocios" y "equipos de proyectos". Los "equipos de negocios" son multifuncionales y están orientados a atender de manera "particularizada" y eficaz a los clientes de la empresa, mientras que los "equipos de proyectos" se erigen en organizaciones temporales cuyo personal posee las habilidades requeridas para solucionar los desafíos relacionados con el buen desempeño de la empresa, sea en productos o en procesos.

En síntesis, el Programa Rhodia de Excelencia propone un enfoque nuevo de gestión **contingencialista**, es decir, de acuerdo a las contingencias, siguiendo los principios a continuación:

- no existe ninguna fórmula especial
- se propone una filosofía y un menú
- las acciones deben ser conducidas de acuerdo con la situación, es decir, dependen del negocio, el lugar, el tiempo, el tamaño, etc.

Evidentemente, la adopción de este nuevo modelo gerencial ha producido un **cambio de cultura y de comportamiento** en Rhodia.

BIBLIOGRAFÍA

Donaire D. 1995. *Gestão Ambiental en la Empresa.* Editora Atlas.

Schmidheiny S. 1992. *Changing Course: a Global Business Perspective on Development and Environment.* MIT Press.

INICIATIVAS SOSTENIBLES PARA AUMENTAR EL VALOR AGREGADO LOCAL

Los casos incluidos en esta sección describen algunos modelos de desarrollo aplicados en áreas marginales. Durante las últimas décadas, muchos de los programas de desarrollo en América Latina han conducido principalmente al agotamiento de los recursos naturales y económicos, sin que hayan mejorado las condiciones de vida locales. Los casos que se presentan en esta sección analizan los esfuerzos realizados por empresas públicas y privadas para corregir antiguos programas de desarrollo que tuvieron poco éxito. Aquí se muestra cómo diversas entidades privadas o públicas, desde cooperativas hasta dependencias gubernamentales, pueden asegurar un bienestar ecológico y económico en sus comunidades en el largo plazo, mediante esfuerzos dirigidos a incrementar el valor agregado local.

Los casos plantean una variedad de temas sobre el desarrollo local. Al igual que los ejemplos sobre algunas de las empresas analizadas en las otras secciones de este libro, los casos aquí descritos muestran los intentos por conformar diferentes tipos de organizaciones (una cooperativa de productores de lana y una dependencia gubernamental local) que buscan maximizar la generación de ingresos en el corto y en el largo plazo. En el caso de *Aguada Guzmán,* una cooperativa argentina productora de lana intenta mejorar su capacidad productiva a través de avances tecnológicos (desarrollo de especies innovadoras) y de un uso más eficiente y sostenible de sus activos (tierra), para de esta forma aumentar su producción y sus ganancias. En el caso de la *Carretera Marginal,* el Ministerio de Desarrollo Rural del Perú estudia diferentes alternativas para utilizar su principal activo (infraestructura) para generar desarrollo, incrementar el ingreso local y mejorar la sostenibilidad ambiental y social de las actividades económicas del departamento de San Martín.

Cooperativa de productores laneros de Aguada Guzmán. *Un grupo de pequeños y medianos productores de lana de un área marginal en las pampas argentinas se unió para formar la Cooperativa de Productores Laneros de Aguada Guzmán. La* *cooperativa se creó con el fin de aumentar la capacidad de producción de los pastores de la provincia de Río Negro. El caso examina el desarrollo de la cooperativa y el análisis que hacen los productores sobre las limitaciones ecológicas y económicas que enfrentan antes de introducir especies alternativas (llamas) en la región; sobre las oportunidades que esto representa; y sobre las alternativas para el mejoramiento de los procesos de producción y de comercialización, todo esto a la luz de una disponibilidad limitada de capital. Este caso se recomienda como herramienta para los cursos de desarrollo rural, administración agropecuaria y desarrollo empresarial.*

La Carretera Marginal de la Selva. *Este caso invita a una amplia discusión sobre los enfoques tradicionales de desarrollo rural y establece una base para la búsqueda de alternativas sostenibles. A partir de un análisis de la situación del departamento amazónico de San Martín en el Perú, antes y después de la construcción de la Carretera Marginal, se plantean interrogantes sobre los costos y beneficios del mejoramiento de la infraestructura en zonas ecológicamente frágiles. En el caso, el Ministerio de Desarrollo Rural evalúa los efectos de este y de otros esfuerzos gubernamentales por mejorar la infraestructura del departamento, como análisis previo a la implementación de un nuevo programa para la región. Este caso es apropiado para los cursos de política ambiental, administración agropecuaria y desarrollo.*

Notas para la enseñanza de política ambiental

Los casos que aquí se presentan tratan esencialmente sobre políticas que buscan identificar estrategias y medidas que promuevan un desarrollo sostenible en zonas marginadas. Las herramientas y alternativas disponibles en cada caso difieren sustancialmente pero presentan una tendencia común hacia la búsqueda de un modelo de generación de ingresos apropiado desde el punto de vista social y ecológico que promueva el desarrollo local. Estos casos plantean temas críticos para la sostenibilidad del desarrollo como son la tenencia de la tierra, organización industrial, planificación agrícola e infraestructura.

Cooperativa de productores laneros de Aguada Guzmán*

Introducción

Argentina es un país internacionalmente conocido por sus grandes extensiones de tierras aptas para un tipo de producción agropecuaria que si bien es extensiva, también es eficiente (la denominada "pampa húmeda"). Aun así, alrededor de un 61% de su superficie continental se halla bajo condiciones de aridez, semiaridez y con distintos tipos de problemas de suelos. Los sistemas de producción agropecuaria que se desarrollan en estas áreas (el monte occidental, los altiplanos del noroeste, las sierras centrales, la pampa semiárida y la muy extensa meseta patagónica) son deficientes. Allí sólo se ha logrado llevar a cabo actividades agrícolas intensivas eficientes en áreas bajo riego que abarcan una superficie reducida. En los terrenos restantes impera un sistema de producción ganadera de supervivencia o de rentabilidad baja y/u ocasional.

Siendo la producción ganadera extensiva (pastoril) la única forma de utilizar estas regiones, se han planteado diversas alternativas. Sin embargo, hasta el momento la distribución de especies ganaderas y de sistemas de producción ha respondido estrictamente a criterios económicos, con una visión excesivamente optimista acerca de la capacidad de carga de los campos y un desconocimiento del impacto ecológico de las actividades agropecuarias sobre los mismos. Este tipo de uso ha desencadenado una serie de problemas para la actividad ganadera en la región, tanto en cuanto a los recursos naturales, como a la producción animal y a otros aspectos de carácter socioeconómico.

Entre los problemas identificados sobresalen dos: por un lado está la pérdida de productividad de los campos, y por el otro las dificultades relacionadas con el mercadeo de los productos. Se trata de dos tendencias generalizadas que tienen como consecuencia inmediata una disminución de ingresos; esto, a su vez, conduce a la migración acelerada de la población rural hacia los centros urbanos, donde por lo general pasa a engrosar las filas de los sectores más pobres.

Esta situación llevó a que un grupo de productores plantearan un conjunto de medidas para solucionar los problemas detec-

---

* Este estudio de caso fue preparado por el Dr. Eduardo Frank del Consejo Nacional de Investigaciones Científicas y Técnicas (CONICET) y la Facultad de Ciencias Agropecuarias de la Universidad Católica de Córdoba, Argentina, el Ing. Agr. Michel Hick del Acuerdo Unión Europea-Argentina de la Universidad Católica de Córdoba, y la Lic. Claudia Fiant del Instituto de Ciencias de la Administración (ICDA) de la misma universidad. Los autores quieren agradecer a los socios de la cooperativa, sus asesores y a la comunidad de Aguada Guzmán, sin cuya cooperación y aporte de información y conocimientos no hubiera sido posible realizar este estudio de caso.

tados. En primer lugar se procedió a crear una cooperativa lanera cuyo objetivo principal era comercializar lana y mohair. Posteriormente se emprendieron acciones destinadas a mejorar el área productiva mediante sistemas alternativos que contemplaran la inclusión de más de una especie animal y que generaran diversos productos de los cuales se pudiera obtener un valor agregado. Entre las pocas especies ganaderas domésticas disponibles que podrían llegar a adaptarse a las condiciones de esas tierras figuran los camélidos sudamericanos domésticos (llamas y alpacas). Igualmente se consideraron acciones complementarias como la mensura de los campos fiscales[*], programas de créditos rotativos para financiar mejoras (alambrados, aguadas o abrevaderos, etc.) y otras relacionadas con el mejoramiento genético de las majadas[+] de ovinos y caprinos. Estos esfuerzos contaron con la asistencia de instituciones externas.

Sobre la base de observaciones e información bibliográfica, este caso pretende generar una discusión abierta y enriquecedora sobre el gran desafío que representa explotar en forma sostenible los recursos naturales (sostenibilidad ecológica), al tiempo que se garantiza que la empresa agropecuaria sea rentable (sostenibilidad económica). Esta labor se torna aún más compleja cuando se cuenta con poca información confiable sobre el impacto ambiental de la producción actual y aun sobre el de las alternativas que se plantean.

Caracterización de la Zona

El área bajo estudio está ubicada en una vasta región (3.200 km^2) del departamento El Cuy de la provincia de Río Negro (República Argentina). El Cuy ocupa el décimoquinto lugar en la clasificación de los departamentos por niveles de pobreza rural[**]. Los parajes principales son Aguada Guzmán y Naupa Huén. En el área habitan alrededor de 160 familias.

Características agro-ecológicas

Se trata de una meseta árida cuya precipitación anual oscila entre 100 y 250 mm, con un clima templado frío y vientos muy fuertes y persistentes. El tipo de vegetación dominante es la estepa arbustiva y herbácea configurada por arbustos achaparrados de menos de un metro de altura asociados con gramíneas y plantas herbáceas cuya producción de materia seca (forraje) es baja; esto determina su poca capacidad de carga animal. Los suelos están muy poco desarrollados, son lábiles y su superficie se encuentra parcialmente desnuda (la cobertura vegetal no supera el 50%).

Aun así, la actividad económica está basada en el aprovechamiento del pastizal natural como forraje para majadas de cabras y ovejas, y como fuente de energía por medio de la tala de arbustos. Estas actividades han conducido a su apreciable de-

* Tierras de propiedad del Estado ocupadas por los productores.

\+ *Nota de la editora.* Hatos de ganado lanar en Argentina y Uruguay.

** La clasificación está basada en los índices de necesidades básicas insatisfechas (NBI) y de mortalidad infantil. Aquellos clasificados del 1 al 60 se consideran como departamentos donde impera la pobreza extrema. Fondo Internacional de Desarrollo Agrícola (FIDA). Informe No.0323-AR (Diciembre de 1991).

terioro como consecuencia tanto del pastoreo y pisoteo excesivos, como también del pastoreo selectivo de ovinos y caprinos. Por pastoreo selectivo se entiende no solamente la selección que hace el animal de las especies vegetales, sino también a la que hace por ciertas plantas dentro de una especie y por ciertas partes de la planta. Por su parte, el pisoteo produce la compactación del suelo. La tala de arbustos y de árboles para leña afecta la disponibilidad de agua y agrava las condiciones de aridez de la tierra. Estas actividades, junto con otros factores ambientales, han provocado un fuerte estrés sobre el pastizal llevándolo a su estado de deterioro actual.

Características económicas

Los hábitos y sistemas de producción ganaderos son extensivos o muy extensivos; los rebaños son pequeños (330 animales en promedio), compuestos de ovejas en su mayoría y cabras en menor medida. Existe una escasa diversificación productiva, lo que implica un monocultivo: el ovino. Los predios son de propiedad fiscal o del Estado, tienen 2.000 hectáreas en promedio y su aparcelamiento* es escaso o nulo.

La región se halla bastante aislada de los centros urbanos e industriales (a 200 Kms en promedio) y las comunicaciones son difíciles. La capacidad de financiación es baja y sólo se comercializan productos en bruto. Antes de que se formara la cooperativa sobre la cual versa este caso, el mercadeo de la lana y la provisión de productos de consumo comunitario se realizaba fundamentalmente a través de los acopiadores locales ("bolicheros" o tenderos).

La mayoría de los pobladores de la región no reciben salario fijo ni mínimo. Sus ingresos se derivan principalmente de la venta de lana, cuya producción en años buenos alcanza los 1.000 Kg por poblador. Los costos de producción (medicamentos, servicios veterinarios y esquila) son elevados. Otros ingresos provienen de la venta de animales (cabritos y corderos) y de tareas extraprediales denominadas "changas": extracción de leña, labores domésticas, esquila, cuidado de animales, etc. El precio del producto comercial principal de esta región, la lana del tipo Merino fino a mediano, ha sufrido un deterioro significativo en el mercado internacional, con recuperaciones leves y temporales.

Los problemas de comercialización que enfrentan los productores de lana se pueden resumir de la siguiente manera: bajos precios de productos primarios, numerosa intermediación, demanda concentrada, oferta atomizada y la escasa organización de los habitantes para el mercadeo de sus productos. Aquí también se debe mencionar la política de retención a las exportaciones aplicada al sector durante muchos años, todo lo cual incide directamente en el ingreso del productor.

Características socioculturales

En Aguada Guzmán y Naupa Huén funcionan escuelas de nivel primario alrededor de las cuales se asientan las familias cuyos hijos asisten a esos planteles educativos. En el caso de Naupa Huén, la escuela

* División en potreros o "apotreramiento".

cuenta con albergue. Existen además salas sanitarias, salones comunitarios, capillas católicas y templos pentecostales. En Aguada Guzmán existe una estafeta postal, el galpón y la proveeduría de la cooperativa y un surtidor de combustible en desuso. El pueblo de Naupa Huén posee también un puesto policial localizado junto al Río Limay; este río no se aprovecha para ninguna actividad económica.

Tanto en los pueblos como en los campos, las viviendas de los pobladores están construidas en su mayoría con adobe y tienen pocas habitaciones para un grupo familiar numeroso (cinco miembros en promedio). En la medida en que los pueblos sólo cuentan con escuelas primarias el nivel educativo de la población es bajo. Además, la tasa de deserción escolar es alta y sólo el 50% de los adultos sabe leer y escribir. Es una región generadora de emigrantes, especialmente jóvenes, hacia los centros urbanos. La pirámide poblacional es la de una doble pirámide invertida.

Desde el punto de vista político, los pueblos cuentan con comisiones de fomento, esto es, entidades administrativas públicas presididas por los comisionados, quienes son nombrados por el gobernador de la provincia. Las acciones de estos comisionados se limitan a las circunscripciones de los pueblos. En síntesis, existe un marcado abandono de la región por parte del gobierno.

Alternativas para Detener el Deterioro Ambiental y Mejorar la Producción y el Mercadeo

Coppa (1987), Deregibus (1988), Mendez Casariego (1990) e INTA (1990) han analizado los problemas que enfrenta la región considerada. Estos autores coinciden en afirmar que el agravamiento de las condiciones de aridez allí presentes y el deterioro y agotamiento progresivos de sus recursos naturales (suelo, agua y vegetación) son procesos que se iniciaron hace ya varias décadas como consecuencia directa de la actividad económica que se ha desarrollado en la zona.

En la Figura 1 aparece un esquema teórico que contiene las alternativas para disminuir, detener e inclusive revertir las tendencias detectadas y mejorar las condiciones de manejo de los sistemas de producción de acuerdo con lo sugerido por varios autores (Coppa, 1987; Deregibus, 1988, INTA, 1990 y Soriano y Paruelo, 1990). Entre las acciones correctivas figuran las siguientes:

- Evaluación de los pastizales a nivel de cada predio con el fin de poder regular la carga animal, la frecuencia e intensidad de pastoreo y el esquema de descansos.
- Diseño de potreros o cuadros en número y tamaño apropiados; distribución espacial adecuada de la hacienda en los cuadros y medidas de mejoramiento del pastizal (siembra de pasturas, fertilización, etc.).
- Manejo de las aguas subterráneas y superficiales mediante la construcción de represas, perforaciones y sistematización del riego.
- Prevención de la erosión y recuperación de las zonas erosionadas.
- Mejoramiento general de la producción animal y de su comercialización.

Sin embargo, las medidas anteriormente listadas pueden ser insuficientes y/o poco factibles. Por ejemplo, es posible que la selectividad propia de las actuales especies ganaderas se pueda neutralizar parcialmente; aun así persistiría el efecto de su pisoteo, aunque en menor medida. En cuanto a la viabilidad de las acciones enunciadas, es necesario tener en cuenta los elevados costos de algunas de ellas, especialmente el apotreramiento*. Recuérdese que tres cuartas partes de los productores son minifundistas, con ingresos muy bajos, para quienes no existen políticas crediticias gubernamentales claras y estables, ni tampoco una legislación adecuada. Además, estos productores requieren capacitación adecuada para poder llevar a cabo las acciones sugeridas.

Pastoreo mixto o complementario

La insuficiencia de las medidas mencionadas o su poca viabilidad ha conducido a pensar en sistemas de producción alternativos que, sin descartar de plano las sugerencias aludidas, incorporen al pastoreo de ovinos y caprinos otras especies de las cuales se puedan obtener productos zoógenos diversos. Se trata entonces de

Figura 1. Esquema teórico

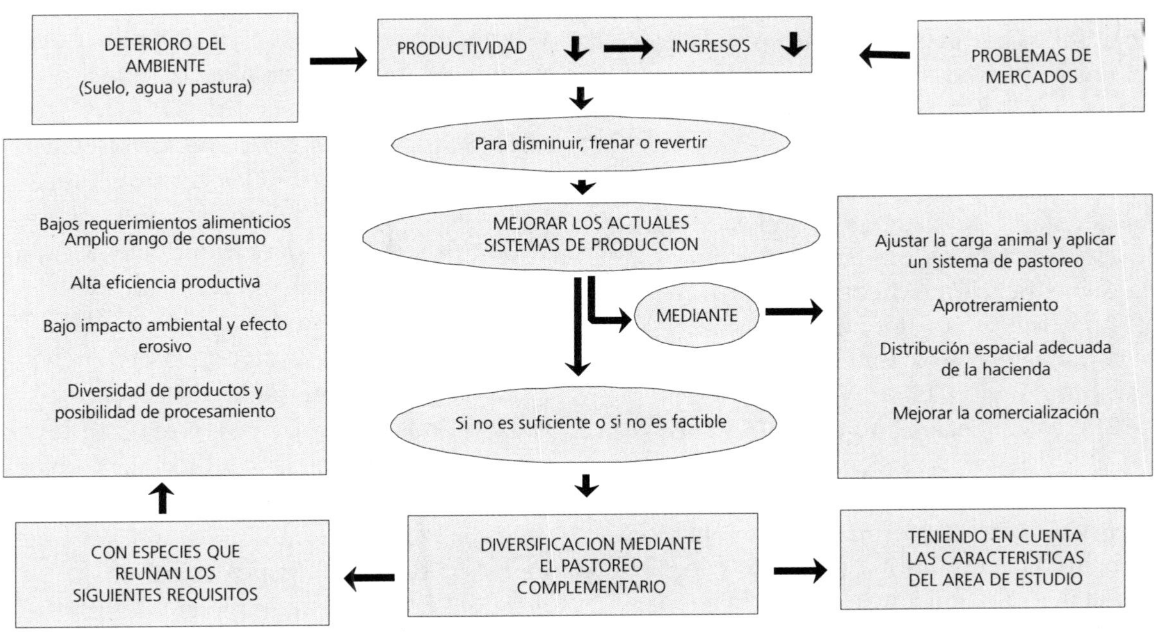

Fuente: Hick y Frank (1995).

* El alambrado cuesta en materiales 1$/m (1$ = US$1).

diversificar la producción de los sistemas actuales mediante el pastoreo mixto o complementario.

En otros ambientes y situaciones se ha establecido que la estabilidad de un ecosistema determinado está dada en función de su diversidad, es decir, en relación con el número de componentes, individuos, especies y formas de vida que lo integran y con su distribución. Este concepto se puede aplicar en mayor o menor medida a los actuales pastizales ya degradados ("ecosistemas en producción") para conferirles tanto *estabilidad biológica* (Simmons, 1982; Sarmiento, 1984) como *estabilidad económica* (Viglizzo y Roberto, 1985). En este caso, la diversidad biológica no se refiere solamente al componente vegetal del ecosistema pastoril sino también al componente animal (herbívoros). En otras palabras, el pastoreo mixto sería la estrategia necesaria para lograr esa diversificación (Hick y Frank, 1995).

Las ventajas del pastoreo mixto o complementario de distintas especies de herbívoros están dadas fundamentalmente por la diversificación del consumo de forraje del pastizal y han sido ampliamente demostradas en otros ambientes pastoriles (Merril y Taylor, 1982; Wangoi y otros 1987). Las especies animales apropiadas para el tipo de ecosistema que se está considerando deben tener las siguientes características: bajo requerimiento alimenticio, consumo de un amplio rango de especies vegetales, alta eficiencia productiva, bajo impacto ambiental y efecto erosivo, y potencial para generar una diversidad de productos que puedan ser procesados.

Entre las pocas especies ganaderas domésticas que exhiben estas características figuran los camélidos sudamericanos domésticos (CSD), a saber, la llama y la alpaca (Hick y Frank, 1995). Los CSD son la familia domesticada del guanaco, especie silvestre de mamífero herbívoro que evolucionó en esta región, desarrollando por lo tanto una importante plasticidad ecológica. Los CSD tienen su origen en esta especie, y genéticamente se encuentran tan cercanos que se pueden aparear y dar crías fértiles en determinadas condiciones. En síntesis, los CSD no solamente conservan los mismos atributos del guanaco sino que además son domésticos.

La adopción de esta alternativa ganadera ayudaría a reducir sustancialmente el impacto ambiental que producen los ovinos y caprinos sobre vegetación y suelos (Frank, 1988; Frank, E.N. y Bollati G.P., en imprenta). Tal reducción estaría dada principalmente por la dieta diversa de los CSD. Se trata de especies menos selectivas en cuanto al forraje, se les considera mezcladoras o "mixers" (pastoreadores y ramoneadores a la vez), tienen una mayor capacidad de consumo como resultado del tamaño y firmeza de su quijada (el doble que el ovino) y de la anatomía del cuello, su requerimiento nutricional es menor (25% menos que el ovino), y realizan un mejor aprovechamiento del forraje de baja calidad. Asimismo, los rasgos anatómicos de estas especies en lo que se refiere a la ingestión de los alimentos contibuirían a disminuir el impacto ambiental del pastoreo: la manera en que prensan y cortan el pastizal conserva las partes que no consumen, gracias a la disposición a bisel de sus dientes (filo constante) y a la clase de labios que poseen (hendidos o leporinos).

Por último, las almohadillas plantares que poseen los CSD ejercen una menor presión sobre el suelo (45% a 25% de la ejercida por las otras especies). Esta característica, junto con la forma de desplazamiento (paso de ambladura) y su grande y eficiente capacidad de traslado, también contribuye a disminuir el impacto ambiental. Como bien lo expresan los criadores de llamas en la zona de Aguada Guzmán:

"...ellas ramonean arriba, en los matorrales, como jarillas y zampas, y no compiten con la oveja, que prefiere el pastito más chico ... tienen una especie de almohadilla en el pie y no rompen la tierra* y el rastro o huella de estos animales se borra rápido ... comen otros pastos y 'yuyos' que ni los vacunos los comen" (comunicaciones personales).

Las características anteriormente descritas permiten afirmar que los CSD pueden cumplir un rol fundamental en la búsqueda de un uso sustentable de los recursos de la región.

Alternativas de mercadeo

Los problemas del mercado identificados para los productos primarios se pueden resolver en principio mediante el cooperativismo. La cooperativa es una forma de asociación que le pemite a los miembros alcanzar mayores niveles de producción y comercialización de sus bienes mediante el empleo de estrategias comunes. Esto contribuye a crear mejores condiciones de vida para los integrantes de la cooperativa y un mayor poder de negociación frente a los intermediarios. Asimismo se busca obtener mejores precios en los mercados, tratando de evitar la cadena de intermediación para entrar a comercializar los productos directamente con el comprador final.

Por ejemplo, los precios obtenidos por una cooperativa de la zona de estudio son entre 40% y 50% superiores a los ofrecidos por los acopiadores locales. Además, los productores consiguen sus bienes de consumo a un costo razonable. El mejor precio está dado tanto por el tamaño del lote (kilos de lana) que se logra como por el valor agregado que se obtiene mediante la limpieza, clasificación y enfardada de la lana. Así pues, el ingreso obtenido por la cooperativa y sus asociados como resultado de un mejor precio es el mismo que conseguían los acopiadores locales, o equivalente al de los productores grandes o estancieros que evitaban tener que venderle a estos acopiadores.

Los precios históricos obtenidos por los grandes productores de lana, mohair y fibra de CSD son+: 3, 6 y 5 $/Kg respectivamente. La fluctuación en el precio de la lana, el mohair y la fibra de CSD durante el último quinquenio fue de: 0,8-3,0; 1,5-8,0 y 0,6-6,0 $/Kg respectivamente. El precio de la lana, el mohair y la fibra de CSD en la zafra 95-96 (período que abarca una campaña de esquila de lana) en la zona de estudio fue de 1,8; 2,5 y 3,5 $/Kg respectivamente.

* "Avanza la cría de llamas en Río Negro"; Diario *La Mañana del Sur*, Neuquén, viernes 7 de junio de 1996, pág. 41.

\+ Precios a que se consiguen en la Puna (región noroeste argentina).

Cuadro 1. Cálculo económico de la producción predial de ovinos

Egresos	Monto $	Observaciones
Sanidad	210	Baños con antisárnicos
Esquila	400	Contratada
Pastoreo de reproductores	300	
Impuesto territorial	250	
SUB-TOTAL	**1.160**	
Amortizaciones:		
Reproductores	250	
Facilidades	660	(Alambrado, aguadas, etc.)
SUB-TOTAL	**910**	
TOTAL	**2.070**	
Ingresos brutos	**Monto $**	**Observaciones**
Venta de lana	2.090	= 1100 Kg * 1,90 $/Kg[a]
Venta de animales (corderos)	500	= 25 animales * 25 $/animal[b]
SUB-TOTAL	**2.590**	
Otros ingresos		
Autoconsumo de carne	800	= 40 animales * 20 $/animal
TOTAL	**3.390**	
INGRESO NETO	**1.320**	

Notas: a. Precio promedio del último quinquenio y similar al del período 95-96.
b. Precio conseguido en carnicerías o consumidor final en centros poblados.

Considerando los valores históricos y actuales de los distintos productos se puede observar que los precios internacionales han sufrido una importante caída. Además, las fluctuaciones de los precios a lo largo del último quinquenio han sido considerables. En el Cuadro 1 se realiza el cálculo económico de la producción ovina para un productor medio (2.000 ha. y 330 ovinos) tomando valores anuales promedios.

El ingreso neto obtenido mediante la producción predial de ovinos determina las condiciones de vida del productor medio. Así, las fluctuaciones de precio y producción de la materia prima (50%) repercuten directamente en su ingreso, generándole pérdidas en algunos años. Esta situación ha conducido a que las entradas del productor y su familia se deriven cada vez más de actividades que no están relacionadas con el manejo de su predio ("changas"), tanto en la zona como en las ciudades más próximas.

Alternativas para agregar valor a la materia prima

Si se consideran las opciones de agregar valor a los productos primarios derivados de las actividades descritas se amplían los horizontes de los productores. Esto supo-

Cuadro 2. Cálculo económico de la producción predial complementaria con CSD		
Ingresos brutos	**Monto $**	**Observaciones**
Producción de fibra	1.680	= 60 kg fibra x 0,80 (eficiencia de producción fibra/hilo) = 48 kg de hilo x 35 $/kg
Producción de carne	800	= 16 capones x 50 kg/capón x 1 $/kg[a]
Venta de animales	500	= 1 pareja (macho y hembra) y entrenada[b]
Total ingresos	**2.980**	

Notas: a. Precio sugerido en función al que se consigue en mercados de la Puna.
b. Precio estimado.

ne resolver componentes técnicos y comerciales. Los aspectos técnicos tienen que ver con la producción de materia prima susceptible de ser procesada o elaborada (sea fibra animal, carne o animal en pie). Los aspectos comerciales están ligados a la capacidad negociadora y de colocación de bienes en el mercado de los productores.

Los precios del hilo artesanal de lana, mohair y fibra de camélidos en la región son de 25-30; 30-35 y 30-40 $/kg respectivamente, es decir, considerablemente mayores que los de la materia prima sin elaborar. Los nuevos sistemas de producción que consideran la introducción de camélidos presentan la opción de mejorar los ingresos de los criadores mediante procesos que apunten a agregar valor a los productos primarios. Esto se debe a que los productos de los CSD exhiben características particulares. A la fibra se le cataloga como "especial" por sus características físicas (color, suavidad, resistencia, etc.) y textiles. La carne tiene un menor contenido de colesterol y un buen valor nutritivo. Además, es posible entrenar animales para ser usados como mascotas o en zooterapias. También existe la posibilidad de agregar valor a estos productos mediante la manufactura local, buscando mercados alternativos y a través de la comercialización directa.

En el Cuadro 2 aparece un cálculo económico para la cría ganadera complementaria con CSD, bajo los siguientes supuestos: a) el productor reemplaza 60 ovejas por 40 llamas (la equivalencia ganadera propuesta es 1 ovino : 0,75 llamas : 1,3 caprinos, y la producción media de fibra es de 1,75 Kg/animal); b) él mismo procesa la fibra producida y comercializa hilo artesanal; c) su familia consume la carne de llama y vende las crías como mascotas o para distintos usos (excursiones —trekking—, animales de carga, de compañía, etc).

Asimismo, se trabaja bajo el supuesto de que los costos de producción (egresos) se mantienen iguales o son menores. Esto se debe a que se utilizan las mismas instalaciones de manejo que para los otros rumiantes; los hábitos de producción de los CSD son compatibles con los de ovinos y caprinos; los gastos en medicamentos se reducen por la baja incidencia de enfermedades en las especies introducidas (en el caso de la sarna es nula). En resumen, y según lo han manifestado los productores, el manejo general de estos animales resulta menos costoso (Diario *La Mañana del Sur,* Neuquén), con excepción de los costos de la esquila, que si se contrata con terceros estaría un 50% por encima de la de los ovinos*.

Estos elementos permiten ver que la introducción de camélidos domésticos al proceso productivo de la zona podría reportar a los productores mayores ingresos. Si bien estos supuestos implican una disminución de las entradas provenientes de la lana de los ovinos reemplazados, éstas podrían recuperarse mediante la venta de ovinos para carne.

Potencial de mejoramiento ecológico y económico

Es evidente que la problemática ambiental caracterizada principalmente por el deterioro del pastizal natural ha tenido consecuencias económicas. Para evaluar las pérdidas económicas originadas en el agotamiento de este recurso y ver el potencial de recuperación que ofrecería la introducción de nuevas especies ganaderas es necesario tener en cuenta los siguientes datos: a) el valor de la tierra oscila entre 2 y 8 $/has., b) la receptividad histórica de la tierra era anteriormente de 2 ha/ovino y la actual de 6 ha/ovino, y c) lo anterior sugiere una pérdida de productividad estimada en 1% anual. Por su parte, Soriano y Paruelo (1990) afirman que el número de animales y la producción de lana muestran una caída significativa en los últimos 30 años. Para el período 1940-1987 los niveles de producción disminuyeron en promedio a razón de 5 kg de lana por año por cada 1.000 kg producidos en el año 1940.

Para sustentar el supuesto mejoramiento ecológico y económico que significaría la introducción de los camélidos se parte de la hipótesis propuesta por Viglizzo y Roberto (1985), quienes sostienen que la diversidad de los ecosistemas les conferiría estabilidad económica y por lo tanto también a aquellos ecosistemas en producción o agroecosistemas. Sin embargo, la información empírica disponible hasta el momento es de carácter bibliográfico y se refiere a experiencias similares en otras comunidades, o se deriva de los comentarios de productores e investigadores familiarizados con estas especies. Sin embargo, esto no es suficiente para estimar cuantitativamente el impacto ambiental y económico del nuevo sistema de producción; sólo sirve para formular una propuesta de actividades complementarias a las actuales que promuevan el uso sostenible de los recursos y que contribuyan a validar estas hipótesis.

La Cooperativa de Aguada Guzmán

En el norte de la Patagonia, en las provincias de Río Negro y Neuquén, existen ahora cooperativas laneras que se formaron con el objetivo principal de mejorar la comercialización de la lana producida por los pobladores, así como el suministro de bienes e insumos para la comunidad. Una de ellas es la "COOPERATIVA DE TRANSFORMACIÓN Y COMERCIALIZACIÓN AGROPECUARIA, VIVIENDA Y CRÉDITO AGUADA GUZMÁN LTDA.", la cual se fundó el 6 de julio de 1989 con la matrícula Nº 12.430. Con una nómina de

* Estos costos no se consideraron para el análisis, ya que los productores mismos realizan la esquila.

catorce productores en calidad de socios se realizó una asamblea constitutiva y se eligió un consejo de administración del cual hacen parte siete miembros.

Antecedentes y fundación

La idea de la cooperativa se había venido gestando por varios años. En 1987, un grupo voluntario de estudiantes de la Universidad Católica de Córdoba comenzó a recorrer la zona y a visitar a sus pobladores. Los objetivos de este grupo eran la evangelización y la promoción humana, entendidas ambas como actividades que se desarrollan simultáneamente y que permiten alcanzar mejores condiciones de vida. Se trataba entonces de promover el desarrollo individual y comunitario mediante una acción integral y perdurable en el tiempo. El director del grupo de estudiantes, un sacerdote jesuita, venía trabajando en la provincia desde principios de la década del '70 promoviendo y apoyando proyectos cooperativos. Su estrategia consistía en responder a las necesidades más sentidas y mediatas de las comunidades para luego abordar las necesidades más reales. Las actividades de este grupo se financiaban fundamentalmente con donaciones externas.

El sacerdote, párroco de Aguada Guzmán desde el año 1984, y el grupo de estudiantes por él dirigido desde 1987, comenzaron a conversar con los pobladores de la zona sobre los beneficios que obtendrían si se organizaban de alguna manera para hacerle frente a los graves problemas que enfrentaban. Se sugirió la idea de una cooperativa, y en 1988 se convocó a algunos productores a una reunión para discutir la viabilidad de esta propuesta. A pesar de que en este encuentro la idea fue recibida con entusiasmo y se propuso una nueva reunión, el proyecto no se materializó. Para la zafra del 88-89 los productores de Aguada Guzmán se asociaron a la cooperativa de un pueblo vecino. Esta experiencia fue negativa pues tuvieron problemas con el acopio de la lana, de atraso en los pagos de la lana entregada, y de incumplimiento en la entrega de los créditos que se les habían ofrecido. Esto, sin embargo, incentivó aún más la formación de una cooperativa propia.

En el invierno de 1989 se formó finalmente la cooperativa, y se capitalizó con donaciones y subsidios no retornables obtenidos con la mediación del grupo de estudiantes y su director. La provincia cedió a la cooperativa un galpón de grandes dimensiones, mientras que la Fundación Antorchas y la Agencia de Financiación Internacional Misereor otorgaron unos subsidios con los que se compró una máquina enfardadora, una báscula y lienzos e insumos para poner en funcionamiento la proveeduría; asimismo se obtuvieron créditos para cancelar las deudas con los "bolicheros" y para comprar el local de la proveeduría. Por último, un subsidio, retornable en un 33% a la comunidad hizo posible la compra de un vehículo para el traslado de lana e insumos. Estas donaciones y subsidios totalizaron aproximadamente $20.000.

En la zafra 89-90 la cooperativa logró reunir 5.200 kg de lana que fueron vendidos en forma directa a la Asociación de Cooperativas Argentinas (A.C.A.). El número de socios era de 40, de los cuales 25 habían aportado lana. Para la zafra 90-91 se reunieron 17.000 kg. que fueron vendidos en la misma forma que el año anterior. El precio por kilo obtenido en esta ocasión duplicaba el que pagaban los bolicheros. Para entonces el número de asociados ascendía a 70 y la proveeduría vendía diversos comestibles con un pequeño margen de ganancias.

El 25 de mayo de 1991 se realizó la primera asamblea general de la cooperativa, a la cual asistieron numerosos socios así como un contador y sus asesores. Allí se dió lectura a la memoria y al balance y se informó sobre la venta de la lana y los futuros planes de la organización.

En las siguientes dos zafras se reunieron 50.000 y 80.000 kg de lana respectivamente, que se le vendieron nuevamente a la A.C.A. Para entonces los socios eran 80. Como el volumen alcanzado dificultaba el acopio y acondicionamiento de la lana, se tomaron medidas internas y se fijó un tope de socios. En la asamblea general de 1993 se renovó el consejo de administración sin mayores cambios.

Evolución de la cooperativa

El objetivo principal de la cooperativa era la comercialización de la lana y el suministro de mercaderías para sus socios, con el fin de disminuir la dependencia de los productores con los bolicheros. Su creación fue un paso decisivo hacia el mejoramiento de los canales de comercialización.

A continuación siguieron los cambios y transformaciones productivas. En el marco del desarrollo agropecuario sostenible que persiguen los miembros de la cooperativa y sus asesores en zonas marginales rurales, la organización actuó en cuatro frentes: 1) introducción de alternativas de producción, 2) obtención de títulos de propiedad de la tierra, 3) otorgamiento de créditos rotativos, y 4) mejoramiento de la producción más importante (ovinos). A esta nueva empresa se vinculó otra organización de la Universidad: el Plan Camélidos Argentinos Domésticos (PLANCAD) y su Laboratorio de Fibras Animales de la Cátedra de Zootecnia II de la Facultad de Ciencias Agropecuarias.

Si bien cada uno de los organismos participantes en este esfuerzo desempeñaba un rol diferente, las acciones se conducían en forma coordinada. La cooperativa era la entidad mejor organizada y constituía el pilar de la empresa; el grupo de estudiantes tenía un contacto directo y frecuente con los pobladores, basado en relaciones de amistad y de confianza desarrolladas durante visitas anuales cada mes de enero; su director, entre tanto, comenzó a visitar la zona frecuentemente (a veces hasta cuatro veces por año) en compañía de algunos estudiantes. Por último, se contaba con un equipo técnico (PLANCAD) con información y experiencia en la materia; éste generaba tecnología, prestaba asesoría en casos puntuales y apoyaba las actividades que debían ser ejecutadas.

La metodología general de trabajo fue establecida por los participantes sobre la base de los postulados de la Investigación Adaptativa u Operativa, que comprende las siguientes etapas:

- identificación de problemas;
- recolección y procesamiento de la información acopiada sobre los diferentes aspectos de la problemática a tratar;
- formulación de estrategias y actividades conjuntas a partir de la información disponible;

- ejecución de tales estrategias mediante proyectos pilotos o modelos;
- evaluación parcial y ajustes, y
- evaluación final de las estrategias y actividades y toma de decisiones sobre la continuación de las mismas.

De este ejercicio surgieron varias iniciativas que a continuación de describen.

Proyecto Camélidos Domésticos (Llamas)

En la búsqueda de alternativas productivas, y a raíz de la introducción de llamas a la vecina provincia de Neuquén, en el transcurso de 1990 los productores y el grupo de estudiantes consultaron sobre este tema al PLANCAD, el cual estaba participando en ese proyecto. Así pues, con base en la experiencia de Neuquén y en la información bibliográfica recopilada, los participantes comenzaron a considerar la posibilidad de llevar a cabo este mismo proceso en la zona de Aguada Guzmán.

Una vez se analizaron las características de la región, de los productores y de otros posibles participantes, se procedió a elaborar un ante-proyecto para la introducción de nuevas especies a los sistemas de producción vigentes. Allí se establecían los parámetros de la propuesta y sus componentes en términos de los recursos materiales, económicos y humanos necesarios. Ante la carencia del dinero requerido, se elaboraron entonces solicitudes de fondos por la suma total de 12.000 pesos.

El objetivo del programa, denominado "Proyecto de Introducción de Camélidos Sudamericanos Domésticos a la Provincia de Río Negro", era ofrecer a los socios de la cooperativa una alternativa ganadera complementaria a las tradicionales. Su ejecución fue planificada en tres etapas. La primera (primer año) consistió en introducir y adaptar a los animales; la segunda, que se desarrolla en la actualidad (1996) y está planeada a cuatro años, comprende la organización del sistema; por último viene la tercera (sexto año), durante la cual tendrá lugar la evaluación del proyecto y la entrega del sistema organizado.

Los contactos iniciados con varias agencias financiadoras nacionales e internacionales rindieron frutos a fines de 1991, cuando se obtuvieron recursos económicos provenientes del Obispado de Würzburg (Alemania). Con estos fondos se puso en marcha la primera etapa, la cual fue ejecutada por los estudiantes voluntarios y su director conjuntamente con el PLANCAD.

El primer paso consistió en establecer un programa sanitario para los animales en conjunción con las autoridades del Servicio Nacional de Sanidad Animal (SENASA), dado que la región de destino (entre el Río Colorado y el paralelo 42º) es una zona de "amortiguamiento" dentro del programa nacional de lucha contra la aftosa. Dicho programa consiste en iniciar la cuarentena en el sitio de origen de los animales, realizar un primer muestreo de sangre y posteriormente completar la cuarentena para hacer un segundo muestreo antes de introducirlos a la región.

Los animales fueron seleccionados y adquiridos en el altiplano jujeño (Puna) de un productor vinculado con el PLANCAD. De los 62 animales, 3 eran machos y 59 hembras (juveniles). Se inició la cuarentena acordada y un tratamiento anti-estrés para los animales. Una vez que los primeros análisis resultaron negativos se les trasladó en camión hasta un campo de la Universidad Católica en los alrededores de la Ciudad de Córdoba (Prov. de Córdoba). Allí completaron la cuarentena y el tratamiento anti-estrés; a fines de mayo de 1992 se les transportó en camión hasta Aguada Guzmán, donde iniciaron un primer período de adaptación a las nuevas condiciones ecológicas en el predio de un socio de la cooperativa.

En el siguiente verano se dio por terminada la primera etapa, durante la cual las hembras fueron servidas por los machos (perecieron cuatro animales) y se estableció un plan de manejo de los animales basado en el "Heifer Project Scheme". Este consiste en otorgar préstamos en ganado a los productores interesados, quienes se comprometen a devolver igual cantidad y tipo de animales en sucesivas pariciones. De esta forma se podrían conformar nuevas tropas para otros socios, organizando así un sistema piramidal con los mejores animales agrupados en un núcleo de mejoramiento de propiedad de la cooperativa. Finalmente se eligieron tres productores socios cuyos campos tenían diferentes características ecológicas y se realizó la distribución de los animales.

La segunda etapa (en ejecución) consiste en organizar la devolución de los animales, la selección de los nuevos productores beneficiados y la conformación de un núcleo o plantel. La población de animales deberá tener un crecimiento tal que cada dos generaciones (dos años) se duplique la población general, mientras que la población de vientres (hembras) lo haría cada cuatro. Así las cosas, para fines de 1993 un nuevo productor se habría beneficiado con una cuarta tropa de animales. Y de esta manera, en forma geométrica, otros productores continuarían beneficiándose.

Durante esta etapa también se lleva a cabo la recolección de información para su posterior procesamiento en informes parciales, tarea que forma parte integral de la selección de los animales y del control de la evolución de la calidad y cantidad de los productos obtenidos. El último paso consiste en poner en marcha los programas de procesamiento de la fibra y las tareas de capacitación en el manejo, procesamiento y comercialización de los animales y sus productos. Estas actividades le han sido asignadas a los respectivos participantes del proyecto y para ello se recurrirá a nuevos subsidios externos.

Como se dijo, la tercera y última etapa comprende la evaluación final del proyecto como alternativa ganadera para la región que cumple con los objetivos propuestos; la redacción de los respectivos informes finales y la divulgación de los resultados; la transferencia del sistema organizado a la cooperativa, y el establecimiento de nuevos acuerdos para el desarrollo del actual proyecto.

Con respecto a la marcha de este esfuerzo, el Diario *La Mañana del Sur* publicó dos artículos (28/05 y 07/06 de 1996) donde el editor entrevista al presidente de la cooperativa y describe la introducción y adaptación de las llamas a la región; en ellos también se hace hincapié en las características de estos animales en tanto alternativa ganadera y como factor determinante para frenar la desertificación.

Otros proyectos

A medida que fue evolucionando el proyecto surgieron nuevos retos y necesidades. La cooperativa y sus asesores los abordaron mediante una serie de actividades complementarias, las cuales se resumen a continuación.

Proyecto de mensura de tierras

Por lo menos un 80% de las tierras de la zona en estudio y casi la totalidad de los terrenos de los socios eran de propiedad estatal. La mayoría de los productores las tenían delimitadas y pagaban anualmente un derecho de uso ("pastaje"). De las tierras restantes sólo el 20% ha sido medido, y ocasionalmente se han otorgado títulos de propiedad sobre las mismas. Los ocupantes ("fiscaleros") se encontraban en una situación en la que sólo podían tasar el valor de sus tierras por las mejoras realizadas. A esto se suman las dificultades legales y administrativas para la realización de cualquier operación en esos terrenos, y la grave limitación que implica no contar con un bien patrimonial.

Con la aprobación de la oficina regional de tierras, la cooperativa y sus asesores comenzaron a organizar en el año de 1990 un primer plan de medición de campos colindantes; para ello buscaron financiación externa, dado que los "fiscaleros" no poseían la importante suma de dinero requerida para pagarla. Estas tareas consumieron bastante tiempo no sólo por su complejidad sino debido a otras prioridades en marcha (Proyecto Camélidos). Se conformó un grupo de 40 productores y entre fines de 1995 y principios de 1996 se midieron aproximadamente 100.000 hectáreas de campo. Los productores pagaron las dos terceras partes del costo de medición y la parte restante fue cubierta con financiación externa (12.500 pesos).

Una vez la oficina de tierras aprobó las mediciones se iniciaron las gestiones para la adquisición de títulos de propiedad. Finalizada esta labor, y con base en la evaluación del desarrollo del primer plan, se formularon nuevos programas.

Un artículo periodístico publicado en el diario *La Mañana del Sur* (28/05/96) describe las características generales del proyecto y sus implicaciones, las dimensiones de esta empresa, el origen de los fondos y el importante aporte realizado por los productores, así como el desarrollo de sus actividades.

Plan de créditos rotativos rurales

En julio de 1992 de estableció, con financiamiento externo, un fondo para que la cooperativa otorgase créditos destinados al mejoramiento de la producción agropecuaria y en especial de los predios (aguadas o abrevaderos y alambrados perimetrales y/o divisorios). Asimismo se fijaron los montos, plazos de amortización, requisitos y prioridades de los créditos especificando que, una vez devueltos los préstamos concedidos a algunos de los asociados, la cooperativa otorgaría financiación a otros miembros interesados.

En enero de 1993 la cooperativa ya contaba con los fondos necesarios para iniciar el programa y recibió las primeras solicitudes de los socios. En una reunión a la que asistieron los miembros del consejo de administración y los asesores se resolvió otorgar 19 créditos por un monto total de 7.000 pesos, los cuales deberían pagarse en un plazo máximo de dos años.

Una vez reembolsada la totalidad de los créditos en 1995, la cooperativa otorgó financiación a un segundo grupo de socios. Se estudió entonces la alternativa de conseguir nuevos recursos para el fondo rotativo.

Proyecto de mejoramiento de la majada ovina

Durante su visita a Córdoba con motivo de un curso de capacitación en cooperativismo, los miembros del consejo de administración de la cooperativa y del PLANCAD discutieron el problema de la calidad de los carneros. Los productores de lana no disponían de machos reproductores de diferente sangre para servir sus majadas o los que tenían eran de mala calidad.

A lo anterior se sumaba la necesidad de mejorar la producción por animal, si se quería pensar en disminuir su número por campo (carga animal) sin afectar la productividad del mismo (ej. Kg de lana por hectárea de superficie de campo). Con la reducción del número de animales se buscaba mitigar el impacto ambiental de su pisoteo. El incremento esperado en la producción de lana por animal sería de 1,5% anual para un productor que incorporara carneros mejorados provenientes del plantel.

Para responder a este desafío se consideraron estrategias de corto y largo plazo, las cuales se cristalizaron en una propuesta para un proyecto a ser financiado tanto con aportes externos como de los propios productores. La propuesta contenía dos líneas de acción interrelacionadas: en el corto plazo, se trataba de comprar lotes de carneros de majada general para repartirlos entre los socios más necesitados. A cambio, los productores se comprometían a pagarlos con borregas (hembras juveniles) para poner en marcha la segunda línea de acción. Esta comprendía la formación de una majada núcleo o plantel de mejoramiento genético constituida por borregas (hembras juveniles), la cual sería servida por reproductores (carneros) de cabaña; esto con el fin de obtener reproductores mejorados que se destinarían a las majadas de los socios. Con esta inversión se proyectaba armar un primer plantel de 225 animales.

Después de transcurridos entre tres y cuatro años, este plantel produciría 45 carneros anualmente, los cuales serían entregados a los socios a cambio de animales (dos o tres hembras juveniles) o su equivalente en dinero. Sin embargo, esto sólo cubriría el 20% de la demanda futura de carneros por parte de los socios.

Con la ganancia proveniente de la producción de lana, de carneros y de animales de descarte del plantel se preveía cubrir los gastos de pastaje, sanidad y manejo del mismo. La posibilidad de crecimiento del plantel estaría dada sólo por mayores inversiones, ya fuera mediante la incorporación de un mayor número de vientres o adquiriendo un campo propio para retener los animales que en principio se venderían para cubrir los gastos de pastaje.

Como no existían experiencias similares en la región, y teniendo en cuenta la amplia fluctuación en la productividad de las majadas de la zona, los miembros de la cooperativa consideraron la posibilidad de que no se cumpliera la meta de 45 carneros al año. Así pues, en un futuro se debería pensar en incorporar nuevo material genético.

En 1993 se consiguió la financiación del proyecto (10.000 pesos) y se pusieron en marcha las dos líneas de acción: la compra de los lotes de carneros de majada y de cabaña en el sur de la provincia, y la conformación y ubicación del plantel de madres.

Consideración Final

Los distintos proyectos y acciones emprendidos tienden a solucionar dos problemas: por un lado está la baja rentabilidad del productor originada en el deterioro ambiental, y por otro la comercialización (negociación) ineficiente de sus productos. Mientras que el proyecto Camélidos Domésticos constituye una acción específica y directa para probar los postulados del uso sostenible de recursos, las demás son acciones complementarias que se espera coadyuven a alcanzar la misma meta.

Con los elementos de análisis que aquí se ofrecen se puede intentar resolver la siguiente pregunta: ¿En qué medida cada proyecto satisface la demanda de los productores y cómo contribuye a resolver la problemática original?

Finalmente, los autores queremos advertir que buena parte de la información aquí consignada proviene de observaciones de campo aún no verificadas. Un análisis sobre la sostenibilidad ambiental del proyecto central y sus acciones complementarias requiere un estudio exhaustivo de los mismos.

Referencias

Coppa R. 1987. *Dinámica y manejo del pastizal patagónico.* Ed. I.N.T.A. EEA Trelew.

Deregibus V.A. 1988a. Metodología de utilización de los pastizales naturales: sus razones y algunos resultados preliminares. *Rev. Arg. Prod. Anim.* 8(1):79-88.

Deregibus V.A. 1988b. Importancia de los pastizales naturales en la República Argentina: situación presente y futura. *Rev. Arg. Prod. Anim.* 8(1):67-78.

Frank E.N. y G.P. Bollati (en imprenta). *Camélidos argentinos domésticos. Producción y mejoramiento.* CFI.

Frank E.N. 1988. Acta complementaria No. 1: Asesoramiento técnico a la provincia de Neuquén en el proyecto de introducción de camélidos sudamericanos domésticos. Convenio CFI-UCC. Buenos Aires.

Hick M.H.V. y E.N. Frank. 1995. Preliminary results from introduction of South American Domestic Camelids (SADC) to Argentine's Patagonia. Abstracts. Second European Symposium on South American Camelids. Camerino, Italia.

Fondo Internacional de Desarrollo Agrícola (FIDA). Informe No.23-AR, diciembre de 1991.

INTA. 1990. Proyecto de prevención y control de la desertificación en la Patagonia. Cartilla de difusión.

Mendez Casariego H. 1990. Hacia una producción ovina sostenible en la Patagonia. Seminario "Juicio a nuestra agricultura". Separata.

Merril L. y C. Taylor. 1981. Diet Selection, Grazing Habits and the Place of Goats in Range Management. En Gall C. (ed). *Goat Production.* Londres: Academic Press.

Sarmiento G. 1984. *Los ecosistemas y la ecosfera.* Barcelona: Editorial Blume.

Simmons I. 1982. *Ecología de los recursos naturales.* Barcelona: Editorial Omega S.A.

Soriano J y J.M. Paruelo. 1990. El pastoreo ovino. Principios ecológicos para el manejo de los campos. *Rev. Ciencia Hoy.* Vol. 2, No.7:44-53.

Viglizzo E.F. y Z.E. Roberto. 1985. Estabilidad productiva en los distintos ambientes del área pampeana. *Rev. Arg. Prod. Anim.* 5(1-2):103-111.

Wangoi M. y R.M. Hansen. 1987. Seasonal Diets of Camels, Cattle, Sheep and Goats in Common Range in Eastern Africa. *Journal of Range Management.* 40(1):76-79.

Artículos de prensa

"Las llamas, una alternativa. *La mañana del sur*, Neuquén; martes 28 de mayo de 1996.

"Avanza la cría de llamas en Río Negro". *La mañana del sur*, Neuquén; viernes 7 de junio de 1996.

La Carretera Marginal de la Selva*

Introducción

A comienzos de la década de los setenta, el Perú inició la construcción de la Carretera Marginal de la Selva. Era la culminación de un viejo anhelo de sucesivos gobiernos de turno para incorporar la Amazonía peruana, secularmente aislada, a la actividad productiva nacional. Se trataba de reproducir la Panamericana costera, esta vez en la región oriental del país.

Dada la extensión de la Carretera Marginal (más de 2.000 kilómetros), el presente estudio de caso se circunscribe solamente a un tramo que corre a lo largo del departamento de San Martín, cuya construcción tuvo como una de sus metas la ocupación de las abundantes tierras de cultivo ubicadas en el norte de ese departamento. La zona geográfica considerada comprende las provincias de Rioja, Moyobamba, Lamas y San Martín.

El Ministerio de la Presidencia está evaluando una nueva iniciativa de desarrollo e integración para el departamento de San Martín, cuya extensión equivale al 4,13% del territorio nacional, siendo uno de los seis más grandes del Perú. La historia más reciente de San Martín se ha visto marcada por una serie de conflictos surgidos a pesar, o debido parcialmente, a los esfuerzos de administraciones anteriores por contribuir con el desarrollo de su infraestructura física.

El caso que a continuación se presenta busca, primero, determinar el perfil socioeconómico de la región seleccionada antes y después de la construcción de la Carretera Marginal, con el fin de identificar los impactos positivos y negativos de su apertura; segundo, evaluar si los resultados son consistentes con los esfuerzos gubernamentales realizados para promover el desarrollo económico de la zona; y tercero, aprovechar las enseñanzas derivadas de la experiencia pasada para diseñar futuras estrategias de desarrollo. Se extiende a lo largo de tres períodos: 1) el anterior a la construcción de la Carretera Marginal; 2) el comprendido entre su inauguración en 1974 y 1994, para el cual el análisis puntual se centra en 1987, año que marca el inicio de la peor crisis socioeconómica del Perú; y 3) la situación entre 1988 y 1994, año en que se realizó este estudio.

San Martín antes de la Marginal

Antes de la construcción de la Carretera Marginal, el departamento de San Martín se dividía políticamente en seis provincias (Mapa 1, Anexo 1). Sus principales vías de comunicación eran la fluvial, a través de los ríos Huallaga y Mayo, y la aérea, por el aereopuerto de Tarapoto.

---

* Este estudio de caso fue preparado por los profesores Mario Gallo Gallo y Jorge Talavera T. de la Escuela de Administración de Negocios para Graduados (ESAN), Lima, Perú, con la colaboración de David Solano.

Población

Hacia 1972 San Martín tenía una población de 224 mil habitantes, equivalente al 1,7% del total nacional. Sus características más relevantes eran: a) una tasa de crecimiento anual del 3,4%, superior a la registrada a nivel nacional (2,9%); b) una baja densidad de población, alrededor de 4,2 habitantes por kilómetro cuadrado, inferior al promedio nacional de 10,5; c) una distribución y crecimiento muy desiguales entre sus provincias. Entre 1961 y 1972, por ejemplo, la población de la provincia de Mariscal Cáceres, al sur del departamento, creció a una tasa anual de 5,8%, mientras que en el otro extremo, la zona del Huallaga registró una tasa negativa de crecimiento (ver Figura 1).

Figura 1. Tasa de crecimiento intercensal por provincias

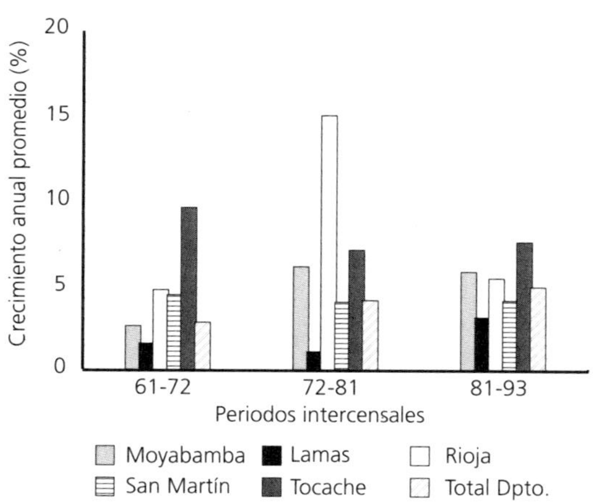

Fuente: Censos nacionales

El crecimiento acelerado de esta provincia se explica por el registrado en uno de sus distritos, Tocache, que se integró a la costa desde 1935 y se convirtió así en la puerta de entrada de los productos provenientes de esa región; d) el principal foco de atracción para los inmigrantes no era el sur del departamento sino la provincia de Rioja en el norte, donde iba a parar la mayoría; este fenómeno cobró fuerza a finales de los años sesenta en todo el Alto Mayo, conformado por Moyobamba y Rioja (ver Figura 2).

Figura 2. Tasas de inmigración por provincias

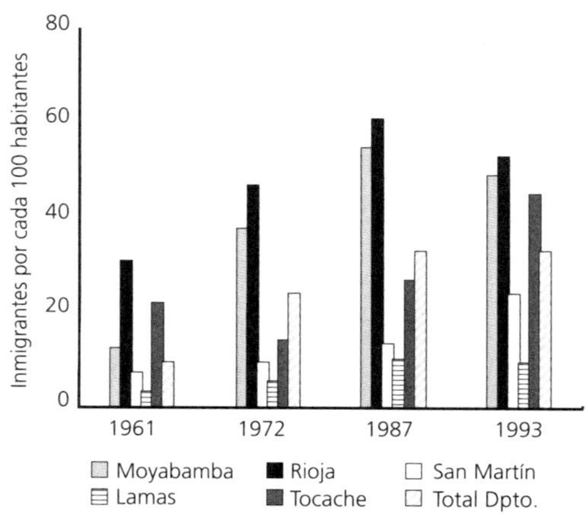

Fuente: Censos nacionales

Durante esta década se inició la entrada de pobladores desde la sierra hacia el departamento. Estos provenían principalmente de Cajamarca y Amazonas y llegaban sin control ni planificación alguna para aprovechar las tierras aún sin explotar que por entonces abundaban en las zonas de colonización.

Producción agrícola

El patrón de producción agrícola anterior a 1972 se caracterizaba por el predominio de cultivos permanentes y transitorios como el plátano y la yuca. Era una agricultura principalmente de autoconsumo. En promedio, un 40% de la superficie cultivada correspondía a estos productos.

Es importante destacar los cambios que se produjeron en el patrón de cultivos. El maíz amarillo duro se convirtió en el más importante en cuanto a la superficie sembrada, 35% superior a la ocupada por el plátano, cultivo tradicional que pasó a ser un 32% del área cultivada. Tanto la yuca como el arroz mantuvieron su participación relativa, mientras que el algodón se redujo de 28% en 1966 a 7% en 1974 (ver Cuadro 1).

La proliferación del cultivo del maíz no se explica por las condiciones del mercado sino por las condiciones que éste ofrecía al agricultor. Quienes llegaban a ocupar un terreno sembraban primero maíz, un cultivo que no requería de mucha preparación, y con ello aseguraban lo necesario para su subsistencia mientras realizaban las labores relacionadas con la siembra de otros productos como yuca o arroz.

En las provincias comprendidas en el estudio, el comportamiento y la estructura del patrón de cultivos agrícolas siguió la misma tendencia. En Tarapoto y Lamas (1966) predominaban el plátano, el maíz amarillo y las plantaciones de café. En el Alto Mayo el plátano era el principal cultivo y había una presencia moderada de maíz y arroz (ver Cuadro 2).

Industria y artesanía

La actividad industrial era muy reducida en la zona. Solamente a principios de los setenta se establecieron en la zona de Shapaja tres desmontadoras de algodón, cultivo que se venía implementando desde comienzos de los sesenta. Estas eran de propiedad de empresas internacionales: Anderson-Clayton, Somerex y Brosky. La actividad artesanal se concentraba en la producción y exportación extraregional de sombreros de bombonaje procedentes de Alto Mayo. Los sombreros de Moyobamba y Rioja encontraron un importante mercado en el Brasil, a donde se exportaban únicamente por la vía fluvial MayoHuallaga-Amazonas.

Cuadro 1. Estructura productiva agrícola de San Martín

Por has. cosechadas: 1966-1994
(En porcentaje)

Productos	1966	1970	1974	1980	1987	1994
Algodón	28,0	1,3	7,4	11,4	0,8	10,2
Yuca	10,3	14,1	13,5	8,4	4,4	2,7
Plátano	28,2	24,6	32,2	16,0	10,0	15,8
Arroz	13,3	25,0	11,6	23,1	27,7	49,6
Maíz amarillo	18,3	34,4	34,9	40,6	56,2	21,4
Cacao	0,8	0,4	0,2	0,4	0,8	0,1
Naranja	0,1	0,2	0,2	0,1	0,1	0,2

Cuadro 2. Cultivos en Tarapoto-Lamas y en Alto Mayo

Por has. cosechadas: 1960-1987
(En porcentaje)

Productos	**1966**	**1979**
Plátano	29,3	16,1
Maíz amarillo	17,6	18,4
Café	14,6	1,7
Arroz	7,3	4,2
Algodón	0,6	0,8
Otros	30,6	58,8
Total	**100,0**	**100,0**
Productos	**1970**	**1987**
Plátano	61,8	2,8
Maíz amarillo	15,2	76,1
Café	—	0,2
Arroz	17,4	11,0
Algodón	—	1,3
Frijol	3,1	—
Otros	2,4	8,7
Total	**100,0**	**100,0**

Flujos comerciales

Antes de 1972, el departamento de San Martín albergaba cuatro centros de importancia económica: Tocache, por su integración al mercado costeño; Shapaja, principal puerto para comercializar con Iquitos; Tarapoto, zona de almacenamiento y distribución de los productos que pasaban del Alto Mayo hacia Iquitos; y Lamas, puerto intermedio entre Alto Mayo y Shapaja. De los mencionados, los más importantes eran Tocache y Shapaja.

En el Mapa 2 (Anexo 1) y el Cuadro 3 se ilustra la dirección de los flujos comerciales. La actividad se desarrollaba principalmente dentro del entorno amazónico de la zona, debido a la falta de vías de comunicación entre el departamento y los mercados costeños. En su mayor parte, el movimiento comercial se realizaba por vía fluvial. Sólo Tocache tenía comunicación terrestre con la costa peruana, pero dada la calidad y estado de los caminos su uso era apenas marginal, especialmente en épocas de lluvia.

Plan de Desarrollo de San Martín

A partir de la década de los sesenta, se han diseñado y ejecutado varios planes de desarrollo regional en San Martín. En ellos la infraestructura vial terrestre, especialmente la Carretera Marginal, debido a su extensión e importancia para el desarrollo de la zona, apareció siempre como una condición básica que determinaría en gran medida el futuro de la región. En estos planes, los funcionarios de gobierno han propuesto los siguientes objetivos:

- Convertir la actividad económica del departamento de comercial extractiva agrícola a un sistema industrial agrícola-ganadero.

Cuadro 3. San Martín: Vías de salida para la producción agropecuaria comercial

(En porcentaje)

Destino	**%**
Iquitos/Pucallpa	70,0
Yurimaguas	5,0
Costa	25,0
Total	**100,0**

Fuente: Ministerio de Agricultura. Oficina Regional de Tarapoto.

- Ampliar el espacio económico para la ocupación eficiente del territorio y mejorar la capacidad de recepción para los nuevos inmigrantes, en su mayoría provenientes de otros departamentos del país.
- Integrar física y económicamente el departamento, tanto internamente como con el resto del país.
- Aumentar la explotación de los recursos naturales, al tiempo que se protege su conservación y se incentiva su buen manejo.
- Controlar los efectos de la explotación de los recursos naturales en beneficio de la población y de la economía regional.

Dentro de este marco de desarrollo regional, los funcionarios gubernamentales han hecho énfasis en que la existencia de una importante dotación de recursos naturales y condiciones ecológicas favorables no tendría trascendencia si no existiese al mismo tiempo una adecuada infraestructura de transporte para el traslado de los productos a los principales centros de consumo de la sierra y costa. Lo anterior se propuso como una condición básica, y quizá la más importante, para atraer el interés de los diversos sectores productivos del país. Esta preocupación por una infraestructura de transporte adecuada hizo que los funcionarios gubernamentales añadieran la Carretera Marginal al Plan Nacional de Red de Caminos que estaba proyectado para comunicar al país a través de tres grandes ejes viales: la Carretera Panamericana en la costa, la Carretera Marginal en la selva (que correría paralela a la anterior), y el conjunto de vías longitudinales que uniría a las otras dos.

En síntesis, la idea fue, primero, obtener las condiciones necesarias para explotar los recursos naturales de la región y eliminar el obstáculo de los altos costos de transporte, en especial el fluvial, para mejorar sus términos de intercambio comercial. Segundo, promover un desarrollo industrial que generara los estímulos necesarios para lograr una mejora constante de la economía regional a través del fortalecimineto de su mercado interno. Por último, lograr que San Martín formara parte de las regiones horizontales que incluyen costa, sierra y selva, cuya consolidación se espera tenga lugar dentro de los próximos 15 años.

San Martín y la Marginal: Una Dinámica Diferente

Con la puesta en operación de la Carretera Marginal el departamento de San Martín experimentó grandes cambios en todos sus aspectos: territorial, productivo, comercial, e inclusive de seguridad interna. Como ya se señaló, el segundo período se analiza a partir del año 1987.

División política y vías de comunicación

Hacia 1987, el departamento presentaba una demarcación política diferente. En el ínterin se habían creado tres provincias adicionales, Tocache, Bellavista y Picota, con territorios que antes pertenecían a otras subdivisiones. Se esperaba que con esto se facilitaría la administración pública de un territorio relativamente extenso y de escasa comunicación con la costa. Para la construcción de la Carretera Marginal se utilizó mano de obra no calificada local. Por último, a las vías de comunicación tradicionales, la fluvial y la aérea, se agregaba ahora la Carretera Marginal (ver Mapa 1, Anexo 1).

Población

Durante el período comprendido entre 1972 y 1981, la población del área creció a una tasa del 3,9%, superior al promedio nacional de 2,5%; esto era el resultado tanto de la corriente de inmigrantes como del proceso natural de crecimiento de la población. El índice de densidad poblacional aumentó, pasando de 4,2 a 6,0 habitantes por kilómetro cuadrado, pero aún se mantenía muy por debajo del nacional que era de 13,2. Debe destacarse el crecimiento espectacular de Rioja (ver Figura 1), provincia que se convirtió en la principal receptora de la ola migratoria que ingresaba por el sur del departamento. En 1981 Rioja fue el lugar de destino del 47% de los inmigrantes que llegaron al departamento, cifra que aumentó al 61% en 1987 (ver Figura 2). Habiendo sido un departamento que generaba emigración hacia la costa, en 1981 San Martín registró por primera vez un saldo migratorio positivo. La apertura de la Carretera Marginal había revertido la tendencia anterior. Los inmigrantes procedían de la sierra, principalmente de Cajamarca y Amazonas por el norte, y de Huánuco por el sur. Su preparación era muy escasa y su único propósito era usufructuar las tierras disponibles. Esta fue la población que comenzó a configurar la economía de la coca en la zona de Tocache.

Producción agrícola

La agricultura ha sido siempre la actividad que ha marcado el ritmo de la economía de San Martín. Debido a que la participación relativa de la actividad agropecuaria ha sido significativa y creciente dentro del PBI departamental, es importante evaluar los cambios que experimentó la estructura productiva agrícola de la zona como consecuencia de la apertura de la Carretera Marginal.

Hacia 1974 el cultivo del plátano había sido desplazado por el del maíz y el arroz, especialmente por el primero (ver Cuadro 1). Tres hechos importantes explican este cambio: primero, el que todos los bosques del departamento hubieran sido declarados como de libre disponibilidad; segundo, la creación de empresas estatales como ENCI (Empresa Nacional Comercializadora de Insumos S.A.) y ECASA (Empresa Comercializadora de Arroz S.A.)*; tercero, los incentivos otorgados para los cultivos de maíz y arroz a partir de 1985, así como los subsidios a los fertilizantes, los precios de refugio y sobre todo, el crédito disponible. Los cultivos de arroz y maíz absorbían casi el 99% de los créditos que otorgaba el Banco Agrario en el departamento, sobre todo para la siembra de maíz, cuya importancia relativa crecía con los años. Con esta política el banco dió prioridad al sostenimiento de las familias en vez de a la capitalización y a la comercialización, haciendo que el agricultor no invirtiera en infraestructura. Se incentivó más bien su traslado a otras tierras cuando las que ocupaba ya habían agotado su capacidad productiva.

---

* Ninguna de estas dos entidades estatales existe en la actualidad.

La zona en estudio se vió envuelta en esta dinámica. El Cuadro 2 muestra esta realidad en Tarapoto-Lamas, aunque en esta zona los cambios en el patrón de cultivos fueron más lentos. En 1979 el rubro "otros" (donde se incluyen tabaco, soya y yuca) aún ocupaba el 59% de la superficie cosechada. Sin embargo, los diferentes subsidios otorgados a la producción de maíz hicieron que las tierras agrícolas se dedicaran cada vez más a este cultivo.

Debido al gran número de inmigrantes, la zona del Alto Mayo se adecuó con mayor rapidez a la tendencia imperante. El arroz desplazó rápidamente al plátano, viéndose favorecido por la topografía de la zona, a saber, grandes extensiones planas que facilitan el riego por inundación, una técnica que el inmigrante trajo de la sierra. El efecto de tal desplazamiento sólo se manisfestó en el cambio del patrón de cultivos pues los recursos agua y suelos son de relativa abundancia en la zona.

Industria y artesanía

En 1987 la industria y la artesanía atravesaban por el período más oscuro de su historia. Las desmotadoras de algodón desaparecieron a medida en que este cultivo perdió importancia. No obstante, en Tarapoto aparecieron embotelladoras de gaseosas, aunque en una escala muy pequeña. En cuanto a la artesanía, la fabricación de sombreros a base de bombonaje dejó de tener preponderancia.

Dinámica general del departamento

De los principales centros urbanos existentes en el departamento en 1974, Shapaja y Lamas perdieron su importancia, debido a que no eran atravesados por la Carretera Marginal y a que la navegación fluvial dejó de ser relevante. En cambio, la ciudad de Tarapoto surgió como gran centro comercial, convirtiéndose en el punto de intercambio entre el sur y el norte del departamento. Apareció la ciudad de Nueva Cajamarca, símbolo palpable de la transculturación del Alto Mayo como centro del intercambio de productos con Amazonas y Cajamarca. Tocache se convirtió en un gran demandante de productos de pan llevar, pues empezaba a configurarse la economía de la coca. Los nuevos flujos comerciales tuvieron como ejes a las ciudades de Tarapoto, Tocache y Nueva Cajamarca (ver Mapa 2, Anexo 1).

La Carretera Marginal y su impacto ambiental y social

La apertura de la Carretera Marginal originó numerosos problemas en el departamento de San Martín. A continuación se resumen los más importantes:

Deforestación. La falta de preocupación por el medio ambiente se tradujo en la tala indiscriminada con un nivel de reforestación casi nulo. Entre 1978 y 1987 quedaron sin cobertura forestal 442.792 hectáreas, extensión significativa si se la compara por ejemplo con la de Moyobabamba, la cual ocupa 435.000 hectáreas (ver Cuadro 4). Los inmigrantes se asentaban en los terrenos que encontraban y los deforestaban para poder sembrar sus cultivos; cuando se agotaba la capacidad productiva de la tierra, empezaban un proceso de rotación que dejaba a su paso extensiones de tierras inservibles para la agricultura. La región del Alto Mayo fue la más perjudicada (ver Mapa 3, Anexo 1).

Cuadro 4. Volúmenes de extracción de madera, superficie intervenida y superfice reforestada, Dpto. de San Martín

Año	Extracción madera	Superf. intervenida (has.)	M^3x Ha	Superf. reforestada (has.)	Sin conbertura forestal (has.)
1978	104.273	45.067	2,31	281	
1979	77.030	19.905	3,87	88	
1980	617.069	86.984	7,09	40	
1981	1.355.012	81.333	16,66	145	
1982	609.669	52.593	11,59	23	
1983	367.762	39.980	9,20	8	
1984	288.088	33.688	8,55	0	
1985	272.925	44.821	6,09	25	
1986	291.068	19.556	14,88	29	
1987	330.251	19.535	16,91	32	
TOTAL	**4.313.147**	**443.462**		**671**	**442.792**

Fuente: Ministerio de Agricultura-Moyobamba.

Erosión de suelos. El cultivo de maíz se considera como altamente erosivo por la forma estriada de su raíz, con las puntas hacia arriba. Esto ocasiona que parte del suelo se desplace hacia la superficie y sea fácilmente arrastrado por la escorrentía causada por las lluvias (erosión hídrica). Si se considera que, dada la topografía del departamento, la mayor parte de las pendientes fueron sembradas con maíz (producto que ocupaba parte importante del área sembrada), la pérdida de recurso suelo tenía que darse también por este conducto.

Malaria. La técnica de riego por inundación usada para el cultivo del arroz ayuda a la formación de lagunas, hábitat ideal para la reproducción del mosquito anopheles, cuya picadura produce la malaria. El mayor número de casos de esta enfermedad se registra en el Alto Mayo, reforzando así la relación entre el cultivo de arroz y la malaria (ver Figura 3).

Figura 3. Casos de malaria en el departamento de San Martín, 1977–1987

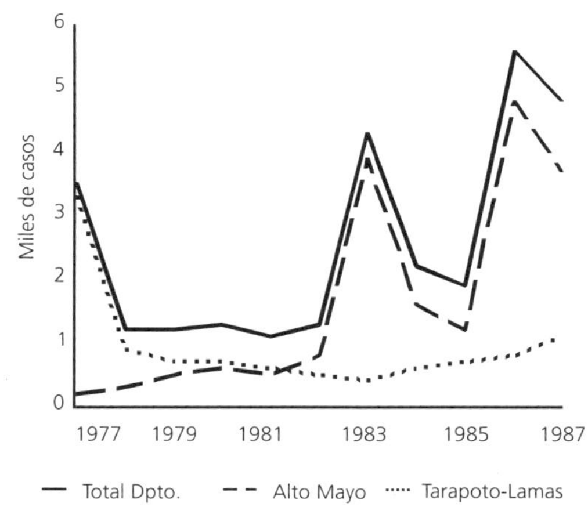

Fuente: Unidad departamental de salud, San Martín.

Coca y violencia. Una de las consecuencias negativas más notorias de la apertura de la Carretera Marginal fue la generación de las condiciones para el surgimiento de las dos problemas sociales que se proyectaron con fuerza en la década de los ochenta: el cultivo ilícito de coca y la violencia guerrillera. La Figura 4 muestra el avance del cultivo de la coca. Además, San Martín se convirtió en el centro de operaciones del Movimiento Revolucionario Túpac Amaru (MRTA) y fue escenario de numerosos ataques y atentados, especialmente en el sur del departamento (ver Figura 5). Allí se dieron las condiciones para que se produjera la alianza entre narcotraficantes y los grupos guerrilleros localizados en la zona. A través del cultivo y la exportación de la coca, ambos buscaban generar recursos económicos con fines diferentes.

Figura 4. Hectáreas destinadas al cultivo de coca, Dpto. de San Martín, 1970–1990

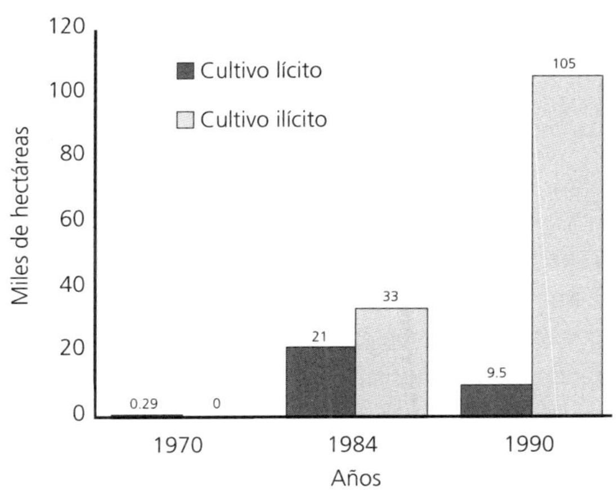

Fuente: ONERN, Proyecto Alto Huallaga

Figura 5. Atentados terroristas, Dpto. de San Martín, 1983-1993

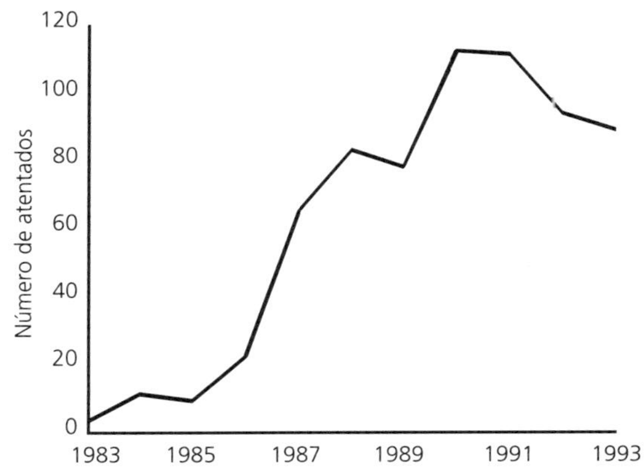

Fuente: Cuanto, Perú en números 1994

Se puede afirmar que el cultivo de la coca y la violencia fueron la consecuencia de haber dejado zonas completas aisladas de la Carretera Marginal, pues desde allí el campesino no podía llevar al mercado sus productos tradicionales ni acceder a los centros financieros urbanos. Esta zonas se convirtieron en presa fácil de los compradores de hoja de coca, quienes indujeron este cultivo pagando precios altos y suministrando capital de trabajo.

San Martín entre 1988 y 1994

La crisis de finales de la década de los ochenta encontró al departamento de San Martín con sus recursos agotados, una creciente espiral de violencia, y sobre todo, completamente abandonado a su suerte, sin el apoyo estatal que había incentivado un modelo productivo dependiente del fisco público.

Sin embargo, la dinámica interna continúa. Siguen llegando los inmigrantes, ahora guiados por el interés que despierta el cultivo de la coca, al cual se han destinado las tierras que antes se dedicaban al arroz y al maíz. Así se ha generado una economía artificial que gradualmente va dependiendo de las compras de los narcotraficantes o de las guerrillas vinculadas a esta actividad. Esta situación muestra cómo una política de desarrollo, a pesar de sus buenas intenciones, puede generar consecuencias negativas, en este caso, casi dos décadas después de haberse aplicado.

Delimitación política y vías de comunicación

En 1990 se creó la provincia de El Dorado por presión de sus pobladores y ante la falta de vías de comunicación entre Lamas y sus distritos (ver Mapa 4, Anexo 1). La Carretera Marginal sigue siendo la principal vía de comunicación, pero ahora con tramos inutilizables al norte y al sur del departamento; esto ha hecho que cobren fuerza los aeropuertos de Rioja y Moyobamba.

Población

Tocache se ha convertido en el centro de atracción para los inmigrantes, tanto de fuera como del interior del departamento, desplazando así a Rioja. Tocache registra la tasa de crecimiento poblacional más alta del departamento y es el centro del cultivo y comercialización de la coca.

El norte del departamento ha perdido el atractivo que tuvo en el período anterior ya que sus tierras se encuentran degradadas. Las personas de mayor edad permanecen en la zona, pero los jóvenes emigran a Tocache atraídos por la facilidad y rapidez con que pueden obtener ingresos a través del cultivo de la coca. Las migraciones extradepartamentales continúan originándose en la sierra; los departamentos de Amazonas, Cajamarca y Huánuco son responsables del 50% de los inmigrantes (ver Figuras 1 y 2).

Desde 1989 la producción de maíz ha perdido importancia frente al predominio del arroz, que en 1994 llegó a ocupar casi el 50% de la superficie cosechada (ver Cuadro 1). Respecto a la zona de estudio, esta tendencia se observa en Tarapoto-Lamas, tradicionalmente dedicada al maíz, y con mayor nitidez en el Alto Mayo, donde el arroz ocupa el 80% de la superficie cosechada. Estos cambios han sido inducidos por la demanda de arroz generada en la costa y por las posibilidades abiertas para el transporte de este producto. A lo anterior hay que agregar las afacilidades crediticias del Fondo de Desarrollo Agropecuario (Fondeagro), que en 1994 destinó más del 40% de sus recursos al sostenimiento del cultivo de arroz.

Sin embargo, con relación a este cultivo se debe señalar, primero, que los rendimientos promedios de la zona (5 tm/ha) están por debajo de los de otras zonas arroceras del país (11 tm/ha) (aunque lo mismo sucede con el maíz), y segundo, que el frijol, a pesar de ser un cultivo de la zona que ayuda a regenerar el suelo, no se ha utilizado en los terrenos cultivados con arroz, aunque es una técnica practicada en otras zonas arroceras del país. Estos hechos plantean la necesidad de revisar el patrón de cultivo de la zona o, en su defecto, emplear técnicas adecuadas para generar ventajas comparativas que haga atractivo el cultivo del arroz y del maíz como alternativa al cultivo de la coca. Esta tarea tiene que ser promovida por el gobierno, a través de sus oficinas regionales y con la participación activa de los agricultores de la zona.

Industria y artesanía

El desarrollo industrial sigue siendo incipiente, tanto en la zona de estudio como en la totalidad del departamento. Se han instalado algunas panaderías e imprentas que generan poco valor agregado. Se destaca el gran número de aserraderos y carpinterías instalados en el Alto Mayo, y en especial las empresas artesanales localizadas en Chazuta, que tiene bastantes posibilidades de convertirse en un centro artesanal importante (ver Figura 6).

Figura 6. Industrias en Alto Mayo por actividad, 1994

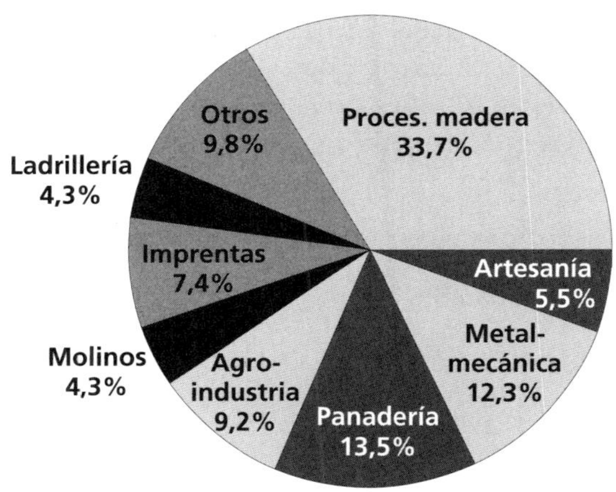

Fuente: MITINCI, Moyabamba

Dinámica general del departamento

La estructura comercial de San Martín no ha variado desde 1988 hasta la fecha. Tocache, Tarapoto y Nueva Cajamarca siguen siendo los centros comerciales más importantes; los dos últimos son centros de exportación hacia Lima y departamentos aledaños. Existe, sin embargo, una nueva ruta hacia los aserraderos de Moyobamba para la comercialización de la madera que proviene de las communidades nativas del Alto Mayo.

La integración de estas comunidades nativas — formadas por indios aguarunas — a la economía nacional ha creado problemas, pues los comerciantes de madera, al ver otros bosques degradados, se han interesado por los recursos madereros de estos grupos étnicos que se localizan en la margen izquierda del río Mayo. Hay comunidades como los shimpiyacus o yaraos (ver Mapa 5, Anexo 1) que se han formado con el único propósito de talar y comercializar la madera proveniente de bosques vírgenes. Incluso se ha llegado a formar una organización paralela a la Organización Aguaruna del Alto Mayo (OAAM) apoyada por los grandes comerciantes madereros de la zona. En el mapa mencionado se ilustra la ruta de transporte de la madera. Parte de Yarao, vía el río Yanayacu, luego toma el Huascayacu y finalmente, por el río Mayo, desemboca en Puerto Tahuishco. Desde allí la madera es llevada en camiones hacia Moyobamba, de donde sale para Lima.

La Carretera Marginal y su impacto ambiental y social

Deforestación. La deforestación de las zonas aledañas a la Carretera Marginal se ha acentuado, de manera que pueden considerarse completamente degradados casi todos los bosques del Alto Mayo, a excepción de los localizados en el territorio de algunas comunidades nativas. Aún quedan bosques vírgenes en el valle del río Shanusi (Lamas) y el Gran Patajén (Mariscal Cáceres), como se ilustra en el Mapa 3 del Anexo 1. Sin embargo, estos corren un serio peligro si se antepone el sostenimiento agrícola a la capitalización de las tierras y se dan las condiciones para que se repita el proceso de degradación de las tierras observado a inicios de los ochenta.

Es necesario anotar que la deforestación ha favorecido los derrumbes y la destrucción de pueblos como consecuencia de los terremotos que se produjeron en el Alto Mayo en 1990 y 1991. Cientos de muertos y familias sin hogar fueron el resultado de laderas completamente desprotegidas debido a la acción del hombre.

Malaria. Continúa siendo una enfermedad causada por el uso intensivo del agua en las faenas agrícolas (dado que es un recurso por el que no se cobra) y por la falta de un programa de salud que se adecúe a las necesidades de la población. Dicho impacto se acentúa conforme aumenta la importancia del cultivo de arroz. Su incidencia es mayor en las zonas arroceras de Lamas y San Martín, lugares apartados que dificultan la aplicación de programas de salud (ver Cuadro 4).

Coca y violencia. Es la consecuencia más visible de la crisis económica de finales de la década anterior. Con productos devaluados en el mercado nacional a raíz de la política de precios y sin canales de comercialización adecuados, el agricultor encuentra atractivo el cultivo ilegal de la coca (ver Figura 4). San Martín se ha convertido en el centro de la denominada "economía de la coca peruana" y en el principal exportador de pasta básica de cocaína producida artesanalmente.

La presencia del narcotráfico, las dificultades de la geografía del departamento y el sentimiento de abandono que sufría el agricultor crearon las condiciones propicias para la presencia de las guerrillas. El accionar de estos grupos aumentó significativamente a partir de 1987, pero descendió visiblemente a partir de 1993, luego del cambio de la estrategia económico-política emprendida por el actual gobierno (ver Figura 5), la cual se centra en el apoyo directo para el desarrollo de las zonas rurales deprimidas a través de programas sociales de ayuda para los más pobres, programas de titulación de las tierras agrícolas para facilitar el crédito a los agricultores, etc.

Sin embargo, los 15 años de violencia han contribuido al retroceso del ritmo de desarrollo del departamento, constituyéndose en un obstáculo adicional al viejo anhelo de lograr el auge económico de la Amazonía a través de la construcción de la Carretera Marginal.

Alternativas Sectoriales para San Martín

Actualmente la situación social en el Departamento de San Martín es diferente a la existente en los últimos quince años. El proceso de pacificación empezado por la administración Fujimori ha tenido resultados positivos. La neutralización de los grupos guerrilleros ha hecho posible el desarrollo de actividades productivas alternativas que responden a las ventajas comparativas naturales de la región. A continuación se presenta un grupos de actividades que son factibles de fortalecer o de desarrollar en la región.

Turismo. Entre los recursos que forman la riqueza natural de San Martín se encuentran aquellos que se pueden utilizar para desarrollar actividades turísticas. Hay muchas posibilidades de aprovechamiento de este paraíso ecológico. El Mapa 6 del Anexo 1 muestra los principales atractivos turísticos. La mayoría de ellos no son explotados y muchos de los que lo fueron han sido abandonados, como la Laguna Sauce. El desarrollo de la riqueza turística pudo haber sido una alternativa en los años en que se iniciaba la crisis (1987), pero la violencia frenó todos los intentos. La posibilidad de llevar adelante esta alternativa se desprende de analizar la evolución experimentada por el número de establecimientos hoteleros. Se puede comparar el número de hoteles que cerraron entre 1990 y 1992 (ver Figura 7) con el repunte observado a partir de 1994, al lograrse la pacificación de la zona.

Figura 7. Evolución del número de establecimientos hoteleros, Dpto. de San Martín, 1980–1994

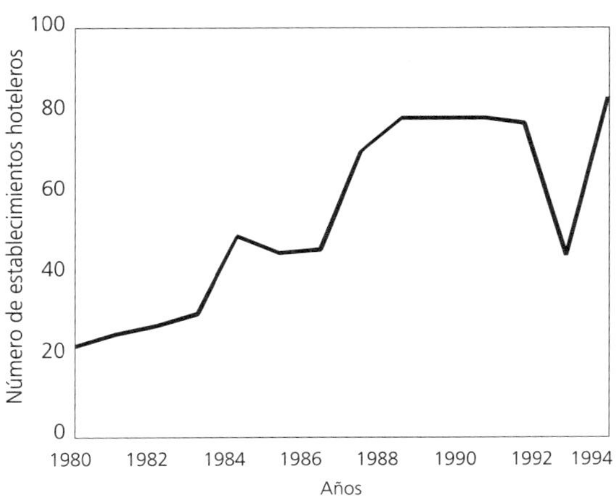

Fuente: INEI, MITINCI-Moyabamba

Existe una mayor afluencia de turistas hacia las zonas del Alto Mayo y Tarapoto (ver Figuras 8 y 9), que tienen escenarios propicios para la práctica del turismo de aventura como por ejemplo el Morro de Calzada, ideal para vuelos de ala delta y parapente; Chazuta, para canotaje; y Laguna Sauce, para esquí acuático. Aprovechar esta riqueza natural significa adoptar una estrategia integral de desarrollo que evite que la construcción de vías de comunicación terrestres, tan necesarias para impulsar la actividad productiva, destruyan escenarios naturales tan frágiles como los de la Amazonía. De esta manera se podrá contar con opciones de generación de riqueza diferentes a las derivadas de la agricultura.

Figura 8. Afluencia de turistas en Alto Mayo, arribos y pernoctaciones, 1993–1994

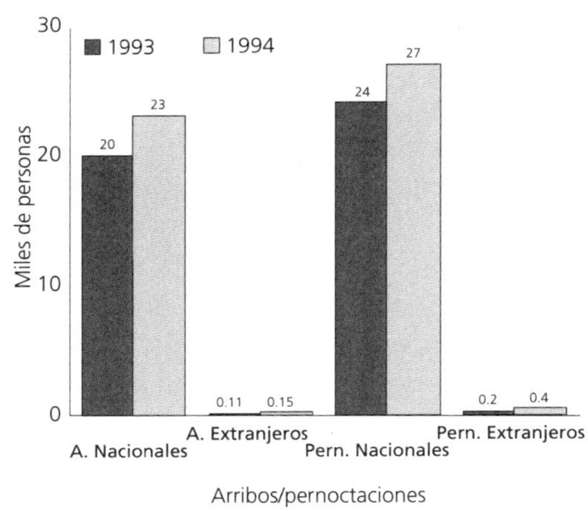

Fuente: MITINCI-Moyabamba

Figura 9. Afluencia de turistas en Tarapoto, arribos y pernoctaciones, 1993–1994

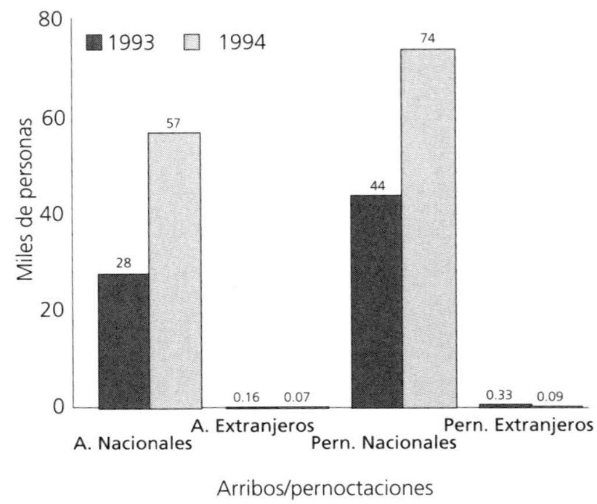

Fuente: MITINCI-Moyabamba

Cuadro 5. Principales enfermedades transmisibles por provincias, San Martín, 1993-1995

A. COLERA

Provincia	**1993**	**1994**	**1995**
San Martín	458	55	9
Lamas	544	56	7
El Dorado	249	60	32
Picota	312	79	33
Moyabamba	310	11	5
Rioja	213	38	66
Mcal. Cáceres	248	41	16
Bellavista	129	36	21
Huallaga	197	22	
Tocache	97	66	53
Total	**2.757**	**464**	**242**

B. MALARIA

Provincia	**1993**	**1994**	**1995**
San Martín		155	352
Lama	1.437	994	542
El Dorado		1	
Picota		2	
Moyobamba		13	15
Rioja		45	67
Mcal. Cáceres			
Bellavista		1	1
Huallaga			1
Tocache			
Total	**1.437**	**1.211**	**978**

Fuente: Dirección Regional de Salud de San Martín

Agroindustria. Los productores agrícolas enfrentan dos problemas importantes: a) la lejanía de los principales centros de consumo, lo cual da lugar a una falta de información y conocimiento acerca de la demanda y características de los mercados que podrían ser abastecidos con la poducción local y, b) el carácter perecedero de las frutas y vegetales nativos de la región que disminuye la posibilidad de comercialización y la capacidad de negociación por parte de los productores locales.

Las condiciones agrícolas son atractivas para cultivos como el cacao, las hierbas mate, la papaya, el plátano, la naranja, el palmito, la caña de azúcar y otro tipo de productos agrícolas exóticos. Su procesamiento industrial es una alternativa que permitiría su arribo en buenas condiciones a los mercados extra-regionales para ser consumidos o como insumo. Esto generaría ingresos adicionales para el producto, disminuiría los costos de transporte y aumentaría el empleo de la zona, entre otras cosas.

Entre las propuestas factibles figuran el desarrollo de plantas procesadoras de frutas y jugos tropicales, fabricación de harinas de frutas y vegetales y plantas de deshidratados.

Industrialización de la madera. La madera extraída de los bosques de San Martín es comercializada en forma primaria y se traslada principalemente a los centros de transformación localizados en la costa peruana. Parte de la madera se exporta. Como lo vienen demostrando algunas empresas del lugar, existen posibilidades de industrializar la madera dentro de un esquema de sostenibilidad, para producir molduras para ventanas y puertas, láminas de madera para enchapar paredes, piezas de madera para pisos, etc.

Acuicultura. El potencial de pesca de la región podría ser incrementado si se adoptaran las medidas necesarias para la instalación de estanques artificiales, cuya producción cubriría las necesidades de la población local y de las industrias que se establezcan. La idea de construir este tipo de estanques no es nueva; existen empresas privadas que llevan a cabo esta actividad pero a escala reducida y en pequeño número. Es el caso del "camarón de la Malasia" que viene siendo producido y abastece el mercado de la costa. Respecto al transporte, dado el alto precio unitario de este tipo de productos, es posible costear los fletes aéreos.

Anexo 1

Mapa 1. Demarcación política del departamento de San Martín, 1972 y 1987

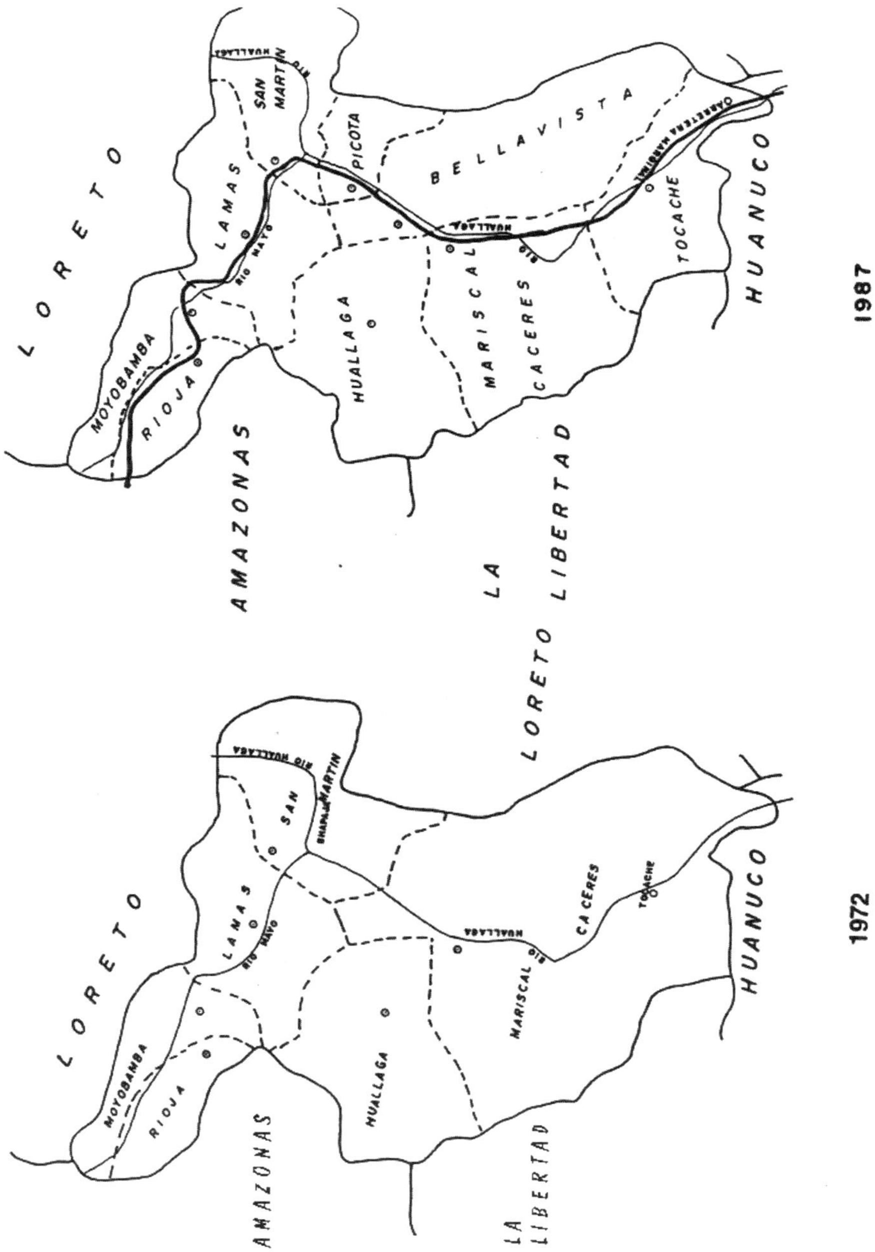

Mapa 2. Principales flujos comerciales, 1972 y 1987

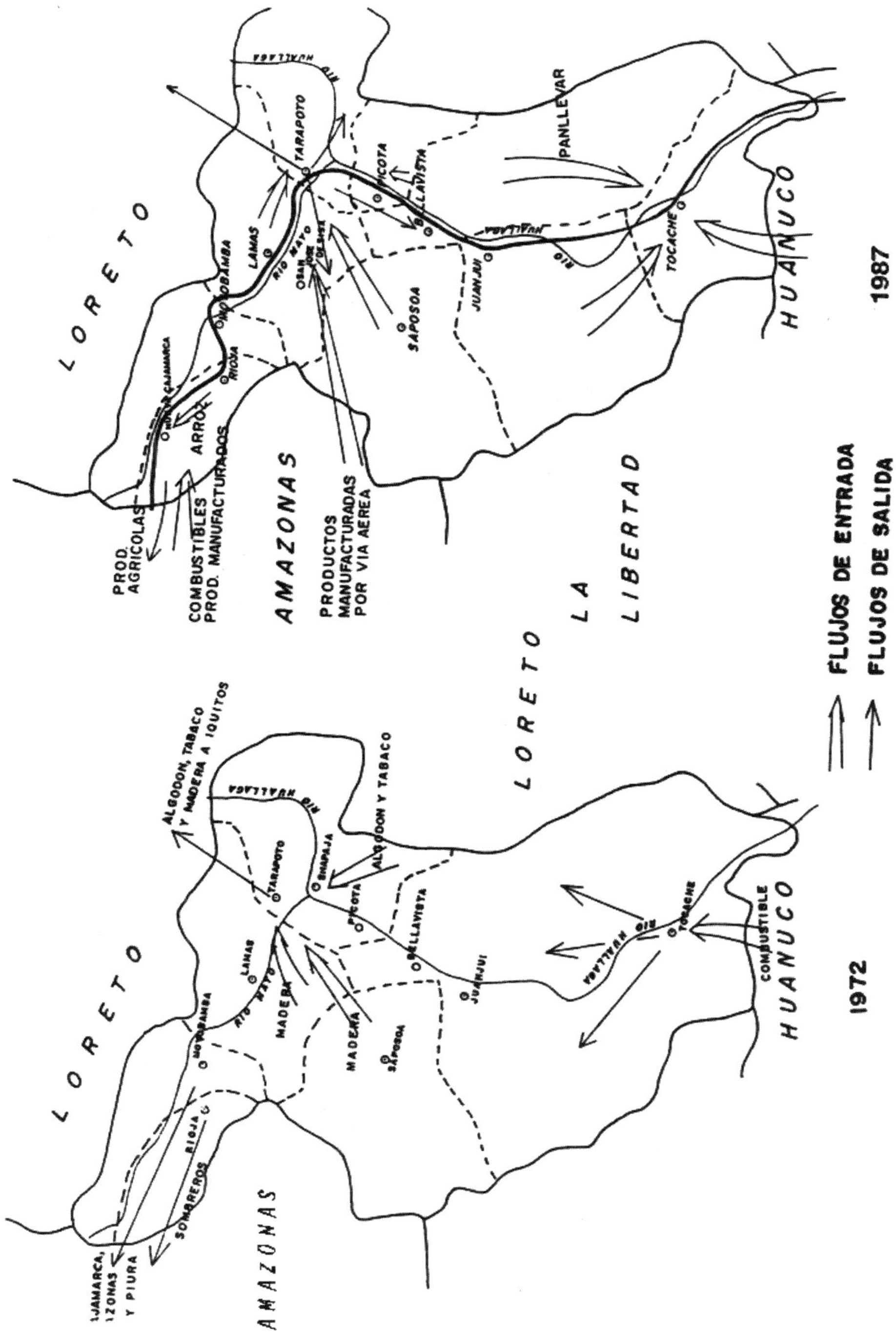

Mapa 3. Zonas deforestadas, 1987 y 1993

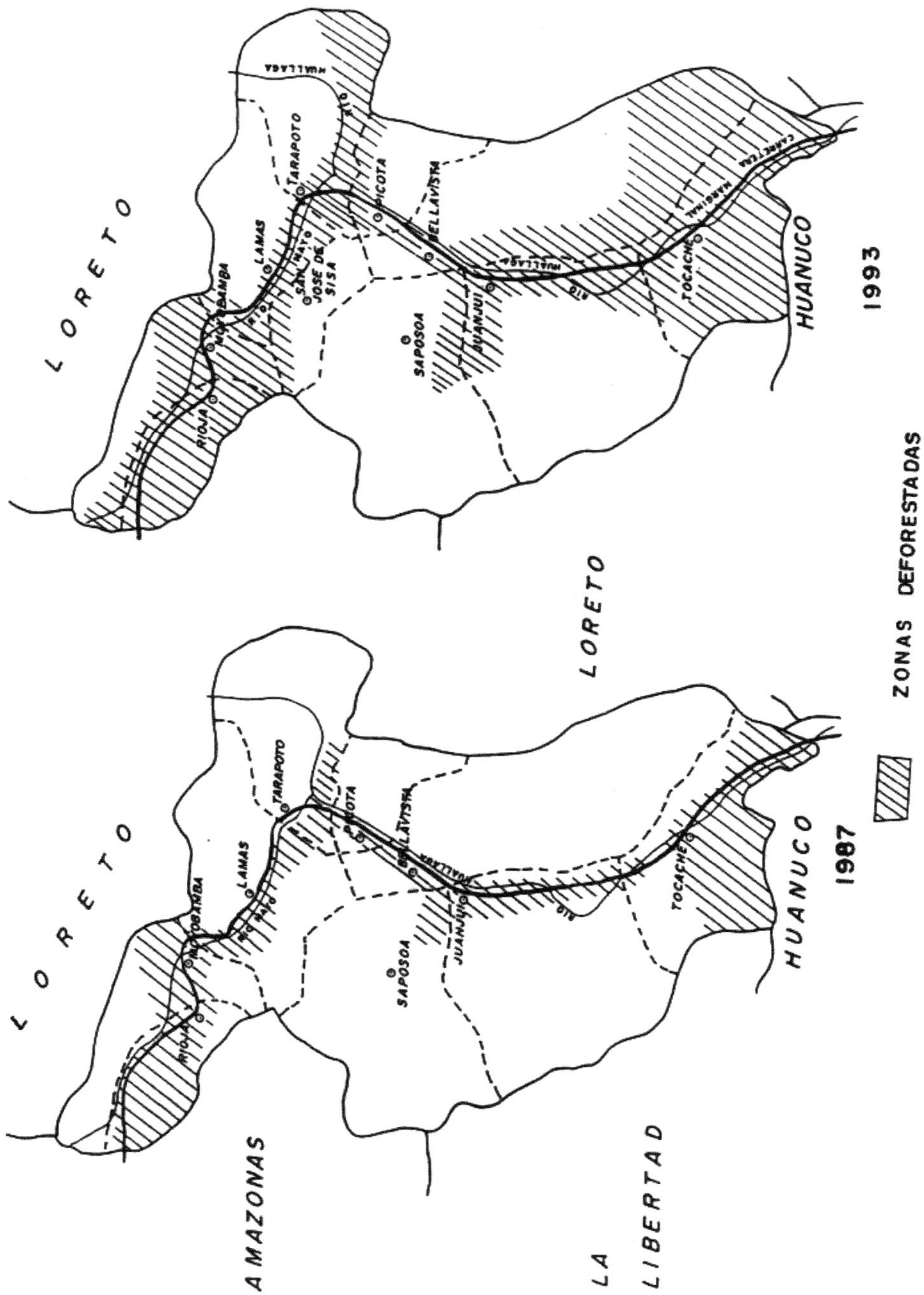

Mapa 4. Demarcación política del departamento de San Martín (1994)

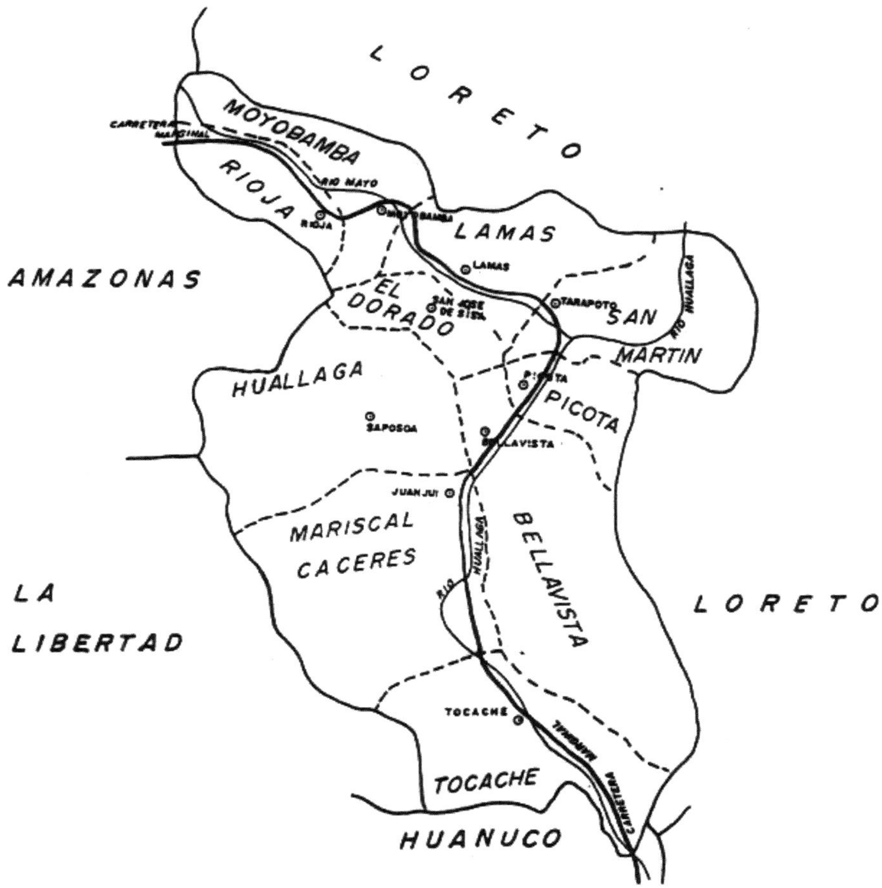

Mapa 5. Rutas de salida de la madera de las comunidades nativas del Alto Mayo

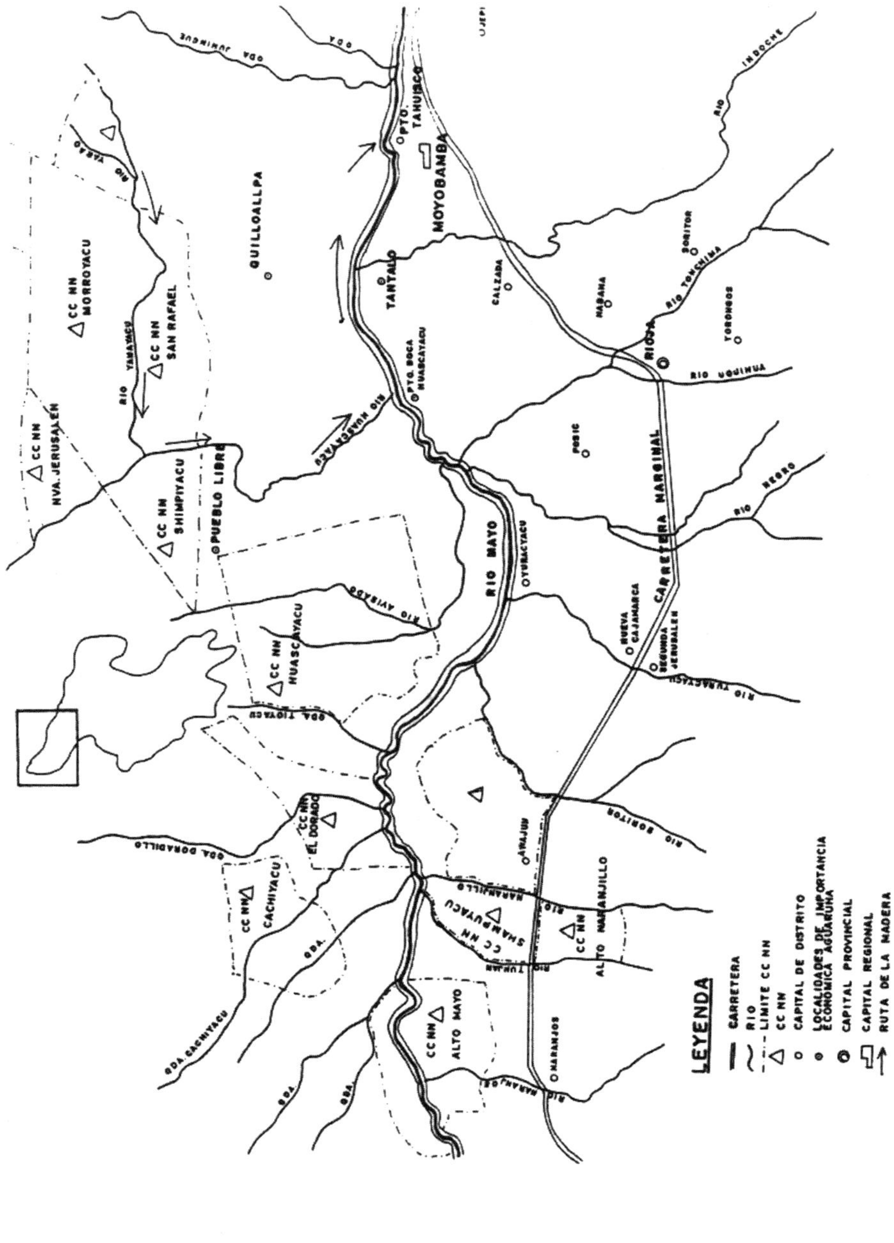

Mapa 6. Principales atractivos turísticos en el departamento de San Martín

1. PETROGLIFOS DE POLISH
2. RUINAS DE GRAN PAJATEN
3. BAÑOS TERMALES
4. BAÑOS SULFUROSOS
5. MORRO DE CALZADA
6. CATARATAS DE GERA
7. CATARATAS DE OROMINA
8. PUERTO TAHUISCO
9. LAGUNA SAUCE
10. MALOS PASOS RIO HUALLAGA
11. CATARATAS DE AHUASHIYACU
12. LAGUNA VENECIA
13. COMUNIDADES NATIVOS
14. BARRIO DE INDIOS LAMISTAS

DIVULGACIÓN DEL PROGRESO AMBIENTAL

Esta sección ilustra la forma en que algunas compañías que han venido desarrollando programas ambientales desde hace algún tiempo, comunican la importancia de estas actividades a los consumidores, a todos aquellos que tienen un interés directo o indirecto en las operaciones de la empresa y a la comunidad. No se debe perder de vista que en América Latina, los mercados de exportación son más sensibles al desempeño ambiental de las empresas que los mercados domésticos. Este conjunto de casos señala el reto que implica avanzar hacia la reducción del impacto ambiental sin que esto afecte el proceso de selección de los consumidores, así como la dificultad de cumplir con las exigencias de un grupo de partes interesadas amplio y divergente.

Los dos casos en esta sección describen la importancia de la comunicación entre la empresa y los diversos grupos de interés, y de la coordinación interna en la implementación de prácticas ambientales. Ambas empresas deben desarrollar una estrategia de comunicación y de educación sobre sus programas ambientales dirigida a la comunidad local. Los casos plantean además aspectos importantes sobre el posicionamiento de productos, estrategias de mercadeo y de comunicación.

Janssen Farmacéutica. *La subsidiaria mexicana de una multinacional manufacturera y comercializadora de productos para la salud y la belleza busca opciones para reducir el impacto ambiental del empaque de algunos de sus productos. Un "grupo macro" inter-departamental debe presentar alternativas para el desarrollo de empaques ambientalmente apropiados y que a la vez sean acogidos positivamente por el departamento de mercadeo, al que le preocupa la reacción que las nuevas propuestas puedan generar entre los consumidores mexicanos. Los productos considerados incluyen un champú, un medicamento conocido y un aerosol utilizado para el empaque y protección de productos de exportación. El caso hace una descripción sobre las actividades de Janssen en México, su historia y su profundo compromiso con la calidad y la protección ambiental. Los autores se centran en el conflicto que surge entre el esfuerzo del "Macrogrupo" por promover nuevas alternativas de empaque más acordes con las* *políticas ambientales de la empresa y la preocupación de la división de mercadeo de que los productos dejen de ser atractivos para los consumidores. El caso es apropiado para los cursos de mercadeo y desarrollo organizacional.*

Aracruz Celulose. *Aracruz Celulose es el mayor productor de pulpa de madera blanqueada del mundo. Este caso trata sobre los medios a través de los cuales la compañía comunica sus prácticas y políticas ambientales. El caso analiza, entre otros aspectos, las principales críticas que Aracruz recibe por parte de los grupos ambientalistas y de la comunidad local en relación con el impacto ambiental y social de sus operaciones; la percepción que los grupos de interés tienen sobre la compañía según una encuesta reciente; y la estrategia de comunicación desarrollada por la empresa para mejorar su imágen. También se analiza la forma en que Aracruz puede mejorar su credibilidad mediante una estrategia de comunicación. Este caso se recomienda para los cursos de mercadeo y publicidad.*

Notas para la enseñanza de política ambiental

En los dos casos que aquí se presentan no está claro cuál es el papel del gobierno ni de las políticas; se plantea así el interrogante de si las fuerzas del mercado podrían servir, sin ninguna otra intervención, para impulsar la manufactura de productos ambientalmente sanos. Los casos sirven de base para la discusión acerca de cómo asegurar que la promoción de productos con base en su calidad ambiental y la de sus procesos responda a la realidad, y sobre las implicaciones que esto tiene en materia de políticas.

Janssen Farmacéutica*

"Janssen es una compañía farmacéutica que tiene como meta principal el cuidado de la salud humana; si no cuidamos el medio ambiente, estamos actuando contra nuestro principal objetivo".

Raul Serna, Presidente de Janssen México

"En Janssen, no nos preocupamos del medio ambiente, actuamos por el medio ambiente".

Guillermo Ibarra, Grupo de Mercadotecnia

"Si tuviéramos una organización burocrática, todavía estaríamos debatiendo sobre nuestro primer problema. El hecho de que la organización Janssen sea tan plana es lo que permite llevar a cabo cambios grandes y útiles".

Rubén Lezama, Coordinador de Medio Ambiente y Seguridad

El Caso

El viernes 15 de mayo de 1995, los miembros del "Macrogrupo" de la planta de Janssen Farmacéutica en Huejotzingo, Puebla (México) se encontraban reunidos discutiendo varios problemas relacionados con el empaque de sus productos farmacéuticos, con el fin de desarrollar una serie de recomendaciones para René Villafuerte, Director de Operaciones de la planta. El Macrogrupo es un grupo *ad hoc* que tiene a su cargo la resolución de problemas específicos que trascienden las fronteras departamentales de la planta. Sus miembros son Rubén Lezama (Gerente de Seguridad y Medio Ambiente), Jaime Galindo (Planeación), y Ana Concepción López (Ingeniería Industrial).

La agenda constaba de tres puntos. En primer lugar se quería cuestionar el empaque del Triatop, un champú de venta de mostrador que se comercializaba en una botella de plástico sin ninguna envoltura adicional. Debido a problemas de robo en los supermercados, a la necesidad de mejorar su apariencia, y a la dificultad de manejar la botella, el grupo necesitaba evaluar la posibilidad de empacarla en una caja pequeña que ayudara a disminuir las pérdidas por robo y permitiera al mismo tiempo imprimir en ella instrucciones más detalladas sobre el uso de este producto. En segundo lugar, el grupo necesitaba hacer una recomendación sobre la utilización de un nuevo papel reciclado en el empaque de medicinas. A pesar de que el papel era ambientalmente sano, existía la preocu-

---

* Este estudio de caso fue preparado originalmente en inglés por los profesores Leonardo Cárdenas, Bryan W. Husted y Concepción Jiménez González del Instituto Tecnológico y de Estudios Superiores de Monterrey (ITESM), Monterrey, México. La traducción al español fue realizada por Concepción Jiménez González.

pación de que el Departamento de Mercadotecnia cuestionara su uso. En tercer lugar, el grupo debía tratar el tema del uso de un aerosol para la protección de los productos de exportación durante su traslado hacia el lugar de venta. A pesar de que el aerosol era efectivo, contenía clorofluorocarbonos (CFC), los cuales contribuyen al deterioro de la capa de ozono.

Ana Concepción López expresó su preocupación acerca de que el Departamento de Mercadotecnia se opusiera a las iniciativas del grupo en materia de empaques, como lo había hecho recientemente. Mercadotecnia percibía los cambios propuestos en favor del medio ambiente como poco atractivos para el consumidor mexicano. Dentro de este contexto, el reto del Macrogrupo consistía no solamente en desarrollar propuestas que tuvieran un menor impacto ambiental, sino que además se prestaran para convencer al Departamento de Mercadotecnia de que las alternativas propuestas no afectarían los hábitos de consumo de sus clientes y por ende las ventas.

La Industria Farmacéutica en México

La industria farmacéutica mexicana está dirigida hacia dos sectores principales: el sector de salud pública, que comprende hospitales y clínicas estatales; y el sector privado, que comprende los consumidores tanto de medicamentos que se venden bajo fórmula médica como los productos de mostrador. El sector privado constituye el 80% del mercado de farmaceúticos, mientras que el sector público abarca el 20% restante. Las empresas mexicanas dominan las ventas en el sector público, con una participación del 82% del total. Los productores extranjeros controlan el 80% del mercado privado (Lodise, 1995). Las medicinas importadas constituyen sólo el 3% de los fármacos consumidos en México (Pérez Vences, 1995).

Estructura del mercado

El mercado se halla muy fragmentado; no hay firmas que controlen más del 6% del total de las ventas. Las cinco empresas más grandes son todas compañías extranjeras: Glaxo, Syntex-Roche, Bristol-Myers-Squibb, Schering-Plough y Abbot Labs. Ningún productor mexicano controla más del 1% del mercado. Las firmas nacionales más grandes son Senosian, Silanes, Liomont, Carnot y Rimsa (Pérez Vences, 1995). Janssen ocupa el sexto lugar en ventas dentro del mercado privado y no tiene participación alguna en el mercado del sector público.

Investigación

El éxito en la industria farmacéutica depende de su capacidad para desarrollar nuevas medicinas y lanzarlas al mercado. El costo de introducir un nuevo medicamento varía entre $200 y $250 millones de dólares. Los costos en que incurre la industria son tan elevados que en todo el mundo muchas firmas han tomado la decisión estratégica de asociarse, con el fin de mejorar su competitividad (Lodise, 1995). En México se invierten anualmente alrededor de $300 millones de dólares en investigación y desarrollo de productos. Esta suma es significativamente inferior a los $12.000 millones de dólares anuales que invierten las grandes compañías transnacionales en investigación, y explica por qué solamente se han originado en México de seis a diez medicinas que han logrado ser colocadas en el mercado internacional (Pérez Vences, 1995). Las firmas extranjeras tienden a importar los ingredientes activos de las medicinas que manufacturan. Sandoz, por ejemplo, importa cerca del 75% de sus ingredientes activos (Lodise, 1995).

Durante muchos años, el país careció de incentivos para realizar investigación destinada al desarrollo de nuevas medicinas; por su parte, el gobierno no evitaba que las compañías manufactureras mexicanas copiaran las fórmulas de productos gestados en otros países. En 1992 la ley fue modificada de manera que se permitía la copia de productos farmacéuticos extranjeros sólo si el proceso de producción era diferente. Sin embargo, este cambio fue visto como una cláusula de escape y fracasó en su objetivo de promover la investigación local. Finalmente, en agosto de 1994 el gobierno prohibió la copia de los farmacéuticos patentados aún cuando el proceso de producción fuera diferente. Como era de esperarse, esta decisión tuvo buena acogida por parte de las farmacéuticas extranjeras (Lodise, 1995).

Consumidores

Casi la mitad de la población de México tiene menos de 20 años de edad y el 70% de quienes trabajan ganan 40 pesos diarios o menos (poco menos de seis dólares al día). Así pues, este sector no tiene acceso a las medicinas formuladas o a los productos de mostrador que maneja el mercado privado. El consumo per cápita de medicinas es de cerca de 109 pesos al año o de 9 pesos al mes (cerca de $1,50 dólares mensuales considerando una tasa de cambio de 6 pesos por dólar en julio de 1995) (Pérez Vences, 1995).

El consumidor promedio de medicinas de prescripción provenientes del sector privado pertenece a la clase media baja como mínimo (con un ingreso mensual de 3.000 pesos por familia o 500 dólares). De las medicinas vendidas al sector privado, sólo un 20% no requiere fórmula médica. En el caso del champú anticaspa Triatop, Janssen estima que su consumidor típico tiene un ingreso mensual promedio de 10.000 pesos.

La mayoría de los consumidores en México no han desarrollado una conciencia ambiental; sin embargo, las firmas nacionales sienten la presión de los consumidores de los Estados Unidos y Europa, quienes boicotean a las casas matrices en protesta por las prácticas ambientales de sus subsidiarias en México u otras partes del mundo.

Expansión del mercado

La perspectiva de crecimiento del mercado es incierta. A partir de 1993, y después de muchos años de un control de precios estricto, el gobierno comenzó a permitir su aumento de acuerdo con la inflación. En ese primer año de movilidad en los precios el aumento permitido fue del 70%, mientras que en 1994 los precios ascendieron en un 100%. Aun así, el gobierno restringió el alza de precio de 430 productos manejados por el sector público. Se esperaba que tal aumento operara como incentivo para el crecimiento del sector privado; sin embargo, la devaluación del peso a finales de 1994 creó un efecto contrario. Dada la disminución de las reservas extranjeras como resultado de las fugas de capital, el gobierno estableció un tipo de cambio libre, y en cuestión de semanas el valor del peso cayó de 3,35 a 5,80 pesos por dólar. Como resultado de la devaluación, se esperaba para 1995 una disminución del 10% en las ventas de todas las medicinas en razón al encarecimiento de sus ingredientes activos, que son en su mayoría importados. Un portavoz de Janssen estimó que el ingreso disponible promedio continuaría bajando durante los siguientes cinco años y que no se preveía un incremento en las ventas sino hasta después del año 2000. Asimismo, vale la pena señalar que el Tratado de Libre Comercio (TLC) de Norteamérica no ha tenido un impacto positivo en la industria farmacéutica. Las exportaciones mexicanas a los Estados Unidos han sido obstaculizadas por los requerimientos de la Agencia Administradora de Drogas y Alimentos de los Estados Unidos (US FDA), así como por los problemas de distribución que enfrentan las compañías mexicanas.

Políticas globales y nacionales en materia de empaque

En México existen muy pocos estándares ambientales referentes al empaque de productos, a pesar de la presencia de normas internacionales como el ISO-14000* o como el BS-7750+, las cuales se refieren a este particular. Sin embargo, hay una tendencia global dentro de la administración ambiental a considerar el empaque de productos como una de las áreas en donde se pueden alcazar beneficios ambientales más rápidamente. Actualmente existen dos temas importantes que están teniendo impacto sobre la ingeniería del empaque:

Empaques retornables. Siguiendo un esquema popular en el pasado, muchas compañías están vendiendo sus productos nuevamente en empaques retornables. Se ha comprobado que esta medida resulta ser más económica que la de utilizar empaques desechables; además no tiene un impacto negativo en los hábitos de compra de los consumidores y permite reducir residuos de manera sustancial.

Eliminación del "empaque del empaque". Esta tendencia se refiere a miles de productos que son empacados dentro de un contenedor, el cual se coloca a su vez dentro de un empaque desechable. El mejor ejemplo de ello es la industria de las pastas dentales, la cual ha procedido a eliminar los empaques de los tubos de pasta. Lo mismo sucede en la industria de la fotografía, en la que los rollos de película están siendo en algunos casos vendidos directamente en el contenedor de plástico. Otras industrias están tratando de reducir los materiales de empaque (sobre todo los desechables) en consonancia con sus prácticas ambientales.

En resumen, a pesar de que el empaque de los productos no tiene una relación directa con las políticas o estándares ambientales mundialmente aceptados, este tema pasará a ser materia de gran preocupación para aquellas empresas que deseen mejo-

---

* ISO-14000 es una serie de estándares ambientales desarrollados por la Organización Internacional de Estándares (International Standards Organization).

\+ BS-7750 son normas ambientales desarrolladas por el gobierno británico.

rar su desempeño económico y al mismo tiempo reducir su generación de residuos. Desafortunadamente, son pocas las farmacéuticas mexicanas que han tomado alguna acción en este sentido.

JANSSEN FARMACÉUTICA

Historia

Janssen Farmacéutica fue fundada en 1940 en Beerse (Bélgica) por el Dr. Paul Janssen. Durante los años cincuenta Janssen fue adquirida por la firma Johnson&Johnson, lo cual le permitió realizar importantes proyectos de investigación en diferentes áreas de la farmacología, entre ellos el desarrollo del Haloperidol, un medicamento que ha transformado los tratamientos en el campo de la psiquiatría.

Janssen Farmacéutica comenzó sus operaciones en México en 1978 en las oficinas de Johnson&Johnson ubicadas en la Ciudad de México, y en 1980 abrió su propia planta de producción en Huejotzingo, Puebla. Esta planta fue la primera que Janssen tuvo fuera de Bélgica y fue sucedida por las de China, Francia, Italia e Irlanda. Actualmente, Janssen México cubre los mercados de México, Centro y Sudamérica y el Caribe. El mayor porcentaje de sus ventas lo realiza en México, Venezuela y Colombia.

Filosofía de la empresa

La filosofía de operación de Janssen México está basada en la de su casa matriz Johnson&Johnson (Anexo 1). La responsabilidad del Presidente de la compañía es velar por que todos los departamentos de la empresa cumplan sin falta con su credo.

El credo tiene cuatro componentes. El primero hace énfasis en aspectos como la satisfacción del cliente, la calidad de los productos y la reducción de los costos. El segundo hace referencia a cuestiones como la satisfacción de los empleados y las condiciones laborales. La tercera parte se refiere a la responsabilidad que tiene la compañía para con la sociedad, la protección del medio ambiente y la adecuada utilización de los recursos naturales. El último componente se refiere al compromiso de la empresa con la investigación, la innovación y el desarrollo de nuevos productos, y a la justa retribución a que tienen derecho los inversionistas.

Janssen México considera que la calidad es un componente esencial de la ética de su trabajo. Este razonamiento permite la implementación de procesos de mejora continua basados en la filosofía de Phillip Crosby, pero modificada y ajustada a las necesidades de Janssen. La firma ha usado también nuevas estrategias como el índice de progreso ambiental *(environmental benchmarking)* y la "potenciación" (*empowerment*) con el objeto de enriquecer sus programas de mejoramiento continuo. Todos estos esfuerzos han sido reconocidos por Johnson&Johnson, quien concedió a Janssen el premio mundial de bronce "Firma de Calidad" durante dos años consecutivos (1993 y 1994). Este premio es otorgado a las compañías del grupo que han demostrado contar con sistemas que mantienen altos niveles de calidad. La de México fue la primera compañía Janssen en el mundo galardonada con este reconocimiento y es la única de las de Johnson&Johnson que ha recibido este premio dos veces.

Estructura organizacional

La fuerza productiva de Janssen México la conforman 450 empleados distribuidos en los departamentos de mercadotecnia, personal de planta y administración. A la cabeza de Janssen México, Centroamérica y el Caribe se encuentra el Presidente, Sr. Ricardo Serna Rivera, quien tiene su oficina en el edificio administrativo de la empresa en la Ciudad de México.

El área de producción, encabezada por el Ing. René Villafuerte, está localizada en la planta en Huejotzingo. Los gerentes de la planta son Rubén Lezama (Seguridad y Protección Ambiental); Ignacio González (Producción); Esteban Aguilera (Ingeniería); Socorro Berzunza (Desarrollo de Nuevos Productos); Jaime Galindo (Planeación); Ana Concepción López (Ingeniería Industrial); Jorge Barroeta (Personal). La estructura organizacional completa de Janssen México y de su planta en Puebla aparece en los Anexos 2a y 2b.

Línea de productos

Los productos desarrollados por Janssen se dirigen a mejorar el tratamiento de varias enfermedades e infecciones, y en algunas ocasiones han producido cambios significativos en la industria farmacéutica y en los tratamientos médicos.

La primera molécula desarrollada por Janssen fue el Haloperidol, la cual transformó algunos métodos de los tratamientos psiquiátricos. Actualmente, Janssen tiene alrededor de 54 productos que compiten por el primer lugar en el mercado, entre los cuales se destacan Nizoral, Esporanox, Haldol y Risperdal. El primero, Nizoral, es un antimicótico reconocido ampliamente por la comunidad médica. El segundo, Esporanox, es también un antimicótico que no ha alcanzado el mismo prestigio que el anterior.

Janssen también tiene una línea de productos de mostrador cuya venta no requiere de prescripción médica. En esta línea el producto estrella es el Triatop, un conocido champú anticaspa.

Posición en el mercado

Durante 1994 las ventas de Janssen México ascendieron a 21.000.000 de unidades, equivalentes a 170 millones de pesos (cerca de $28.333.000 de dólares en 1995 considerando una tasa de cambio de 6 pesos por dólar). Las ventas de todo el sector ascendieron a $4 mil millones de dólares para este mismo año.

Janssen México respondió a la devaluación de diciembre de 1994 aumentando sus exportaciones hacia Colombia y Venezuela, lo cual le permitió mantener el nivel de ventas relativamente constante durante la crisis económica.

Los clientes de Janssen provienen principalmente del ramo de la medicina y áreas relacionadas; la mayoría de los clientes son pacientes, enfermeras, doctores, hospitales y farmacias.

Programas y políticas ambientales

Janssen México está profundamente comprometida con la problemática ambiental y el desarrollo sostenible. Este compromiso se expresa en su política ambiental:

"Para asegurar que nuestra planta, nuestros productos y procesos tengan un impacto ambiental mínimo e idealmente

neutral, se busca el uso eficiente de los recursos, se promueven los valores ambientales entre nuestros empleados y las prácticas ambientales óptimas en todos nuestros productos y procesos, y se contribuye con un desarrollo sostenible global".

La política es bien conocida a través de la compañía y ha sido aprobada por los gerentes de alto nivel. Con base tanto en su política ambiental como en las "Metas de prevención de la contaminación" de Johnson&Johnson, Janssen ha desarrollado los siguientes programas ambientales:

Uso eficiente de la energía.

1. Reducción de generación de residuos peligrosos y no peligrosos.
2. Reducción del material de empaque.
3. Uso eficiente del agua.
4. Reutilización de residuos.
5. Calidad del agua.
6. Reducción de residuos de oficina.
7. Eliminación del uso de sustancias que dañan la capa de ozono.
8. Cumplimiento con la política de Johnson&Johnson sobre tanques de almacenamiento.
9. Reducción de emisiones de químicos tóxicos.

Muchos de estos programas fueron implementados en 1993. Algunos de los resultados obtenidos en 1994 son los siguientes:

- Reducción de 200 toneladas en material de empaque, lo cual representó un ahorro de un millón de dólares (3,5 pesos = US$1 en 1994).
- Ahorro del 64,17% en consumo de agua (de 120.000 a 43.000 m^3).
- Reducción en la generación de residuos peligrosos en un 24,72% (base anual).
- Reducción en la generación de residuos no peligrosos en un 10,93% (base anual).
- Reuso del 54,85% de residuos no peligrosos (base anual).

Como parte del seguimiento a estos programas, Janssen construyó en 1985 una planta de tratamiento de agua con una capacidad de 0,75 litros por segundo. Posteriormente se comprobó que esta estructura trabajaba ineficientemente, de manera que se la modificó después de un período de seis meses de observación, investigación y experimentación. En la actualidad, la planta tiene una capacidad de tratamiento de 1,39 litros por segundo, casi el doble de la inicial.

Otras políticas ambientales

La conciencia ambiental que se ha desarrollado en Janssen ha permeado a la organización como un todo, promoviendo acciones cuyos resultados han sido muy interesantes. A continuación se presentan dos ejemplos:

Multimedia vs. papel. La fuerza promotora de ventas de Janssen está compuesta por alrededor de 300 personas en diferentes países de América Latina. Cada vendedor visita cerca de 30 doctores al mes para promocionar los productos Janssen y para mostrarles sus beneficios por encima de los de la competencia. Muchos de estos argumentos de venta estaban contenidos en manuales especiales de propaganda. En ellos se consignaba la opinión de algunos líderes y algunas cuestiones técnicas gráficamente descritas que los hacían más fáciles de usar y entender. Cada uno de estos folletos de propaganda constaba de 25 páginas en promedio y cada doctor recibía dos o tres durante cada visita. Esto quiere decir que la compañía imprimía cerca de 375.000 páginas al mes, un gran porcentaje de las cuales terminaba en los botes de basura. Además, sólo una pequeña porción era reciclable.

La solución de Janssen fue dar a cada vendedor un computador portátil con un sistema de multimedios (una tecnología de mercadotecnia que en aquel tiempo tuvo que ser desarrollada en México) diseñado especialmente para presentar esta información. De esta forma no sólo se eliminó el uso de papel, sino que también se redujeron los costos de envío desde la oficina central a cada uno de los vendedores. En la actualidad, esta información (contenida en manuales farmacéuticos, informes de ventas, etc.) se transmite electrónicamente por módem durante la noche. Este sistema equivale a promocionar un producto en televisión a color, mientras que la competencia sigue usando publicidad por radio. La nueva política dió a Janssen una enorme ventaja competitiva, asegurándole la atención de los médicos hacia sus productos. En síntesis, los doctores pueden obtener más información en sus oficinas de la que pueden extraer de un manual. La estrategia también permite que el Departamento de Mercadotecnia reciba los informes de cada vendedor en menos de 24 horas después de que se ha realizado la visita. Janssen México es actualmente la única compañía farmacéutica en el mundo que tiene este sistema de ventas. Más aún, la alta inversión inicial que requirió este método de ventas se recupera en un año dada la reducción de costos y sin tener en cuenta aún el aumento en las ventas que éste genera.

Muestras médicas. Otra de las técnicas de venta consistía en entregarle a los médicos una muestra gratis de los nuevos productos. Es así como mensualmente se distribuían cerca de 27.000 muestras gratis. Cada una de ellas contenía una o dos pastillas y venía empacada en una caja. Esta técnica fue modificada de manera que en vez de cajas se utilizaran sobres de papel, los cuales se reciclan más fácilmente, consumen menos materia prima y son más económicos. A pesar de que muchos doctores han cuestionado los nuevos empaques, el Departamento de Mercadotecnia asegura que no se ha perdido ni una sola venta por su causa. De hecho, muchos médicos aprecian el esfuerzo de Janssen por contribuir a un medio ambiente más sano.

Estructura ambiental: El Macrogrupo y el Gerente de Medio Ambiente

La estructura organizacional con que cuenta Janssen México para coordinar los asuntos ambientales es diferente a la de la mayoría de las compañías mexicanas. En la empresa, el Gerente del Medio Ambiente no es la persona que se encarga de todos los asuntos pertinentes al medio ambiente, la seguridad y la salud ocupacional. El gerente de esta área es responsable por presentar diferentes opciones, resultados y requerimientos legales a sus colegas de otras áreas. Como se mencionó anteriormente, la planta de Huejotzingo cuenta con un equipo denominado "Macrogrupo", en el cual tienen cabida todas las áreas funcionales y el personal que pueda verse afectado en una u otra forma por algún problema o situación específica. No existe una estructura fija con fronteras organizacionales rígidas; se trata de un equipo muy flexible que conoce las necesidades de la planta.

Cuando se requiere hacer un cambio con el propósito de cumplir con las políticas, metas y programas ambientales de Janssen, el Departamento de Seguridad y Medio Ambiente hace su evaluación y establece los requerimientos que deberán ser aplicados. Tales requerimientos son transformados en procesos en los cuales participa el personal de los departamentos relevantes, a saber, Ingeniería Industrial, Producción, Planeación, Desarrollo de Nuevos Productos y otros representados en el Macrogrupo; esto con el objetivo de darle cumplimiento a los requerimientos establecidos. Entre los individuos que conforman el Macrogrupo se selecciona un líder, quien recibe apoyo por parte del Departamento de Seguridad y Medio Ambiente en materia de información, investigación, coordinación y seguimiento del macroproceso.

A continuación se describe la metodología que generalmente se utiliza para tratar problemas ambientales:

1. Definición del problema y escogencia del líder.
2. Investigación de campo.
3. Análisis de los datos.
4. Definición de acciones correctivas.
5. Seguimiento.

El núcleo del Macrogrupo está compuesto normalmente por Rubén Lezama (Gerente de Seguridad y Medio Ambiente), Jaime Galindo (Planeación) y Ana Concepción López (Ingeniería Industrial). Rubén Lezama, ingeniero químico de la Universidad Popular Autónoma del Estado de Puebla, ha trabajado desde 1988 en la planta de Janssen en Huejotzingo en el área de Seguridad y Protección Ambiental. Anteriormente trabajó como líder en proyectos relacionados con la reducción de residuos sólidos, y ha participado con otros grupos en proyectos de reducción del consumo de energía y de tratamiento de aguas residuales. Lezama es también un miembro activo de los equipos de fútbol, volleyball y boliche de Janssen.

Jaime Galindo estudió ingeniería industrial en la Universidad Popular Autónoma del Estado de Puebla y en la Universidad Cuauhtémoc. Ha trabajado como agente y coordinador de ventas, pero desde 1991 se vinculó al área de producción. En 1993 fue nombrado Jefe de Planeación. También fue miembro del equipo de reducción del ciclo de tiempo en Johnson&Johnson "America's Task Force".

Ana Concepción López estudió ingeniería industrial en la Universidad Iberoamericana y después obtuvo una maestría en la misma área en la Universidad de las Américas, en Puebla. Se vinculó a Jassen en calidad de asistente administrativa en 1992, antes de concluir sus estudios. En 1993 fue nombrada gerente del Departamento de Ingeniería Industrial. López dicta además el curso introductorio de Control de Calidad en la Maestría de la Universidad Iberoamericana.

Agenda del Macrogrupo

Empaque de productos de mostrador: Triatop

La planta de Janssen en Puebla elabora solamente un producto de mostrador. Se trata del champú anticaspa vendido bajo el nombre comercial de Triatop cuyo costo es elevado, debido a que controla la caspa y al mismo tiempo mejora la apariencia y salud del cabello. De hecho, Triatop contiene muchos de los aditivos más costosos que utilizan otros champús para ayudar a mejorar la salud del cabello. La idea original era vender el Triatop exclusivamente en farmacias, de tal modo que los consumidores lo vieran más como una medicina que como un champú corriente. Sin embargo, dado el hábito de los consumidores de comprar champú en los supermercados y no en las farmacias, la empresa decidió no limitar las ventas de este producto y comenzó a ofrecerlo en los supermercados.

El empaque original de Triatop era una compleja botella de plástico con un termosello de PVC para proteger la abertura, acompañada de un pequeño folleto instructivo unido al champú por medio de una tira de PVC. A pesar de que el empaque era adecuado para las farmacias, hubo muchos problemas en los supermercados. Mercadotecnia señaló los siguientes aspectos:

1. La forma de la botella no permitía que se colocara una encima de la otra, por lo que sólo se podía exhibir en una sola fila en el mostrador. Esto causó dos problemas. Primero, dado el tiempo normal de reemplazo de un producto en el supermercado, cabía la posibilidad de que el Triatop se terminara antes de que fuera reabastecida la estantería; y segundo, la botella no sobresalía en la estantería debido a su tamaño y tampoco resultaba muy llamativa a la vista de los consumidores.
2. Otros champús para el control de la caspa menos costosos que Triatop o dentro de su mismo rango de precio exhibían empaques más atractivos, mientras que la botella del producto de Janssen fue diseñada para ser práctica y seria.
3. Los supermercados amenazaban con dejar de vender el Triatop, debido a que la botella era muy fácil de robar y la tienda no podía absorber las pérdidas.

Para solucionar estos problemas, Mercadotecnia propuso a Producción que se empacara la botella dentro de una caja con el fin de que se pudieran colocar en varias filas en el mostrador del supermercado y a su vez se dificultara el robo del producto.

El Macrogrupo analizó la propuesta de Mercadotecnia y aceptó que sus argumentos eran muy válidos y sólidos. Asimismo se percató de que no podía pedirle a Mercadotecnia que dejara de vender el Triatop o cualquier otro producto. Por lo tanto, el dilema consistía en establecer la mejor forma de agregar la caja sin aumentar el impacto ambiental del producto. El grupo evaluó la posibilidad de eliminar elementos del empaque actual para compensar la adición de una caja. Los materiales actuales del empaque se describen en el Anexo 3.

Empaque de medicinas de prescripción

Cuando el Macrogrupo recibió copia de las "Metas de prevención de la contaminación" se dió cuenta que debía hacer algo en relación al empaque de las medicinas formuladas. Ana Concepción López fue designada como líder de este proyecto. Ella y Rubén Lezama comenzaron a estudiar los materiales del empaque actual desde una perspectiva ambiental, descubriendo lo siguiente:

1. Las cajas eran más grandes de lo necesario.
2. El contenedor de las píldoras o blister (compuesto de plástico y aluminio) era muy grande y había un espacio excesivo entre las píldoras.
3. El material de las cajas (papel eurocote) no era reciclable y tampoco estaba hecho de material reciclado.

Esto ocurría con la mayoría de los productos de prescripción, lo cual cubre casi toda la línea de la planta de Puebla, a excepción del champú.

Ana Concepción y Rubén discutieron estos tres problemas con los miembros del Macrogrupo, quienes apoyaron definitivamente la idea del cambio. Lo que se debía cambiar y la forma de hacerlo estaba claro. Ana Concepción realizó el diseño de los nuevos empaques, cajas y contenedores de píldoras, e inició la búsqueda de nuevos materiales para las cajas. El plan fue presentado al Director de la planta, el Ing. Villafuerte, quien estuvo de acuerdo en apoyar las ideas presentadas y llevarlas a cabo. Sin embargo, el Gerente de Mercadotecnia se opuso enfáticamente a esta propuesta. Sus argumentos fueron los siguientes:

1. La apariencia es muy importante en el proceso de venta y el papel eurocote es acogido positivamente por los clientes (médicos). Si un doctor cobra caro por sus servicios, debe prescribir medicinas de alta calidad. El empaque ayuda a proyectar esa imagen.
2. El tamaño del empaque es importante. Si alguien va a comprar una medicina que cuesta el salario de un día de trabajo (según los estándares mexicanos) y su caja cabe en el bolsillo de la camisa, la persona sentirá que está obteniendo menos de aquello por lo que está pagando. La gente no sólo quiere calidad, sino cantidad, al menos en apariencia.
3. El argumento anterior también se puede aplicar al contenedor de las píldoras o blister. Además, el tamaño tiene dimensiones prácticas, pues se necesita un contenedor lo suficientemente grade como para que se pueda extraer una sola píldora sin abrir las demás.

Estos argumentos no sólo se referían a la pérdida de ventas en el corto plazo, sino también a la pérdida de imagen en el mercado.

El Presidente de la compañía indicó que a pesar de que la prevención de la contaminación (desperdicios) estaba por encima de las ventas, no tenía caso realizarla si ésta significaba parar la producción. Sin embargo animó a los departamentos de Mercadotecnia y Producción para que llegasen a un acuerdo que satisficiera las políticas de Janssen y al mismo tiempo mejorara la imagen de la empresa ante los consumidores. Esta fue una tarea difícil para el Macrogrupo, especialmente para Ana Concepción López. Aun así, sus integrantes decidieron no darse por vencidos y desarrollar nuevos argumentos para apoyar el proyecto. También acordaron analizar los problemas uno por uno de acuerdo con las objeciones presentadas al proyecto. Por lo tanto, era necesario hacer recomendaciones sobre cambios en los empaques que no afectaran las ventas de Janssen, y que eventualmente ayudaran a mejorar su imagen. Algunas de las cotizaciones que obtuvieron sobre los costos de diferentes tipos de papeles se muestran en el Anexo 4. Ana Concepción decidió centrarse en estas opciones y escoger aquella que mejor contrarrestara las objeciones señaladas por Mercadotecnia.

Empaques para los productos de exportación

Cuando la planta de Janssen comenzó a vender productos en Centro y Sudamérica, las cajas y su contenido sufrían daños frecuentes como resultado del manejo de la mercancía. La situación fue lo suficientemente seria como para que el Presidente de la comapañía pidiera a Producción que buscara la manera de solucionarla. Había muchos aspectos a considerar. El Macrogrupo tuvo la libertad de tomar decisiones sin la colaboración de Mercadotecnia. Después de discutir diversas opciones surgieron cuatro posibilidades:

1. Se podía utilizar un producto en aerosol que forma espuma, el cual era muy fácil de aplicar y venía siendo usado para los envíos de piezas de cerámica en diferentes partes del mundo. Este ofrecía una protección efectiva a los productos embarcados y tenía una aplicación sencilla y rápida. Sin embargo, su principal desventaja era que contenía clorofluorocarbonos (CFC), los cuales dañan la capa de ozono. La política de Janssen hacia los CFC establecía que había que hacer un esfuerzo para evitar su uso. Asimismo, el precio del aerosol era un poco más alto que el de las otras alternativas.
2. Otra posibilidad era la de utilizar hojas de plástico con burbujas de aire; esto proporcionaba suficiente protección pero tenía el incoveniente de que ocupaba mucho espacio. Su impacto ambiental era aceptable, dado que las burbujas estaban hechas a base de material reciclado y a su vez eran reciclables. Además, el precio era más bajo que el del aerosol. En síntesis, la protección ofrecida por este producto era buena, pero no tan buena como la del aerosol.
3. Existía también la alternativa de poner capas dobles de cartón alrededor del empaque. La principal ventaja de esta opción era el costo, mucho más bajo que el de las demás. Igualmente esta alternativa reduciría el impacto ambiental debido a que el cartón está hecho a base de papel reciclable y podría ser reciclado más fácilmente que el plástico. Las desventajas eran un mayor tiempo de empaquetado y una protección menor.
4. Por último, era posible colocar un empaque protector especial hecho a base de espuma de hule. Esta era una opción intermedia, ni muy cara ni muy barata. Ofrecía mayor protección que el cartón, pero menor que la del aero-

sol; el tiempo de aplicación era menor que el de las burbujas de plástico pero mayor que el del aerosol. Ambientalmente no iba en contra de las políticas de la empresa, pero estaba hecho de materiales nuevos y requería tecnologías de reciclaje que no estaban fácilmente disponibles a nivel mundial.

REFERENCIAS

Lodise, Carmelo. 1995. Drug-maker woes pile up. *Business México*, 5 (Mayo):18-19.

Pérez Vences, Norma Z. 1995. Contra la salud, el alza en medicamentos. *Epoca*, (Febrero 6):42-43.

Anexo 1

Nuestro Credo

Creemos que nuestra primera responsabilidad es para con los médicos, enfermeras y pacientes, para con las madres, padres y todos aquellos que utilizan nuestros productos y servicios. Para satisfacer sus necesidades, todo lo que hacemos debe ser de óptima calidad. Debemos esforzarnos constantemente por reducir nuestros costos, con el fin de mantener precios razonables. Los pedidos de los clientes deben ser atendidos con rapidez y precisión. Nuestros proveedores y distribuidores deben tener la oportunidad de obtener una ganancia justa.

Somos responsables para con nuestros empleados, los hombres y mujeres que trabajan con nosotros en todo el mundo. Cada persona debe ser considerada individualmente. Debemos respetar su dignidad y reconocer sus méritos. Nuestros empleados deben sentirse seguros en sus empleos. La remuneración será justa y adecuada y el trabajo se desempeñará en condiciones de limpieza, orden y seguridad. Debemos tener en mente la manera de ayudar a nuestros empleados a cumplir con sus responsabilidades familiares. Estos deben sentirse con libertad para formular sugerencias y presentar quejas. Debe existir igual oportunidad de empleo, desarrollo y ascensos para quienes estén calificados. Nuestros directores deben ser competentes y sus acciones justas y éticas.

Somos responsables tanto ante la comunidad en que vivimos y trabajamos como ante la comunidad mundial. Debemos ser buenos ciudadanos, apoyar obras de beneficio social y de caridad, y cargar con nuestra justa porción de impuestos. Debemos estimular el progreso cívico mediante el mejoramiento de la salud y de la educación. Debemos mantener en buenas condiciones las instalaciones que tenemos la oportunidad de utilizar, protegiendo al mismo tiempo el medio ambiente y los recursos naturales.

Nuestra última responsabilidad es para con nuestros accionistas. Nuestras actividades deben proporcionar una ganancia razonable. Debemos experimentar con nuevas ideas, continuar la investigación, desarrollar programas innovadores y pagar por nuestros errores. Se deben comprar nuevos equipos, construir nuevas instalaciones y lanzar nuevos productos. Se crearán reservas previendo tiempos adversos. Si operamos de acuerdo con estos principios, los accionistas tendrán ganancias justas.

Anexo 2a

Estructura organizacional de Janssen Farmacéutica

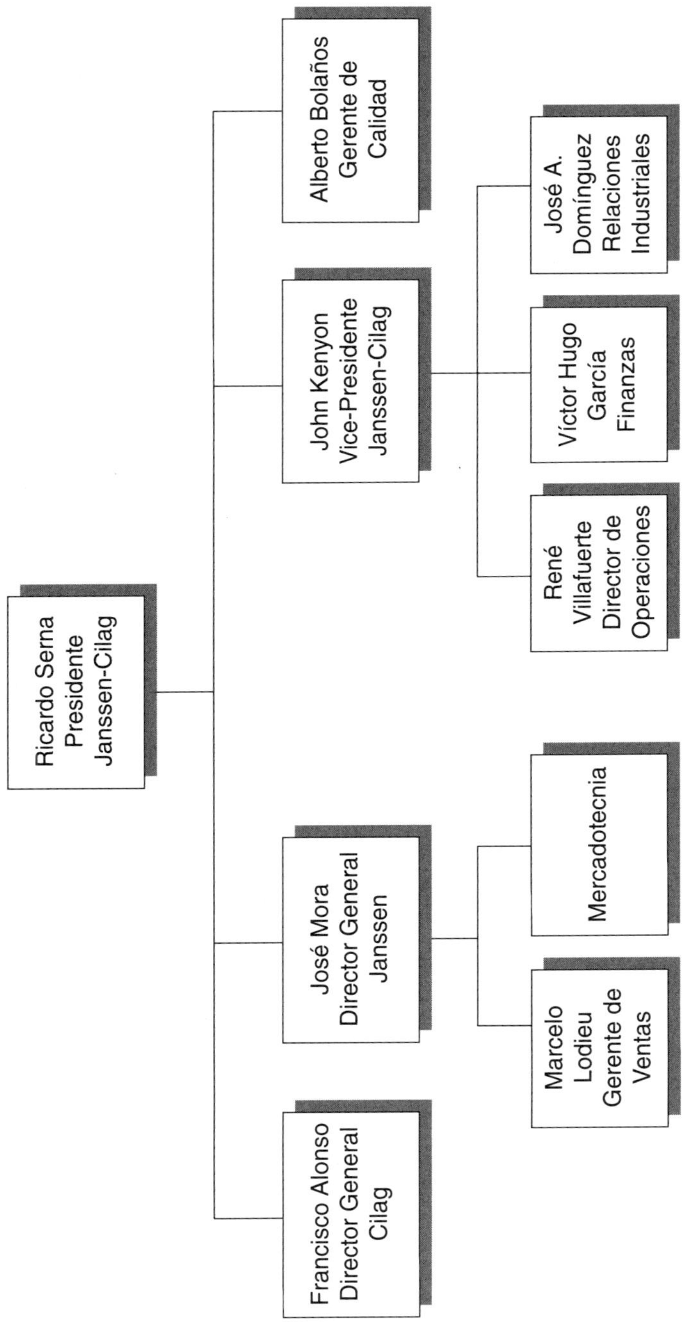

Anexo 2b

Estructura organizacional de Janssen Farmacéutica Planta en Puebla

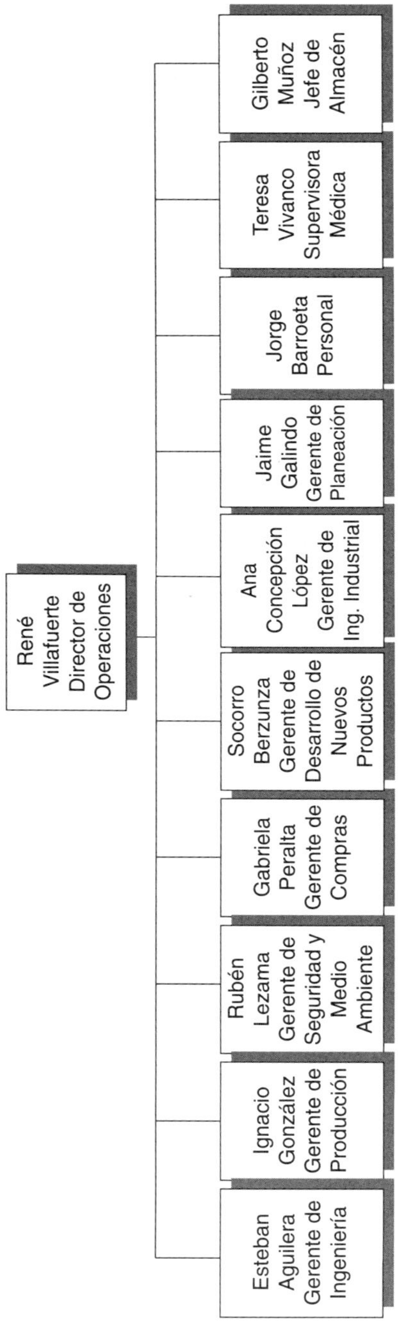

Anexo 3

Impacto ambiental de los componentes del empaque original del Triatop					
Parte	**Uso**	**Bio-degradable**	**Reciclable**	**Material**	**Daños al ambiente**
Termo-sello	Evitar derrames	No	No	Película de PVC	Relacionado con daños a los animales
Botella	Contener 125 ml de champú	No	Sí	PVC	Muy difícil de destruir como basura
Folleto de información	Contener instrucciones para el uso óptimo del producto	No	No	Papel laminado	Muy difícil de destruir como basura
Tira plástica	Unir el folleto a la botella	No	Sí	PVC	Relacionado con daños a los animales

Anexo 4

Comparación de costos y calidad de diversos materiales para las cajas de las medicinas de prescripción (Cantidades en pesos)

	Papel no reciclado ni reciclable	Papel reciclable, pero no reciclado	Papel reciclado y reciclable
Tintas metálicas	$8,92	$5,03	$7,02
Tintas regulares	7,81	4,94	6,94
Tintas de soya	7,80	4,93	6,93
Tintas vegetales	No disponibles	No disponibles	No disponibles

Generalmente las tintas metálicas se utilizan para productos de alto precio como los cosméticos de marca, mientras que las tintas normales y las tintas de soya se utilizan para productos comunes. Desde el punto de vista ambiental es mejor utilizar la tinta de soya porque no contiene derivados de petróleo. Por otro lado, las tintas metálicas son más dañinas para el medio ambiente debido a que contienen metales pesados. Asimismo, las tintas vegetales son ambientalmente mejores que la tinta de soya, debido a que ésta última es más soluble en agua. En México existe una mayor disponibilidad de tinta de soya que de tintas vegetales. Apesar de que los proveedores conocen la existencia de las tintas vegetales, no es probable que consideren su uso dado que son difíciles de conseguir. Con respecto al papel usado en las cajas, no existe diferencia en la calidad estética de ninguno de los que se presentan aquí.

Aracruz Celulose*

En noviembre de 1995, desde su oficina en el vigésimoprimer piso de un moderno edificio en la ciudad de Río de Janeiro (Brasil), Carlos Alberto de Oliveira Roxo, Gerente de Calidad Empresarial y Relaciones Corporativas de Aracruz Celulose S.A., se encontraba reflexionando sobre los resultados de la encuesta cuantitativa que acababa de recibir sobre la imagen de la empresa.

En aquel momento Aracruz no enfrentaba ningún problema de demanda de su único producto, la celulosa de fibra corta utilizada en la fabricación de papeles para diferentes usos. La Dirección Comercial de la Empresa vendía casi toda la producción a cerca de doscientos compradores distribuidos por todo el mundo. La empresa conocía bien a sus clientes, y hacía muchos años que mantenía una relación estable con los más importantes. Además, el precio de la celulosa de fibra corta se cotiza en el mercado internacional.

Teniendo en cuenta entonces que Aracruz sólo vendía un producto, que no tenía intermediarios, que conocía a sus clientes y que cerraba sus ventas a un precio determinado por el mercado, no parecía existir motivo alguno para que la compañía tuviera un departamento formal de mercadeo. Sin embargo, sus ejecutivos consideran que promover la imagen de la empresa representa un reto constante. La naturaleza misma de su actividad, para la cual se utiliza materia prima proveniente de tierras forestales cultivadas, genera bastante controversia. La opinión pública en general, y las organizaciones ambientales en particular, no parecen aceptar que la actividad forestal se asemeja a otras actividades agroindustriales como el procesamiento de alimentos. A pesar del extraordinario consumo de papel a nivel mundial, y de que parecería que el uso de las tierras forestales cultivadas para producir celulosa representa una alternativa ambiental mucho mejor que la destrucción de las tierras forestales nativas, varios grupos ambientalistas importantes como Greenpeace condenan, sin excepción alguna, la plantación de bosques para uso comercial. Los ambientalistas también han criticado la sostenibilidad de los cultivos de eucalipto, única especie vegetal utilizada por Aracruz en la producción de la celulosa, mientras que los científicos forestales la han puesto en duda. A pesar de que la empresa ha realizado estudios cuyos resultados cuestionan la solidez de estas críticas, la opinión pública atribuye mayor credibilidad a las informaciones provenientes de las organizaciones ambien-

---

* Este estudio de caso fue preparado originalmente en portugués por los profesores David Gertner del Instituto de Pós-Graduação e Pesquisa em Administração/Universidade Federal do Rio de Janeiro (COPPEAD/UFRJ), Peter May, Curso de Pós-Graduação em Desenvolvimento, Agricultura e Sociedade/Universidade Federal Rural do Rio de Janeiro (CPDA/ UFRRJ), Ana Célia Castro (CPDA/UFRRJ), Celso Funcia Lemme (COPPEAD/UFRJ) y Valéria Gonçalves da Vihna (FEA/UFRJ), Brasil. La traducción al español fue realizada por Dina M.T.R. Laver.

tales que a las emitidas por representantes de la industria de celulosa y papel.

Generalmente, las preocupaciones y críticas de los grupos ambientalistas en contra de la actividad de Aracruz encuentran eco en algunos políticos y líderes sociales del pequeño estado de Espírito Santo, en el sudeste brasileño, sede de la mayoría de las reservas forestales de eucalipto de Aracruz, de su planta de producción de celulosa y del puerto a través del cual exporta sus productos. Por otro lado, y a pesar de la significativa participación de Aracruz en la economía del Estado, la población local no la considera como una empresa local. Este sentimiento se explica en parte por la forma en que fue creada la empresa en 1966, la cual se benefició de las subvenciones otorgadas por el régimen militar que en aquel momento ocupaba el gobierno federal.

La presencia de Aracruz en el Estado se ve profundamente marcada por otros factores visibles considerados como negativos. Uno de ellos es la presencia de extensos bosques uniformes de eucaliptos que se extienden a lo largo de una importante carretera en las proximidades de la capital de Espírito Santo. El otro es el fuerte olor característico de la producción de celulosa, que afecta a los municipios vecinos a la planta, especialmente en los días en que hay más viento. Este problema se ha reducido considerablemente con la introducción de equipos de control, pero aún continúa recordando a los pobladores del estado sobre la presencia de Aracruz. Existen también otros factores ambientales que la comunidad parece no considerar críticos, como la posibilidad de que los desechos vertidos en altamar produzcan efectos contaminantes y contribuyan a la degradación de la biodiversidad propia de los ecosistemas que predominan en la región.

Aracruz también enfrenta otra serie de problemas que afectan su actividad e imagen. Hace algunos años, por ejemplo, se cuestionó el uso del cloro en el proceso de blanqueo de la celulosa. Varias publicaciones indicaron que esta práctica era dañina para la salud, y alertaron a la opinión pública sobre el riesgo originado en la contaminación del agua generada por los desechos emitidos por las plantas productoras de papel y en el simple contacto físico de los consumidores con el papel blanqueado. Sin embargo, después de que se hubiera comprobado que el contacto con papel blanqueado durante su vida útil provocaría menos daño a la salud que el eventual uso de piscinas tratadas con cloro, la empresa respondió a las presiones ejercidas por el mercado y logró reducir el uso de cloro en el proceso de blanqueo de la pulpa de 1,5 kg a 0,3 kg por tonelada. Además, Aracruz institucionalizó la fabricación de celulosa del tipo EFC -Elemental Chlorine Free y TCF -Total Chlorine Free. Dado su elevado precio, ésta última sólo encontró un mercado muy restringido.

El documento que Roxo había recibido el día anterior con el resultado de la encuesta de opinión incluía un cuadro interesante sobre algunos aspectos referentes a la imagen de la empresa, específicamente ante la población de Espírito Santo. Según este sondeo, la imagen de Aracruz ante la comunidad local había mejorado durante el último año. Este resultado correspondía a los de otros indicadores de imagen previamente analizados, como la comparación entre el número y extensión de artículos de prensa desfavorables a la empresa y aquellos favorables. Este indicador había mejorado también durante este último año. Por otro lado, en 1994 otra encuesta que había incluido entrevistas con clientes internacionales, investigadores y funcionarios de la empresa, había permitido inferir la percepción que los distintos grupos tenían sobre la misma.

Roxo sabía que internamente existían diferentes opiniones respecto a la forma en que se debían conducir los esfuerzos de comunicación de la empresa. La mayor parte de las acciones que se estaban llevando a cabo se dirigían a la comunidad del estado de Espírito Santo. Algunos de los ejecutivos de la empresa consideraban que este público ejercía poca o ninguna influencia sobre los compradores extranjeros. Por lo tanto, este sondeo de opinión podía ofrecer nuevos parámetros para desarrollar la estrategia de comunicación de la empresa, en especial los mensajes dirigidos a la comunidad local. Roxo programó una reunión esa misma mañana con Francisco José Guimarães Padilha, Gerente de Comunicación Corporativa, para revisar los resultados de la encuesta. Esperaba que de este encuentro surgieran ideas y sugerencias para proponer durante la reunión acordada la siguiente semana con los directivos de Aracruz para programar el plan de comunicación de la empresa para 1996.

Evolución de la Industria del Papel y la Celulosa en Brasil

Hasta mediados de la década de los treinta no se había fabricado celulosa en Brasil. Las pocas industrias productoras de papel fabricaban el producto a partir de celulosa importada utilizando trapos y recortes. En la década siguiente la empresa Klabin, con apoyo federal, dió inicio al primer proyecto de fabricación de papel periódico integrado a la producción de celulosa de fibra larga y a un cultivo forestal propio. A fines de la década de los cincuenta y comienzos de los años sesenta, algunos de los más destacados grupos empresariales extranjeros del sector (Champion, Rigesa y Manville) aprovecharon las subvenciones gubernamentales para iniciar sus operaciones en el Brasil por medio de la adquisición de compañías existentes. Así comenzó la primera etapa de concentración del mercado. Dichas empresas fueron pioneras en la utilización del eucalipto como principal insumo para producir celulosa de fibra corta.

Sin embargo, el paso decisivo para consolidar efectivamente la industria de papel y de celulosa en el Brasil sólo se dió en 1965, cuando a partir de una revisión del Código Forestal se declararon exentas de cualquier tributación las tierras forestales cultivadas o naturales, así como los productos provenientes de ellas. Entre 1965 y 1988, el gobierno federal elaboró el Programa de Subvenciones Fiscales para la Repoblación Forestal y la Reforestación (PIFFR), a través del cual se distribuyeron más de US$7 mil millones entre las empresas que plantasen especies exóticas en monocultivos. Este programa permitía que tanto las personas naturales como jurídicas residentes o domiciliadas en el Brasil dedujeran de su declaración de renta estas inversiones. Las personas jurídicas podían descontar hasta el 50% del valor del impuesto.

Entre 1974 y 1979, bajo el amparo del II Plan Nacional de Desarrollo (II PND), el sector forestal también se vió beneficiado por el apoyo financiero, fiscal y crediticio del Estado. Este apoyo gubernamental pretendía generar simultáneamente autosuficiencia en la producción y generación de excedentes destinados a la exportación mediante un aumento del 85% de la capacidad instalada para la producción de celulosa y de un 25% para la producción de papel. Este período también marcó un nuevo ciclo de expansión de la base forestal mediante la asignación de subvenciones para la formación de extensos cultivos forestales y la creación de una categoría denominada "distrito forestal" (áreas inadecuadas para la agricultura destinadas prioritariamente al desarrollo forestal). Esta expansión de la base forestal fue la razón principal para que Brasil se convirtiera en el blanco de la preocupaciones ambientalistas en los años siguientes.

En síntesis, fue bajo los auspicios de un Estado altamente intervencionista que se cimentaron los pilares del nuevo complejo agroindustrial forestal, el cual logró articular a la agricultura con la industria con el respaldo de generosas inversiones públicas. Durante más de dos décadas, dichas subvenciones incentivaron el desarrollo de varios proyectos de reforestación planificada en el Brasil, incluyendo los extensos cultivos de eucaliptos utilizados para abastecer a la industria de celulosa. A pesar de recibir estos aportes estatales, la propiedad de los bosques permaneció en poder de algunas de las grandes industrias, lo cual les representó una importante ventaja competitiva. A partir de 1988, pasada la época de apoyo gubernamental al sector forestal, no se dió ninguna expansión significativa de las áreas reforestadas. Aquellas utilizadas continuamente por las empresas integradas se han mantenido por medio del recultivo.

Aracruz fue el primer proyecto de desarrollo de una industria de celulosa en el Brasil. La empresa comenzó a estructurarse en 1966 a través de Aracruz Florestal, que contaba con la participación accionaria de diversos empresarios y un área de 21 mil hectáreas. La empresa fue una de las primeras que se benefició con los recursos gubernamentales asignados a través del PIFFR. En la actualidad, Aracruz ocupa 203.000 has. dentro del estado de Espírito Santo, al sur de Bahia, de las cuales 132.000 han sido plantadas con eucaliptos y el resto conforman reservas naturales destinadas a otros usos.

Estructura actual del sector en Brasil

En la actualidad, la industria brasileña de papel y celulosa está compuesta básicamente por tres tipos de empresas: 1) las empresas no integradas (como Aracruz) que producen solamente celulosa de mercado y se caracterizan por tener grandes plantas que funcionan a altas escalas de producción; 2) las empresas integradas verticalmente (como Kablin) que producen papel a partir de su propia materia prima y que también poseen unidades con alta capacidad de producción; y 3) las empresas no integradas productoras de papel y principales consumidoras de celulosa doméstica o de recortes (como PYMES) que forman parte de un segmento más diversificado y heterogéneo.

El sector presenta dos rasgos principales. El primero es su alto grado de concentración como resultado de las características propias del proceso productivo y de los planes de apoyo gubernamental durante las décadas de los setenta y ochenta. En

1992, las cuatro empresas más grandes (Aracruz, Bahiasul, Klabin y Cenibra) fueron responsables por el 57% de la producción nacional de celulosa. El segundo rasgo es la rapidez del cambio tecnológico de los procesos, lo cual se constituye en una herramienta crítica para competir dentro del mercado. Las principales ventajas comparativas del sector de celulosa y de papel en el país provienen de la velocidad con que crezca la materia prima, el dominio que se tenga de las tecnologías para el manejo de las tierras forestales cultivadas, la fabricación de celulosa de fibra corta proveniente de eucaliptos en relación con la gestión ambiental, el uso interno de desechos a costos competitivos como principal fuente de energía renovable, y las escalas productivas.

En el Brasil, la expansión y productividad de las tierras forestales industriales se benefician de las ventajas naturales como el patrón climático y la adaptación de las especies de eucaliptos (particularmente la *E. urophylla*) a este patrón; esto se ha logrado a través de programas prolongados de investigación centrados en la selección genética y el manejo de los bosques realizados en asociación con otras empresas privadas, universidades e institutos de investigación gubernamentales. Como resultado, la productividad del eucalipto en las plantaciones brasileñas es considerablemente superior a la de otras partes del mundo: el aumento anual maderero alcanza los $40m^3$ por ha. y siete años de maduración, comparado con $20m^3$ por ha. y doce años que se logran en Chile, la competencia regional más próxima al Brasil (Anexo 1). Aracruz Celulose se encuentra en el tope de esta escala de productividad, debido principalmente a los avances alcanzados en el campo de la tecnología utilizada en el clonaje vegetativo. Como resultado de estas mejoras, los productores brasileños de celulosa lograron aumentar drásticamente la productividad por unidad de tierra, reduciendo al mismo tiempo las presiones ejercidas sobre los recursos forestales y la necesidad de adquirir más tierras.

La industria brasileña de celulosa emplea más de 35.000 trabajadores. Tres mil cien de ellos trabajan en Aracruz y se hallan relativamente bien remunerados; el mayor porcentaje se emplea en el área forestal. Desde comienzos de la década de los noventa se ha observado una tendencia a la reestructuración del sector, dirigida a la subcontratación de determinados servicios. En el caso específico de Aracruz, la planta de personal era de más de 8.000 empleados antes de que se produjera una reducción de un poco más del 60%.

En 1993, la producción brasileña de celulosa y de otro tipo de pastas ascendió a 5,5 millones de toneladas, 3,7 millones de ellas de celulosa de fibra corta. La producción de celulosa de mercado fue de 2,2 millones de toneladas, representando un 40% del total de la pulpa producida en el país Entre 1980 y 1993, la producción de papel creció cerca de un 60%, mientras que la de celulosa logró un aumento del 83%. De esta forma, el país pasó a ocupar el décimo tercer lugar entre los productores de papel y el octavo entre los de celulosa; esto corresponde al 2% y al 3% de la producción mundial respectivamente. El 40% de la producción de celulosa y el 25% del papel producido son exportados, siendo la Unión Europea el mayor comprador de celulosa con el 45%. Sin embargo, de 1991 a 1993 la depresión coyuntural reflejada en la caída de los precios mundiales de celulosa y otros productos cotizados en el mercado internacional provocó una crisis en la industria, de la cual se comenzó a salir en 1993, cuando se reinició un nuevo ciclo de expansión.

ARACRUZ CELULOSE S.A.

Aracruz Celulose S.A. es el mayor productor mundial de celulosa de mercado de fibra corta blanqueada. La empresa produce alrededor de 1'070.000 toneladas de celulosa blanqueada de eucalipto al año; esto representa aproximadamente el 22% de la producción mundial dentro del sector de celulosa de mercado, lo cual equivale a su vez al 38% de la producción mundial de celulosa de mercado de fibra corta blanqueada. Las principales características de este tipo de celulosa son su opacidad, suavidad y adecuación al proceso de impresión. La celulosa de fibra corta de alta calidad se utiliza en la industria de papel para fabricar una vasta gama de productos, especialmente papeles para imprimir y escribir, papeles absorbentes, revestimientos de embalajes y papeles especiales, es decir, productos que compiten en mercados altamente especializados. Los productores también compiten en mercados más amplios con otras fuentes de celulosa hechas a base de maderas de fibra corta (*hardwood*). Estos mercados se encuentran actualmente en plena expansión; productores como Indonesia podrían llegar a ocupar una porción importante del espacio abierto. Por otra parte Brasil en general, y Aracruz en particular, cuentan con ventajas competitivas gracias a la velocidad con que crecen los bosques y al bajo costo de la materia prima.

Los negocios de la empresa pueden analizarse desde la perspectiva característica de una agroindustria, es decir, la transformación de una materia prima de origen vegetal - la madera del eucalipto - a través de un proceso químico industrial, dándo origen a un producto primario o "*commodity*" que se tranza en el mercado internacional. Este producto responde a las rigurosas especificaciones técnicas de los clientes y además se constituye en la materia prima esencial para la fabricación de papeles. La cadena de producción del papel y la celulosa incluye desde la plantación hasta la cosecha de la madera y el procesamiento industrial — que comienza con el maceramiento de la materia prima vegetal y promueve reacciones químicas para separar la lignito de la celulosa — hasta las etapas de intermediación comercial donde se prepara la celulosa para ser exportada directamente a los mercados europeo, norteamericano y asiático. Aracruz es una empresa totalmente integrada, copropietaria y gestora del puerto Barra do Riacho (empresa Portocel). La propia compañía se encarga de la etapa de comercialización y distribución de celulosa a los clientes, con quienes mantiene asociaciones en diferentes actividades (mejora de las especificaciones tecnológicas del producto, mercadeo estratégico, y campañas informativas y aclaratorias para los consumidores finales, entre otras). Este conjunto integrado de etapas de la cadena productiva — desde las actividades de apoyo hasta el consumidor final — caracterizan a Aracruz Celulose como una empresa-complejo forestal-industrial.

En 1994 la facturación de Aracruz representó cerca de US$504 millones, generando utilidades netas por US$67 millones.

Durante los primeros seis meses de 1995, las cifras fueron de US$381 millones y US$192 millones respectivamente. El 30 de junio de 1995 el total del activo equivalía a US$3.065 millones y el patrimonio neto a US$1.393 millones. El Anexo 2 ilustra los estados financieros desde 1992 hasta junio de 1995. Los principales factores que afectan los resultados de la empresa son: los precios internacionales de la celulosa, la cantidad producida y vendida, los costos de producción y la tasa cambiaria. Los precios en el mercado internacional demuestran un patrón cíclico, con significativa variación en el transcurso del tiempo.

Aracruz exporta cerca del 90% de su producción; sus principales mercados son — tomando como base el tonelaje vendido durante el primer semestre de 1995 — Europa (38%), Estados Unidos (34%) y Asia (18%); un 1% se envía a los demás países latinoamericanos y el resto se distribuye en Brasil. La empresa ha tratado de diversificar sus ventas, orientándolas a productores de papel que tratan de capturar diferentes segmentos del mercado, con énfasis en aquellos de alto valor agregado y en el de producto de consumo final, como papeles absorbentes y papeles especiales. Utilizando como referencia el año 1994, los principales usos finales de la celulosa vendida fueron los siguientes: papeles absorbentes (44%), papeles de imprimir y escribir (31%) y papeles especiales (21%), utilizándose el 4% restante para otras finalidades.

La oficina central de la empresa está situada en Rio de Janeiro y su base operativa se encuentra en el Estado de Espírito Santo; la base forestal de Aracruz se extiende hasta el sur del Estado de Bahía. La distancia promedio desde la base forestal a la fábrica es de 110 km; en el momento se encuentran bajo estudio otras alternativas para reducirla, debido a la gran importancia que el costo del transporte de madera tiene sobre el margen de competitividad de la industria. La base operativa está formada por una fábrica de celulosa con cuatro líneas de producción, una planta electroquímica que suministra los principales insumos químicos para el proceso, una base territorial de aproximadamente 203.000 has. y un puerto privado localizado a cerca de 1,8 km de la fábrica, por donde pasa todo el tonelaje exportado.

Los principales elementos de la estrategia comercial de la empresa son: a) producir y vender celulosa de calidad para los segmentos del mercado de papel con alto valor agregado, b) mantener una relación de largo plazo con los clientes, c) permanecer en un grupo de productores con costos de producción más bajos, d) garantizar el abastecimiento de madera homogénea y de alta calidad, y e) conducir sus operaciones y prácticas ambientales en consonancia con los principios del desarrollo sostenible.

La estrategia para mantener bajos los costos de producción ha sido ejecutada con base en economías de escala, el perfeccionamiento de la tecnología forestal, y la reestructuración y perfeccionamiento del proceso de gestión. La sólida base de operaciones y la significativa disponibilidad actual de caja han permitido que la empresa evalúe algunas alternativas estratégicas para el futuro, entre las cuales se encuentran la diversificación hacia otras líneas de productos forestales, la expansión adicional de la producción de celulosa — a través de adquisiciones o de nuevos aumentos de capacidad — y el pago anticipado de algunos préstamos de alto costo.

El proceso productivo (ver Diagrama del proceso productivo, Anexo 3) se inicia con la generación de almácigos de eucaliptos. La compañía fue pionera en el uso del método de propagación vegetativa (obtención de clones mediante la colocación de estacas en la tierra) para plantar eucaliptos en gran escala. Este método permite obtener árboles con fibras homogéneas, lo cual contribuye a asegurar la eficiencia del proceso industrial y la calidad de la celulosa obtenida, además de facilitar la selección de árboles que se adaptan mejor a las condiciones de la región. Actualmente, alrededor del 92% de la base forestal existente fue implantada utilizando este proceso. Durante la etapa del crecimiento forestal, Aracruz obtiene 280 t/ha. de madera de eucaliptos de calidad industrial al término de un ciclo de siete años. Después de extraer la madera, se dejan en el campo aproximadamente 7 t/ha. de hojas y gajos para que actúen como material orgánico y nutrientes y así estimular el crecimiento del próximo ciclo; los gajos de mayor tamaño se remueven para transformarlos en carbón en las ladrillerías de Espírito Santo.

Partiendo de la etapa forestal, la empresa extrae celulosa en un proceso industrial continuo, obteniendo un rendimiento de 0,25 toneladas de celulosa por m^3 de madera. Esta productividad específica ha aumentado paulatinamente gracias a los avances realizados en el campo de la investigación genética del eucalipto; en este momento, la empresa puede producir la misma cantidad de celulosa en un área forestal cada vez menor.

El proceso industrial consiste inicialmente en el descascaramiento y picado (*chipping*) de los troncos provenientes del campo. A continuación, la cáscara se utiliza en la caldera del digestor y en las secadoras como combustible principal, y también como sustrato para plantar nuevos árboles en el vivero. Con el fin de garantizar la calidad del papel deseado, el lignito de las fibras de celulosa se extrae a través un proceso químico denominado "kraft", cuyos licores también se reciclan internamente mediante una caldera de recuperación para generar energía adicional. Conjuntamente, estos procedimientos permiten que la industria produzca el 80% de todas las necesidades energéticas internas y recicle el 94% de los insumos químicos usados en la digestión. A continuación se procede al blanqueo de la celulosa kraft para obtener las propiedades deseadas por el mercado en cuanto a pureza y resistencia.

Durante los últimos años, la comunidad ha criticado cada vez más el uso de procesos de blanqueo basados en el uso de cloro elemental, debido a la liberación de organoclorados como la dioxina. En consecuencia, los importadores insisten en recibir celulosa libre de cloro elemental (ECF). Las innovaciones más profundas adoptadas para cerrar completamente los ciclos productivos tienen el propósito de que se elabore una celulosa completamente libre de cloro (TCF). Dichas innovaciones, aunque requieren una alta inversión inicial, obtienen una prima adicional sobre el precio en el mercado internacional de $50-$100/t por encima del precio del ECF y de la pulpa "estándar" de fibra corta, cuyo precio CIF alcanza hoy en día cerca de US$750/t. En un futuro cercano, Aracruz tendrá la capacidad para producir únicamente celulosa

ECF y TCF, acabando así con la producción del tipo "estándar".

Es con base en el uso de estos procedimientos que la empresa justifica la obtención del certificado ISO 9.001, ajustándose en la actualidad al cumplimiento de las exigencias de la norma ISO 14000. Los productores brasileños de celulosa expresan reservas con respecto a los patrones propuestos para el "sello verde" de la Comunidad Europea, mediante el cual se otorga mayor ponderación a la fibra reciclada que a la que se deriva de las plantaciones y no discrimina entre las fuentes_\e materia prima cultivadas o nativas. Desde esta perspectiva se debe considerar que tales patrones constituyen una barrera no arancelaria y deberían ser impugnados en el ámbito de la OMC.

A lo largo de 28 meses a partir del último trimestre de 1995, la empresa decidió invertir aproximadamente US$300 millones en modernizar su proceso industrial para eliminar embotellamientos, esperando con ello aumentar su capacidad de producción nominal a 1'240.000 toneladas por año y considerarse apta para producir 100% de celulosa ECF (libre de cloro elemental, de conformidad con las exigencias del mercado basadas en consideraciones ambientales).

Controversias en torno a los bosques de eucalipto

Durante los últimos 30 años se han plantado en gran escala en el Brasil diversas especies del género Eucalyptus, árbol nativo de Australia. Según los estimativos, el área plantada en el país llega actualmente a cerca de 2,2 millones de hectáreas, de las cuales 28% se utilizan únicamente para la industria de celulosa y pulpa y papel.

A diferencia de lo que sostiene una tesis ampliamente divulgada entre la opinión pública, las necesidades de materia prima para la industria de la celulosa en Brasil sí se suplen en su totalidad de los bosques cultivados, es decir, no se talan bosques nativos para fabricar celulosa. A pesar de que posteriormente se lo hubiera revocado, el Artículo 18 del Código Forestal de 1965 (Ley Federal 4.771) concedía permiso para talar bosques nativos y sustituirlos por plantaciones uniformes. Sin lugar a dudas, algunas de las áreas reforestadas eran originalmente tierras de bosques. Lo que no se sabe es la proporción de las áreas derivadas de bosques nativos vs. áreas degradadas. En el caso de Aracruz, representantes de la empresa sostienen que la mayoría del área ocupada por sus bosques plantados se hallaba degradada desde tiempo atrás por las plantaciones de café.

La mayoría de las dudas, preocupaciones y críticas contra el cultivo de eucalipto surgen de organizaciones ambientalistas no gubernamentales. Se estima que existen más de 15.000 organizaciones de este tipo a nivel mundial, las cuales reciben apoyo de millones de miembros. Algunas tienen representantes en decenas de países y gestionan presupuestos millonarios (Anexo 4). Además de los recursos provenientes de la asistencia para el desarrollo, dichas organizaciones también cuentan con un alto grado de credibilidad frente a la opinión pública. Una encuesta realizada en 1992 en los EEUU indicó que el 66% de los entrevistados consideraban que los grupos ambientales eran dignos de fiar, mientras que sólo el 11% y el 7% pensaban lo mismo del gobierno federal y de las empresas respectivamente (Anexo 5).

Algunos de estos grupos han denunciado públicamente los impactos adversos que, según ellos, tienen los extensos cultivos de eucalipto sobre el medio ambiente. El principal blanco de dichas organizaciones lo constituyen precisamente los consumidores de celulosa, especialmente en Europa y los Estados Unidos, quienes constantemente son presionados para que no obtengan sus suministros de proveedores que usan estas fuentes de materia prima. En algunas instancias estas organizaciones tienen filiales en los países en desarrollo, donde conducen esfuerzos conjuntos con las entidades locales para neutralizar las acciones objeto de sus denuncias. La industria de los países productores, especialmente en el sur, ha cuestionado los verdaderos intereses de estos grupos, varios de los cuales reciben contribuciones de individuos y empresas privadas de países que producen celulosa a partir de otras especies vegetales y cuyos precios se hallan en desventaja en el mercado internacional, cuando se les compara con el de la celulosa de fibra corta obtenida a partir del eucalipto.

Cada día aumenta la vehemencia con que las organizaciones ambientalistas brasileñas y extranjeras expresan sus preocupaciones respecto a los impactos provocados por la industria de papel y celulosa, así como por la existencia de amplias superficies de tierras forestales cultivadas en el país para la extracción de leña destinada al carbón vegetal, el cual se utiliza como reductor en la industria siderúrgica. Dichas preocupaciones no se refieren únicamente al impacto ambiental físico sobre grandes áreas dedicadas al monocultivo del eucalipto, sino también a sus efectos sociales, a saber, el desplazamiento de los productores agrícolas y grupos indígenas y las condiciones de trabajo de semi-esclavitud con que operan las reforestadoras y carboneros subcontratados. Por otra parte, se están formando alianzas entre organizaciones laborales rurales (configuradas inclusive por los propios trabajadores del segmento forestal de las empresas que ocupan el liderazgo del ramo) y las entidades socio-ambientales e indigenistas brasileñas, las cuales se han unido durante los últimos años para oponerse a las empresas reforestadoras "adversarias".

Además de exigir acciones en respuesta a los impactos más visibles provocados por la manufactura de celulosa, los ambientalistas también señalan los daños ecosistémicos que, según ellos, se originan en las plantaciones de eucaliptos. Entre sus principales preocupaciones con el eucalipto figuran la cantidad de agua que esta especie consume y el agotamiento de los nutrientes del suelo. A este respecto, Aracruz ha tratado de divulgar información que hace hincapié en el hecho de que el eucalipto tiene un desempeño mejor que el de muchas otras especies vegetales cuyos cultivos no son blanco de preocupaciones similares (Ver Anexo 6). Otros problemas señalados por los ambientalistas se refieren a la competencia, sustitución y alelopatía (efectos dañinos sobre la vegetación y fauna asociada, o en usos secuenciales del suelo). Estas cuestiones son motivo de controversia en cualquier lugar donde se establecen plantaciones de eucaliptos en el mundo y por lo tanto no son exclusivas del Brasil, aunque la magnitud de las plantaciones en este país puede justificar que se preste mayor atención a estos temas. El Anexo 7 compara las críticas de los ambientalistas con las respuestas de la industria, mientras que el Anexo 8 presenta los argumentos utilizados por Aracruz en defensa de la sostenibilidad de la actividad productiva de la empresa.

La Organización Internacional de Maderas Tropicales (ITTO) publicó recientemente una lista de criterios para la creación de bosques en los trópicos, demostrando una preocupación particular con la sustitución de bosques nativos por plantaciones forestales, y con los problemas que esto le puede acarrear a los grupos indígenas. En Brasil, las cuestiones sociales se hallan más estrechamente relacionadas con la apropiación de grandes extensiones de tierra destinadas a las plantaciones forestales, y con los efectos de dicha concentración de tierras sobre los pequeños propietarios, los campesinos sin tierra y, en algunas regiones, sobre los grupos indígenas.

A este respecto vale la pena mencionar que Aracruz ha realizado grandes esfuerzos tanto para contratar hacendados particulares para trabajar en las pequeñas plantaciones de eucalipto, como para respaldar el desarrollo de actividades comunitarias en las aldeas indígenas vecinas. Sin embargo, estos programas también generan controversias, especialmente el primero, que condujo a organizaciones ambientalistas y laborales locales a presentar denuncias en los tribunales para impedir las actividades de la empresa, dada su preocupación con las implicaciones del programa, especialmente las relacionadas con la expansión del control territorial de la empresa en el estado.

Además de responder a las críticas ambientales con información concreta sobre la forma en que trata de solucionar dichos problemas (prestando atención a la idiosincrasia y cultura de la región y protegiendo las fuentes y reservas de plantas nativas), Aracruz recurre a los estudios realizados por la Asociación Brasileña de Exportadores de Celulosa (ABECEL), la cual utiliza diversos argumentos en defensa del cultivo de eucalipto en el país. En lo que atañe a las operaciones forestales, la industria menciona las siguientes ventajas socioambientales que se obtienen con la celulosa:

- recuperación de tierras degradadas mediante un uso del suelo de bajo impacto;
- conservación y enriquecimiento de corredores de los bosques nativos;
- secuestro de carbono (CO_2);
- reducción de presiones sobre los bosques nativos, y
- generación de empleo, recaudación de impuestos y mayor conciencia ambiental.

No se puede negar que las áreas que ahora se encuentran reforestadas habían estado sujetas anteriormente a la erosión y al abandono, y que actualmente se utilizan intensivamente para producir eucalipto. ABACEL argumenta que dicha conversión resultó en una mejoría en la calidad de los suelos. Las entidades ambientalistas, sin embargo, consideran que la práctica reforestadora de convertir áreas de bosques nativos en plantaciones homogéneas representa una pérdida irrecuperable, aún teniendo en cuenta el uso intensivo que actualmente se da a las tierras degradadas para fines productivos.

En concordancia con la ley federal, la industria hoy en día promueve el mantenimiento de por lo menos 20% del total del área ocupada como bosque nativo. Es así como se intercalan corredores de plantas nativas y secundarias biológicamente más diversas con los eucaliptos plantados. Se considera que dichas plantas actúan como una "zona tapón" contra la propagación de plagas y patógenos en la plantación, sirviendo también de abrigo para los depredadores naturales de los insectos y otros organismos dañinos al eucalipto.

Sin embargo, los ambientalistas responden diciendo que dichas áreas de protección raramente están formadas por bosques primarios originales, ya que generalmente en ellas predominan los bosques secundarios o enriquecidos. Consecuentemente, esta práctica sirve apenas en forma parcial a los objetivos de conservación biológica de la flora, funcionando principalmente para proteger los recursos hídricos locales de los sedimentos y desechos químicos producto de la escorrentía, así como para proteger las propias plantaciones de cualquier efecto de expoliación. El Anexo 9 ilustra la distribución de usos en la base territorial de Aracruz, dejando en evidencia un área proporcional en reserva natural que excede a la exigida por la ley.

Se considera que la plantación de árboles de rápido crecimiento en los trópicos es una medida para compensar las emisiones de dióxido de carbono mediante el secuestro de CO_2 en los tejidos leñosos y en el sistema radicular. El carbono se almacena en los componentes leñosos del eucalipto y otros árboles. Por otra parte, el mantenimiento de un volumen mucho mayor de carbono en el bosque en pie excede la compensación necesaria de carbono por caída y disposición de desechos, un evento que no se observa al estudiar otros usos del suelo. Dada su alta velocidad de crecimiento, árboles como el eucalipto ocupan una posición destacada en las propuestas de acuerdos de implementación conjunta que forman parte del Covenio sobre Cambio Climático firmado durante la "Cumbre de la Tierra" en 1992. En respuesta a esta característica benéfica del eucalipto, los grupos ambientalistas afirman que la mayor parte del carbono secuestrado en las plantaciones se encuentra contenido en el área que se mantiene como reserva natural. Debido a la constante tala y transformación de los árboles plantados, su contribución neta en pro del almacenaje del carbono sería prácticamente nula. Los ambientalistas consideran que la mejor forma de secuestrar carbono es preservando los bosques nativos y no cultivando especies industriales.

Finalmente, la industria considera que la expansión de las tierras forestales cultivadas ha reducido las presiones ejercidas sobre los bosques nativos, que continúan siendo la principal fuente maderera en Brasil (el 73% de los 282 millones de m^3 consumidos por el país en 1993). ABECEL afirma que la plantación y mantenimiento de árboles de rápido crecimiento compensa las demandas madereras provenientes de especies nativas y que, debido a su superior productividad, cada hectárea de eucalipto plantado puede preservar entre 5 y 10 has. de bosques primarios. Sin embargo, los ambientalistas insisten en que los árboles plantados no sustituyen a los nativos porque estos últimos no se pueden destinar a la producción de celulosa en la medida en que carecen de las características apropiadas (fibra uniforme, alta productividad, proximidad a la fábrica), las cuales sólo se aseguran mediante la producción en plantaciones. Estas últimas, sin embargo, sí disminuyen la presión sobre el uso de los bosques nativos para leña y el carbón utilizados en la producción de acero, una de las mayores fuentes de deforestación.

Acciones de comunicación y relaciones industriales

Las críticas y polémicas surgidas en torno a estas actividades de la empresa condujeron a que en el pasado Aracruz adoptara un perfil más bien bajo para resguardar su imagen. En varias oportunidades la empresa prefirió permanecer al margen de los debates, respondiendo apenas cuando se lo solicitaban. Al notar que esa estrategia creaba mayor desconfianza entre sus interlocutores y hacía que se la viera como una entidad cerrada y arrogante, durante los años siguientes Aracruz comenzó a adoptar una actitud más proactiva — en lugar de reactiva — en sus comunicaciones. Además, la empresa también se dió cuenta que su imagen sufría profundamente cuando las críticas provenían del ángulo ambiental. Consecuentemente, el medio ambiente y las comunicaciones comenzaron a quedar bajo la responsabilidad de una misma gerencia.

Los dirigentes de Aracruz consideran que tanto su imagen institucional como la comunicación que mantiene con los diversos públicos son temas estratégicos y representan un gran reto para la empresa como un todo. Desde su punto de vista, algunos elementos de la polémica internacional en torno a la fabricación de la celulosa no pueden solucionarse al nivel de la comunicación. Por el contrario, estos exigen una respuesta científica, tecnológica o de mercado. Lo mismo ocurrió con las dudas surgidas en cuanto a los daños causados por el uso de cloro en el proceso de blanqueo de la pulpa. Este debate quedó bajo el liderazgo de grandes empresas y centros de investigación norteamericanos y suecos, y Aracruz apenas ajustó sus procesos y productos a las exigencias del mercado.

Sin embargo, existen otras cuestiones que atañen directamente a la empresa y exigen especial atención de su parte. Dentro de este ámbito, el principal problema parece residir en las críticas, originadas especialmente en Europa, sobre el uso de tierras forestales cultivadas de eucaliptos para la producción de celulosa, así como sobre la sostenibilidad de las actividades productivas de pulpa en los países tropicales. A través de agencias contratadas en Inglaterra y Alemania, y especialmente a través de sus clientes, Aracruz le hace seguimiento a lo que se dice sobre el cultivo del eucalipto y otras cuestiones ambientales que pueden llegar a afectar a la empresa. Por lo general, estos temas se abordan a través de un vehículo de comunicación propio que se distribuye entre los clientes de la compañía. Aracruz también cuenta con el apoyo de ABECEL, entidad de la cual forma parte, cuando se trata de hacer esfuerzos de comunicación en defensa del cultivo de eucalipto para fines comerciales.

Además de desarrollar y patrocinar investigaciones y divulgar informaciones aclaratorias sobre los temas mencionados anteriormente, la política de Aracruz consiste en mantener sus puertas abiertas a los ambientalistas y otros interesados que quieran conocer sus actividades. La empresa recibe cerca de 5.000 visitantes por año entre los cuales figuran escuelas, inversionistas, ambientalistas nacionales e internacionales, y hasta presidentes de otros países. Consecuentemente, Aracruz conoce de primera mano la renuencia de los representantes de las organizaciones ambientales a aceptar las evidencias empíricas que ofrece, y trata de contrarrestar las críticas que le hacen en torno a la plantación de bosques de eucaliptos en grandes extensiones de tierra.

Con el objetivo de conferirle legitimidad a los argumentos que utiliza en favor de sus plantaciones forestales, la empresa ha tratado de establecer convenios con organizaciones no gubernamentales que tengan alto grado de confiabilidad a nivel internacional para estudiar los puntos polémicos a este respecto. Recientemente acaba de articular una alianza de este tipo con el Fondo Mundial para la Naturaleza (WWF por sus siglas en inglés). Sin embargo, Aracruz no ha logrado establecer aún el mismo tipo de acuerdo cooperativo con las organizaciones ambientalistas locales, las cuales tienden a resistir sus invitaciones para que se acerquen a visitar sus instalaciones y así puedan conocer en mayor profundidad sus actividades.

Aracruz considera que la comunicación que pueda mantener con la comunidad y las autoridades locales es otro punto estratégico para una empresa que depende de autorizaciones del gobierno para operar y expandir sus actividades. Los principales accionistas de la empresa adoptaron como principio sine qua non no contratar especialistas en cabildeo (lobbyists) o financiar campañas electorales de políticos de cualquier partido, práctica comúnmente utilizada por muchas empresas grandes en Brasil. Sin embargo, con miras a lograr una aproximación mayor a la comunidad y a las autoridades locales, los directores de la empresa han tratado de pasar más tiempo en la capital de Espírito Santo, participar más efectivamente en la Federación de Industrias y estrechar sus relaciones con las universidades, organizaciones y líderes locales.

La empresa también respalda muchos proyectos sociales y otras actividades auspiciadas por el sector privado o el gobierno. Recientemente donó US$200.000 para la compra de equipos destinados a un hospital público. Otras iniciativas importantes que cuentan con el apoyo de Aracruz son el Proyecto Tamar, cuyo objetivo es preservar algunas especies de tortugas que habitan en la costa brasileña; el proyecto Creer con las Manos realizado con niños de la calle; el trabajo de desarrollo comunitario que conduce una funcionaria de la empresa, Ivone Bezerra, con una tribu de indios que vive en un área vecina a la empresa en Espírito Santo, y un proyecto de educación ambiental desarrollado con niños de las escuelas de la red pública de enseñanza.

La empresa mantiene en la capital del estado de Espírito Santo un Gerente de Comunicación con la Comunidad, Pedro Burnier, cuya responsabilidad es servir de interlocutor entre la empresa y las autoridades públicas, coordinar las actividades comunitarias que cuentan con el apoyo de Aracruz, y decidir cuáles son las solicitudes que merecen su apoyo. La entidad recibe solicitudes de todo tipo, desde pedidos de camisetas para los equipos de fútbol hasta ambulancias. Los recursos que la compañía destina al apoyo de proyectos comunitarios se administran cautelosamente para maximizar su impacto, ya que el monto asignado para ello es sustancialmente menor al invertido por otras compañías que actúan en el estado como la Vale do

Rio Doce, una de las mayores compañías mineras del mundo, controlada por el gobierno brasileño.

Varios ejecutivos de Aracruz, inclusive su Presidente, Luiz Kaufmann, han mencionado la necesidad de discutir cómo y dónde deben realizarse las inversiones comunitarias de la empresa, por considerar que no es su deber intentar sustituir al Estado, y porque saben que a los inversionistas extranjeros no les agrada que la compañía gaste fondos en este tipo de actividades. Es así como Aracruz está considerando la posibilidad de reducir su apoyo en estas áreas y concentrar su respaldo en un número menor de proyectos sociales, a saber, aquellos que agreguen valor a su imagen.

Aracruz se vale de cuatro publicaciones principales para divulgar informaciones sobre sus actividades: una publicación anual denominada *Hechos y números*, la cual está destinada al público interno y externo y contiene datos informativos sobre la empresa y sus operaciones; un boletín semestral titulado *Aracruz News* que se distribuye a los clientes y en el cual se discuten los asuntos de la empresa o relacionados con ella; un periódico mensual *Jornal da Aracruz* y el *Informe Aracruz*, los cuales se distribuyen entre los funcionarios de la empresa y sus invitados. El *Informe Aracruz* de 1995 incluyó un suplemento en cuatro colores sobre la versatilidad de los eucaliptos, para el cual se utilizó un sofisticado proyecto gráfico. A fines de 1995, el área de comunicaciones de la empresa estaba desarrollando dos nuevos proyectos para publicación. El primero, destinado al público internacional y nacional, se llamará *Preguntas y respuestas* y abordará las cuestiones más importantes sobre la empresa y sus actividades. El segundo, que se distribuirá entre los funcionarios de la empresa y sus visitantes, narrará en formato de revista cómica cómo se fabrica la celulosa, desde la preparación de los almácigos de eucaliptos hasta su forma final.

Aracruz también ha diseñado campañas para los medios masivos orientadas a la comunidad. En 1993 se transmitieron dos comerciales por las cadenas de televisión locales. En el primero se entrevistaba en la calle a personas del pueblo, quienes expresaban espontáneamente sus dudas respecto a Aracruz y sus actividades; tales dudas eran respondidas o aclaradas inmediatamente. Las encuestas realizadas al concluir esta campaña publicitaria demostraron que ésta ayudó a mejorar el conocimiento que la gente tenía sobre la empresa, así como su imagen. En 1994, un nuevo comercial mostraba a un niño pescando en un lago junto a un bosque, mencionando la preocupación de Aracruz con el medio ambiente y los cuidados que tenía al desarrollar sus actividades. En este caso, la campaña careció de credibilidad y hasta suscitó algunas críticas. En 1995, la empresa publicó diversos anuncios en los periódicos informando sobre acciones específicas realizadas por la compañía, y patrocinó dos programas en las cadenas de televisión locales, TV Gazeta y TV Vitória. A fines de ese mismo año se estaba preparando para lanzar una campaña navideña.

Aracruz considera que se debe comunicar con públicos diversos localizados en diferentes áreas geográficas. Los principales públicos reconocidos por la empresa son: los clientes y consumidores finales de los productos fabricados por la empresa; los inversionistas; la prensa; la comunidad científica; las ONG; las comunidades que habitan en sus áreas de influencia; sus empleados; el gobierno (federal, estatal y municipal); las instituciones intergubernamentales (ONU, Banco Mundial, GATT, etc.), y el sector empresarial. Para ello Aracruz se apoya en las encuestas realizadas entre los diversos públicos de la organización.

A mediados de 1994, por ejemplo, se realizó una amplia encuesta con algunos de estos segmentos (clientes, inversionistas y las personalidades que influencian a la opinión pública en EEUU y Europa). Las entrevistas con los clientes revelaron que los tres factores principales que influyen en la decisión sobre la compra de la celulosa son: 1) la calidad del producto (especificaciones correctas y calidad comprobada), 2) la calidad del servicio, y 3) el precio. La mayoría consideró que la cuestión ambiental era el cuarto factor en importancia, aunque muchos entrevistados afirmaron que no cerrarían negocios con proveedores que tuviesen mala reputación ambiental, ya que esto afectaría su propia imagen. La localización y políticas sociales de la empresa no se consideraron relevantes. Si bien son las compañías escandinavas las que tienen la mejor imagen en términos de la calidad de sus productos y su desempeño ambiental, se considera que las brasileñas también se desenvuelven bien en este último campo, lo cual se le atribuye principalmente a la buena fama de Aracruz. La encuesta también indicó que la empresa sobresale por su ética, responsabilidad y competitividad, y que obtiene evaluaciones positivas en términos de calidad, servicio, precio, capacidad tecnológica y desempeño ambiental. Algunos entrevistados expresaron su deseo de recibir mayor documentación de la empresa sobre temas ambientales para poder responder a los cuestionamientos que se les formulan. Además quisieran que Aracruz los asistiese dirigiéndose directamente a esos públicos a través de informes y publicaciones ambientales, visitas a quienes influencian la opinión pública, anuncios en la prensa, y a través de su participación en conferencias y seminarios.

La encuesta realizada entre los inversionistas reveló que sus decisiones se basan fundamentalmente en consideraciones de tipo financiero como el retorno de la inversión. Sin embargo, también quedó muy claro que la cuestión ambiental está adquiriendo una importancia cada vez mayor cuando se trata de tomar decisiones en materia de inversiones, dado que esto puede impactar la rentabilidad de las empresas. Algunos fondos de inversión internacionales no colocan recursos en empresas de dudoso desempeño ambiental. La reputación general de la industria de celulosa ante los inversionistas no es buena; sin embargo, este segmento considera a Aracruz como una buena opción de inversión debido a sus bajos costos de producción, la apertura y transparencia de sus informaciones, el potencial de retorno y su liquidez.

Según la encuesta, las organizaciones no gubernamentales consideran que la industria de la celulosa tiene impactos significativos en el medio ambiente, si bien menores que los de otras industrias como la química, la petrolera y la del gas. Para las ONG, los escandinavos tienen la mejor reputación ambiental en el sector, aunque las empresas de Brasil (específicamente Aracruz) se destacan también en ese campo. Para este segmento, los factores más importantes son el forestal (el más importante), el reciclaje y el blanqueo. Por lo general, la impresión que los entrevistados tienen sobre Aracruz es buena. Sin embargo, les gustaría recibir algunas aclaraciones sobre la sustitución de bosques nativos por plantaciones de eucalipto y sobre la cuestión indígena, que según algunos entrevistados merece más atención.

Una encuesta realizada en 1992 con la comunidad local había revelado que por lo general la población de Espírito Santo consideraba que Aracruz tenía una imagen positiva. Sin embargo, los datos obtenidos muestran que existe un relativo nivel de ignorancia sobre la empresa. Por ejemplo, el 42% de los encuestados creían que producía papel, y apenas una pequeña porción (9%) le atribuyó a la compañía responsabilidad por el corte de bosques nativos en el Estado. Por otra parte, la mayoría consideraba que la política ambiental de la empresa se originaba más en las presiones externas que en una consciencia ambiental genuina. Esa encuesta reveló que los pobladores no creían que Aracruz y otras grandes empresas que operan en Espírito Santo estuvieran en realidad íntimamente ligadas al desarrollo del estado. Asimismo pensaban que al lucrarse de sus recursos, la empresa había adquirido una enorme deuda con la población. Por último consideraban que Aracruz tenía una actitud distante y arrogante. Al hacer un seguimiento de esa encuesta en 1994 se observó que a pesar de que la gente tenía ahora una idea un poco más positiva acerca de la empresa, la comunidad continuaba viéndola como una multinacional rica y poderosa rodeada por una población necesitada. Este seguimiento también mostró que el público esperaba no solamente que Aracruz cumpliera sus obligaciones tributarias en forma transparente, sino que además participara y se vinculara más a la comunidad. Esa misma imagen de arrogancia y aislamiento con respecto a la comunidad prevaleció en una encuesta realizada entre los propios empleados de Aracruz en 1994.

Los resultados de la nueva encuesta

En preparación para la reunión que tendría a continuación con Francisco Padilha, Carlos Alberto Roxo anotó algunos de los resultados de la encuesta cuantitativa cuyos resultados acababa de recibir. En ella se había entrevistado a cerca de 1.500 personas en cinco municipios de Espírito Santo localizados en el área de influencia de la empresa, incluyendo la capital del estado. Con satisfacción observó que en esta ocasión la imagen de Aracruz era bastante positiva. De acuerdo con la escala utilizada, la empresa había sido clasificada como excelente por 13,4% de los entrevistados, como buena por cerca de 51,0% y como regular positiva por 18,3%.

A continuación, Roxo comenzó a analizar la parte del informe que mencionaba el factor ambiental en relación con otros problemas. Al hacerlo observó que una porción muy pequeña de los entrevistados consideraba el medio ambiente como el principal problema del país (0,86%), del estado (0,43%), y del municipio (1,15%). El desempleo, la salud, la educación, la corrupción, la inflación, las carreteras y otras preocupaciones aparecían como problemas mucho más serios para la mayoría de los encuestados. Por lo general, diversas instancias gubernamentales — y no las grandes empresas — aparecían como las responsables por los problemas identificados.

Al proseguir con el análisis del documento, Roxo observó que Aracruz y otras cinco empresas habían sido señaladas como las mayores del estado: un fabricante de celulosa competidor, una conocida fábrica de chocolates, una compañía siderúrgica, una empresa estatal de minería y una empresa estatal de petróleo. Entre las seis empresas identificadas en la encuesta, Aracruz fue mencionada por el mayor número de entrevistados como una de las grandes compañías del estado, como la mejor del estado, y también como la peor. Asimismo se la señaló como la segunda mayor generadora de empleos, la primera en brindar apoyo a acciones de tipo social, la cuarta en recaudación de impuestos, la primera en cuanto a contaminación del aire, la tercera respecto a contaminación del agua, y la primera en términos de agenciar el progreso económico de la región (Anexo 10).

Después de hacer sus propias anotaciones sobre la imagen de Aracruz comparada con la de otras grandes compañías del estado, Roxo comenzó a analizar lo que la encuesta decía sobre el nivel de conocimiento público sobre los proyectos que la empresa respaldaba y patrocinaba. Según los resultados, el 43,4% de la muestra desconocía el Proyecto Tamar de preservación de tortugas marinas, mientras que el 35,8% de la muestra ignoraba quien lo patrocinaba, y apenas 11,5% reconocía a Aracruz como la empresa que lo auspiciaba. Con respecto al proyecto Creer con la Manos con niños de la calle, el 90,0% de la muestra no lo conocía, el 7,1% no sabía quien lo patrocinaba y sólo 2,1% de los entrevistados lo habían asociado con Aracruz. Roxo también observó que otras actividades respaldadas por Aracruz eran igualmente poco conocidas por un público que raramente las relacionaba con la empresa, y que lo mismo ocurría con los programas de TV patrocinados por la misma.

Una vez concluidas sus observaciones sobre la encuesta, Roxo también aprovechó para anotar los temas que quería discutir con Padilha por considerarlos relevantes para el plan de comunicaciones de la empresa para el año 1996, el cual se diseñaría en un futuro cercano. En ese momento repasó las acciones que podían fortalecer la imagen de Aracruz como empresa ambientalmente responsable. El primer punto se refería a su posicionamiento en relación con cuestiones técnicas sujetas a controversias, su competitividad y su estrategia tecnológica. Roxo quería discutir el contenido del mensaje dirigido a los diferentes públicos y definir qué medios podía utilizar para difundir argumentos favorables a la actividad forestal y al cultivo de eucalipto. Durante la discusión debía tomarse en consideración que el mensaje de la empresa no tenía el grado de credibilidad deseado con los públicos más susceptibles de ser influenciados por las organizaciones ambientales. Roxo se preguntaba si Aracruz, como líder de su segmento, debía continuar con su mensaje en defensa de las plantaciones de eucalipto, dado que de esta forma parecía estar asociando aún más su imagen institucional con los problemas que se le atribuían a estas plantaciones.

Roxo también anotó las siguientes preguntas específicas:

- ¿Qué tipo de mensajes permitirían aclarar a los clientes los temas mencionados por los ambientalistas en relación con los extensos cultivos de eucalipto?

- Teniendo en cuenta que la encuesta mostraba cómo la gran mayoría de la gente ignoraba que Aracruz patrocinaba causas de interés público, ¿de qué manera debían tratarse dichas actividades dado que el área comercial consideraba que su impacto sobre las ventas es irrelevante y que los inversionistas no siempre miran esos gastos con buenos ojos?
- ¿Cuáles eran las acciones de comunicación y relaciones públicas más indicadas para responder a las expectativas de la comunidad respecto al apoyo y participación de Aracruz en causas locales, y a las de sus propios empleados en cuanto a la responsabilidad de la empresa hacia la sociedad, logrando al mismo tiempo agregarle valor a su imagen?

Roxo también se preguntaba si no se podrían crear nuevas formas de comunicarse con su audiencia interna, de manera que sus miembros se convirtieran en propagadores de una imagen positiva de la empresa ante la comunidad. Finalmente, también le preocupaba el que la integración de los mensajes orientados a los diversos públicos fuera a generar algún tipo de conflicto, en caso de que algunos segmentos se vieran expuestos a los mensajes detinados a otros públicos.

Anexo 1

Productividad de las especies forestales

Especie	Tiempo necesario para el corte (en años)	Productividad (m^3/ha/año)	Local
Eucalipto (híbrido)	07	44,0	Aracruz
Eucaliptus Globulus	12-15	10-18	Portugal
Eucalyptus globulus	10-12	25-30	Chile
Eucaliptus grandis	8-10	20-22	Suráfrica
Betula spp	35-40	4,0	Finlandia
Pinus radiata	25	20-30	Chile
Pinus spp	15-20	10-30	Brasil
Picea abies	70-80	3,6	Finlandia

Fuente: JPC, 1994.

Anexo 2

Aracruz Celulose S.A.: Estados financieros

Estado de pérdidas y ganancias (US$1.000)	1992	1993	1994	Ene-Jun 1995
VENTAS NETAS	446.102	347.307	504.363	381.093
(-) COSTO DE VENTAS	276.414	271.627	288.822	153.137
(-) GASTOS COMERCIALES	28.011	29.680	30.285	16.927
(-) GASTOS ADMINISTRATIVOS	39.570	42.603	55.847	24.203
(+) INGRESOS FINANCIEROS	25.463	30.867	65.877	83.134
(-) GASTOS FINANCIEROS	125.697	80.503	109.647	69.114
(-) PERDIDAS POR INFLACION/ AJUSTE	76.873	28.908	41.068	5.373
UTILIDADES ANTES DE IMPUESTOS	(75.000)	(75.147)	44.571	195.473
(-) IMPUESTO DE RENTA	(16.193)	(16.317)	(22.640)	3.902
UTILIDAD	(58.807)	(58.830)	67.211	191.571

Balance patrimonial (US$1.000)	31/12/92	31/12/93	31/12/94	30/06/95
ACTIVO CORRIENTE	304.474	233.492	665.574	1.172.521
REALIZABLE A LARGO PLAZO	25.294	88.844	97.981	99.010
ACTIVO FIJO	1.969.859	1.906.744	1.830.038	1.793.376
TOTAL DEL ACTIVO	2.299.627	2.229.080	2.593.593	3.064.907
PASIVO CORRIENTE	483.250	527.914	806.802	1.041.946
PASIVO A LARGO PLAZO	531.658	479.850	581.751	629.673
PATRIMONIO NETO	1.284.710	1.221.316	1.205.040	1.393.288
TOTAL DEL PASIVO	2.299.627	2.229.080	2.593.593	3.064.907

Anexo 3

Diagrama del proceso productivo

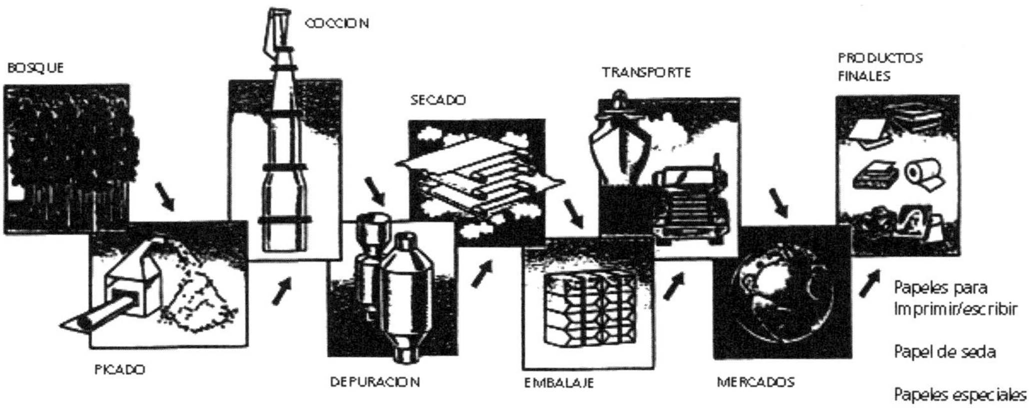

PICADO: Los troncos entran en el picador donde se los reduce a astillas.

COCCION: Las astillas de madera se cocinan y se transforman en pulpa de celulosa.

BLANQUEO: La pulpa de celulosa pasa por cinco etapas de blanqueo.

SECADO: La pulpa de celulosa se seca con aire atmosférico calentado.

Anexo 4

Principales organizaciones ambientales internacionales (1991)

Organización	Fecha de fundación	Número de países donde tienen representación	Ingresos (US$ millones)	Número de miembros (millones)
Friends of the Earth	1971	43	50	1,0
GREENPEACE	1971	30	150	5,0
WWF	1961	28	200	4,6
TOTAL			**400**	**10,6**

Fuente: CEPI (PRODUCTOS VISUALES ARACRUZ)

Anexo 5

Grado de credibilidad frente al público

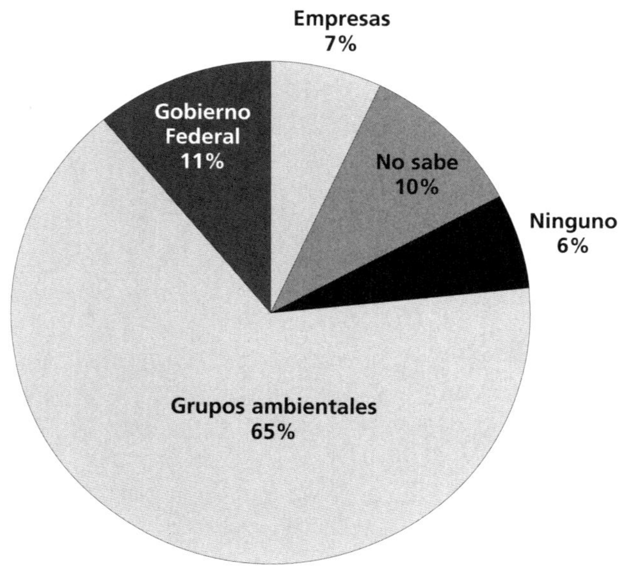

Anexo 6

Consumo de agua por especie forestal	
ESPECIE FORESTAL	**Litros/Gramos**
Eucalipto	0,51
Albizzia lebbek	0,58
Sysigium cuminii	0,61
Acacia auriculiformis	0,86
Dalbergia sisso	0,89
Pongamia pinnata	1,30

Fuente: Aracruz Celulose

Consumo de macronutrientes	
CULTIVO	**CANTIDAD (kg/ha. en 7 años)**
Eucalipto (Aracruz)	317
Caña de azúcar	1.860
Maíz	2.450
Repollo	7.770
Café	8.910
Papa	9.100

Fuente: EMBRAPA

Anexo 7

Efectos ecosistémicos originados en el cultivo de Eucalipto		
Componente del ecosistema	**Preocupaciones expresadas por los ambientalistas**	**Respuesta de la industria**
Consumo de agua	Debido a su profundo crecimiento radicular, el Eucalipto extrae más agua del suelo que los otros usos alternativos, causando sequía y competencia con otros usos del agua.	El Eucalipto es un eficiente consumidor de agua (270-550 g H_2O biomasa); su consumo es menor que el observado en cultivos anuales o aun en bosques de otras especies. Consume mucha agua durante la estación de lluvias, cuando hay abundancia. Las raíces del Eucalyptus no penetran a una profundidad suficiente para extraer agua de la capa freática profunda. Existe una capa rocosa que impide esta penetración.
Erosión del suelo	La creación de plantaciones y la continua eliminación de biomasa provocan la erosión del suelo y la exportación de los nutrientes, lo cual conduce a su agotamiento y limita sus usos secuenciales. La sedimentación en los cursos de agua reduce el flujo hidráulico.	Existen especies de Eucalipto que se han adaptado a las condiciones del clima y del suelo en que crecen para prevenir su pérdida y/o degradación. Las hojas y gajos retornan al suelo para conservar el contenido de materia orgánica y la fertilidad. La práctica del arado mínimo durante el cultivo limita la erosión o sedimentación, excepto aquella derivada de los ramales de acceso. El crecimiento del sustrato vegetativo y los subsecuentes usos del suelo sugieren que no se disminuirá su fertilidad.
Competencia	Las plantaciones de eucaliptos son ecosistemas "estériles", porque los árboles vencen a otras especies y a la fauna en la competencia por los recursos necesarios, y porque sueltan químicos tóxicos dañinos a otros organismos vegetales.	Las reservas de bosques nativos se encuentran protegidas y enriquecidas en los corredores de la red de drenaje, asegurando así la conservación de la biodiversidad. La presencia de un sustrato vegetativo robusto dentro de las plantaciones contradice la hipótesis de la "esterilidad".
Sustitución	Las plantaciones ocupan vastas áreas que le han sido expropiadas a otros productores, o que podrían haber sido productivas si se hubieran distribuido a través de una reforma agraria.	Las plantaciones sólo ocupan un pequeño porcentaje del área total dedicada a la agricultura (menos del 3% en Espírito Santo). Los programas del Hacendado Forestal prevén la integración de pequeños productores en segmentos proporcionalmente limitados de sus propiedades.

Anexo 8

Sostenibilidad de la actividad productiva de Aracruz Celulose	
Etapas del proceso productivo/ otras cuestiones	**Principales hechos y argumentos**
1) Retaguardia de la encuesta en genética y biotecnología	a) Desde 1973 la empresa cuenta con un programa de mejoramiento genético mediante el cual se obtuvieron cerca de 5.000 árboles matrices seleccionados para las condiciones locales a partir de 55 especies diferentes de eucaliptos de diversa procedencia. Estos han dado origen a híbridos naturales e híbridos generados, preservando una gran variabilidad/heterogeneidad genética entre los materiales obtenidos. b) El gran salto dado en la investigación y producción de almácigos ocurrió a través del clonaje de los materiales obtenidos. Los almácigos se producen tanto por propagación vegetativa por estacas como por la plantación de semillas propias. La ganancia obtenida en términos de la productividad es la siguiente: de 4,9m^3 de madera se pasó a 3,9m^3 de madera para obtener 1 tonelada de celulosa; de 27 m^3/ha./año de madera ascendió a 45 m^3/ha/año, es decir, cerca de 11 ton/celulosa/hectárea. c) En la actualidad, el programa de investigación se propone: 1) producir más celulosa en un área más pequeña mediante la plantación de eucaliptos más eficientes en el uso del agua; 2) realizar transferencias de genes para obtener celulosa y otros productos del eucalipto dirigidos a usos específicos; 3) conocer mejor la estructura del lignito residual (que confiere la coloración marrón que sólo puede retirarse con el uso de reagentes químicos). En este último caso, la investigación busca optimizar el blanqueo sin compuestos de cloro y obtener clones cuyo lignito pueda removerse más fácilmente; mantener la diversidad genética a través de la preservación de los materiales en bancos vivos de germoplasma, los cuales podrán utilizarse para otros fines (productos sólidos de madera, etc.)
2) Bosques	a) Toda la celulosa producida por Aracruz proviene de tierras forestales cultivadas de eucaliptos. Los bosques de especies nativas se conservan en reservas propias y constituyen una fuente de almácigos en programas de conservación forestal (la empresa produce y distribuye más de 250 especies procedentes de la Mata Atlántica). b) Uno de los principales objetivos consiste en mantener la sostenibilidad del eucalipto mediante el cultivo intercalado de clones de diferentes procedencias, formando mosaicos pre-planificados (de 20 a 50 has., evitando la configuración de grandes áreas continuas de material idéntico y proporcionando barreras contra el desarrollo de plagas) rodeados de bosques de especies nativas que forman corredores. En los distintos ecosistemas existentes (plantas de tablero, ciliares, rastreras, manglares y otros) y en los corredores entre los eucaliptos se identificaron más de mil especies diferentes de insectos y 457 de aves (11 de ellas en peligro de extinción), 43 especies de mamíferos (5 amenazadas de extinción), 42 de reptiles, 84 de peces, 31 de anfibios y 28 de crustáceos. c) La empresa mantiene el proyecto Cereias mediante el cual aquellas especies en vías de extinción que fueron capturadas se mantienen en medio de las plantaciones de eucaliptos para luego devolverlas a su hábitat natural. El objetivo es viabilizar las políticas de preservación de los bosques nativos, especialmente en los trechos de Mata Atlántica, cuya configuración biótica está siendo destruida. d) Se están realizando estudios de monitoreo fisiológico de todas las condiciones de temperatura, fotosíntesis, cambio del carbono, lectura de la humedad del suelo en función de las lluvias y monitoreo del sub-bosque que contiene una diversidad aún mayor de insectos y aves.

Anexo 8, cont.

Etapas del proceso productivo/ otras cuestiones	Principales hechos y argumentos
3) Suelos	a) El manejo de los suelos tiene por objeto mantener su fertilidad y evitar la erosión. Esto se logra a través de su preparación adecuada; evitando la quema antes del cultivo; realizando un cultivo directo sin revolver la tierra para evitar la reducción del material orgánico; dejando un espacio mayor o menor entre los árboles según se considere necesario; adecuando el cultivo de árboles altamente eficientes en la utilización de nutrientes y seleccionándolos para cada tipo de suelo; utilizando fertilizantes específicos para cada material genético utilizado; utilizando máquinas adecuadas para evitar la compactación; manejando el sub-bosque y manteniendo una cobertura permanente sobre el suelo para evitar la erosión y garantizar el reciclado orgánico. En resumen, el objetivo de estas acciones es conocer las características físicas, químicas y topográficas para adecuar el uso de los suelos a una planificación ambiental con menor impacto.
4) Tratamiento de cultivos	a) Aquí se destaca la aplicación de herbicidas (dos aplicaciones en siete años) poco tóxicos (con un nivel de toxicidad igual a cuatro y con un poder residual igual a cero) sólo en el primer año, mientras que la segunda aplicación sólo se realiza en aquellas áreas donde efectivamente nace la maleza y hasta que el eucalipto llegue a los 1,80m. Para combatir las plagas como el lagarto desfoliador se utiliza un producto a base de bacilus turingensis que intoxica al animal (cuya digestión es alcalina) sin afectar a otros como los pájaros. La mayor preocupación es con las hormigas, para las cuales se usa una sustancia de baja toxicidad que se fracciona en pequeñas cantidades y que no afecta a otros animales (un máximo de 2,3 kg del producto por ha durante un ciclo de siete años). b) La fertilización se realiza de acuerdo con los requerimientos de los distintos materiales genéticos que se estén utilizando y las aplicaciones se extienden hasta el corte, desde la preparación de la entrada de las máquinas hasta la etapa del nuevo cultivo. 5) Proceso industrial y efluentes. a) La empresa busca dar respuesta a tres problemas en el área industrial: la producción de celulosa completamente libre de cloro (TCF), el tratamiento de efluentes, y nuevos sistemas de tratamiento de los gases para controlar el olor y coloración de las emisiones. Prácticamente el 100% de la energía utilizada en la fábrica es autogenerada. b) Los efluentes se tratan en seis lagos biológicos (37 ha) durante siete días; a continuación se bombean a través de un conducto a una distancia de 1700m de la costa y se vierten a una profundidad de 17m. El monitoreo de los efluentes se realiza a través del bio-ensayo, utilizando organismos vivos sensibles como el cangrejo para estudiar la calidad del agua y sus efectos en las proximidades del conducto submarino. Los ensayos comprueban el alto grado de eficiencia en el tratamiento de los efluentes. Mientras se mantenga la concentración de los compuestos halogenados absorbibles (AOX) — un parámetro usado para medir los organoclorados — por debajo de 0,25 por tonelada de efluentes, el análisis no revela trazas de dioxinas. c) Se están modernizando los precipitadores electrostáticos y se están introduciendo nuevos sistemas de tratamiento de gas para controlar el olor. d) Entre las propiedades físico-químicas que merecen atención pueden citarse el grado de alcalinidad (excesiva acidez que perjudica la producción del papel y tiene que neutralizarse) y la carga electrocinética (cuando es negativa provoca la pérdida de materia prima al fabricar el papel), así como la suavidad y resistencia de las fibras. e) Se encuentran en la fase final los estudios de factibilidad para los productos sólidos de madera, los cuales optimizan la utilización de los recursos productivos de la empresa. La reducción del precio de la celulosa de mercado puede acelerar la ejecución de estos proyectos.

Anexo 9

Distribución del uso de las tierras de Aracruz

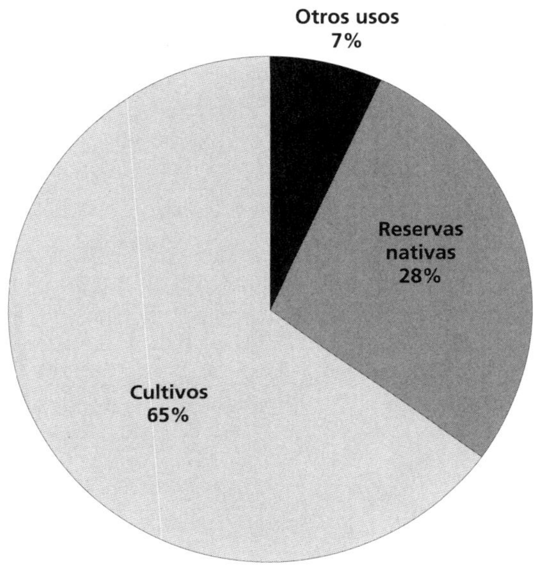

Anexo 10

Evaluación de las grandes empresas (%)							Contaminación		
Empresa	**Mayores**	**Mejores**	**Peores**	**Generadoras de empleos**	**Acciones sociales**	**Impuestos**	**del aire**	**del agua**	**Progreso económico**
Aracruz Celulose	63,4%	26,1%	7,7%	21,9%	25,3%	16,1%	27,2%	13,5%	31,4%
Empresa A	40,8%	18,7%	2,7%	22,1%	23,1%	16,8%	11,8%	10,7%	16,6%
Empresa B	33,0%	7,5%	5,9%	6,8%	4,0%	7,1%	25,6%	14,0%	5,3%
Empresa C	18,2%	7,5%	2,2%	19,0%	9,9%	6,9%	6,4%	34,5%	12,2%
Empresa D	20,9%	9,0%	1,4%	17,5%	11,8%	17,3%	12,1%	4,5%	13,3%
Empresa E	11,6%	5,4%	0,9%	–	–	–	–	–	–
No sabe/ No respondió	5,4%	6,3%	36,1%	8,2%	19,6%	29,4%	11,2%	17,0%	14,9%
Ninguna	–	14,8%	29,7%	4,4%	6,3%	6,5%	5,7%	6,6%	6,8%
Otras	28,7%	9,3%	13,8%	0,1%	0,1%	0,0%	0,1%	0,1%	0,5%
TOTAL	**221,8%**	**104,6%**	**100,3%**	**100,0%**	**100,0%**	**100,0%**	**100,0%**	**100,0%**	**100,0%**

HACIA LA SOSTENIBILIDAD DE LAS EMPRESAS

Esta sección destaca los interrogantes que surgen cuando las compañías que ya cuentan con programas y políticas ambientales avanzados entran en una nueva fase de toma de decisiones ambientales e intentan incorporar a un nivel más profundo en su administración principios sostenibles más amplios. Los casos que aparecen en esta sección describen a dos de estas compañías: Light y Mexicana de Cobre. El éxito inesperado de los programas ambientales de ambas empresas las obliga a considerar el desarrollo de una estrategia más estructurada. Las compañías se encuentran en una encrucijada y deben reevaluar las metas de sus programas de protección ambiental con la intención de incluir una gama más amplia de factores.

Los casos proporcionan herramientas de evaluación sobre el papel que el manejo ambiental juega en cada compañía, y conducen a la búsqueda de estrategias futuras. Las empresas deben evaluar los aspectos estratégicos administrativos de su desempeño ambiental, y determinar cómo integrar estos aspectos en el plan general del negocio.

Light. *La mayor empresa generadora de electricidad de Río de Janeiro (Brasil) debe decidir cómo solucionar la reducción de su capacidad productiva como consecuencia de la contaminación río arriba de donde se encuentran ubicados sus generadores hidroeléctricos. El caso analiza las actividades, metas, e historia ambiental de la empresa. El análisis se centra en la evaluación de las alternativas de que dispone Light para recuperar su capacidad generadora. Cada posibilidad determina un papel diferente para la compañía en su relación con las comunidades que viven río arriba y río abajo. El caso es apropiado para cursos de manejo ambiental, formulación de estrategias y política ambiental.*

Mexicana de Cobre. *Esta empresa del noroeste mexicano es la mayor productora de cobre del país. Durante varios años, el programa ambiental de la empresa ha dado resultados valiosos en cuanto al cumplimiento con las normas legales y a la creación de una cultura ambiental dentro de la compañía misma. Mexicana ha alcanzado todas las metas ambientales establecidas. Debe, por lo tanto, evaluar las acciones futuras, lo cual exige responder a* *la pregunta sobre si tiene sentido mantener sus metas actuales o si debe definir un nuevo rumbo. El caso describe el proceso de explotación del cobre y su impacto ambiental. Es apropiado para cursos de manejo y estrategia ambiental.*

Notas para la enseñanza de política ambiental

Si bien las políticas que subyacen a estos dos casos son muy diferentes, ambos se prestan para ser utilizados en cursos sobre formulación de política ambiental.

En Light, la situación normal de la presencia de externalidades ambientales se revierte. Normalmente una empresa genera un costo externo (ambiental) que debe ser asumido por toda la sociedad; tal es el caso del vertimiento de desechos industriales que contaminan los ríos que pasan por la comunidad vecina. Aquí en cambio, la contaminación generada por un gran número de habitantes (las comunidades localizadas en la parte alta del río que alimenta la planta hidroeléctrica) están causando un efecto directo sobre una sola empresa. Las opciones de Light son las mismas que se le presentan a un gobierno en su intento por controlar la generación de desechos de una población numerosa. Elementos de análisis como quién debe asumir los costos de protección ambiental; qué es preferible entre los mecanismos de regulación o de incentivos; y cuáles son los límites de la capacidad de respuesta de los gobiernos constituyen una base importante en la discusión de políticas ambientales.

En Mexicana de Cobre, la pregunta fundamental en materia de políticas tiene que ver con el papel que juega en México el sistema de regulación ambiental en hacer que la compañía alcance sus niveles actuales de desempeño ambiental. ¿Cuáles son las posibilidades de que esta empresa hubiera alcanzado el mismo éxito en la ausencia del sistema de regulaciones? ¿Qué acciones adicionales puede o debería emprender el gobierno para ayudar a otras empresas a alcanzar este mismo nivel de desempeño ambiental? Asimismo, el punto de discusión principal es si un régimen ambiental estricto puede realmente ayudar a mejorar la competitividad de una industria, y si así fuera, ¿en qué condiciones? Estas preguntas pueden ser discutidas en el contexto de las regulaciones ambientales y de las estrategias de exportación.

Light*

Introducción

Light — Servicios de Electricidad S.A.— fue hasta 1996 una empresa estatal.+ Esta compañía tiene bajo su responsabilidad la generación, transmisión y distribución de energía eléctrica para 28 municipios del estado de Río de Janeiro. En 1994 Light atendía la demanda de alrededor de 2 millones 700 mil consumidores.

Desde 1989, la empresa intensificó sus esfuerzos para recuperar y conservar el río Paraíba do Sul, cuyas aguas se constituyen en la fuente de cerca del 18% de la energía producida por Light, y del abastecimiento de agua para los 8,5 millones de habitantes del estado de Río Grande, el cual incluye a la ciudad de Río de Janeiro y su área metropolitana. En los últimos años, el río ha venido presentando problemas en cuanto a la cantidad y la calidad del agua, poniendo en peligro no solamente la generación de energía eléctrica, sino también el suministro de agua en la región.

Como consecuencia, cuando el Dr. Joaquin Affonso MacDowell Leite de Castro asumió la presidencia de Light en mayo de 1992, estableció como uno de los objetivos de su gestión el desarrollo de programas para recuperar, conservar y preservar el río Paraíba do Sul. El cumplimiento de esta meta se le encargó al técnico Pablo Dias Pizão, economista con experiencia en planificación y desarrollo contratado por la empresa en marzo de 1994. Dias Pizão, quien ocuparía el cargo de Gerente de Proyectos Ambientales vinculado a la Presidencia de la compañía a través de la Superintendencia de Proyectos Especiales, se haría cargo de elaborar e implementar los programas dirigidos a recuperar las aguas del río sobre las cuales Light no tiene injerencia directa.

Estos programas debían hacer que la empresa contribuyera al mejoramiento de la calidad de vida de la comunidad y a la preservación del medio ambiente a través de la implementación de proyectos que satisficieran los criterios empresariales, es decir, que resultaran en ganancias para la compañía, ya fuera fortaleciendo su imagen dentro de la comunidad o mejorando sus resultados operacionales y financieros.

El presente estudio de caso se basa en los hechos ocurridos en Light en el año de 1994, antes de que se procediera a su privatización.

---

* Este estudio de caso fue preparado originalmente en portugués por los profesores Bianor Scelza Cavalcanti y Susana A.Q. Feichas de la Fundação Getulio Vargas/Escola Brasileira de Administração Pública (FGV/EBAP), Río de Janeiro, Brasil. La traducción al español fue realizada por Elizabeth Koechli. Los autores quisieran agradecer al Dr. Pablo Pizão y a la Dirección de la empresa Light por su gentil colaboración, sin la cual no hubiera sido posible desarrollar este trabajo.

+ En mayo de 1996, Light fue privatizada cuando se vendieron 54,67% de sus acciones. Sin embargo, al momento de escribir este estudio, el accionista principal era Eletrobrás, una empresa estatal de cartera de inversión (*holding*) del sector de energía eléctrica.

CONTEXTO

La importancia del río Paraíba do Sul

El río está localizado en el sudeste de Brasil y pasa por tres de los estados más desarrollados del país: São Paulo, Minas Gerais y Río de Janeiro. Tiene su orígen en el estado de São Paulo y su cuenca abarca una superficie de 55.400 km (Lima, 1992; Ministerio de Minas y Energía, 1992); corre de oeste a este por el valle delimitado al norte por la sierra de la Mantiqueira y al sur por la sierra del Mar; el río desemboca en el Océano Atlántico en el estado de Río de Janeiro. Por lo tanto, su cuenca forma un triángulo que tiene por ápices a las ciudades de Belo Horizonte al norte, São Paulo al sur y Río de Janeiro al este. Aunque estas ciudades están localizadas fuera de su cuenca, el valle del Paraíba do Sul es uno de los principales ejes de comunicación y de desarrollo del país (Ministerio de Minas y Energía, 1992).

Debido a la geología de la región, el suministro de agua y el saneamiento básico presentan situaciones complejas. Las aguas del río y sus afluentes son utilizadas para abastecer de agua potable a 12 millones de habitantes, incluyendo al 80% de la población del área metropolitana de la ciudad de Río de Janeiro (Ministerio de Minas y Energía, 1992). Asimismo, de ellas depende en gran medida la producción de energía eléctrica para esta región.

A lo largo de su cuenca se han desarrollado diferentes actividades económicas incluyendo plantaciones de caña de azúcar, ganadería y lechería, y un complejo industrial de más de 800 industrias de cemento, papel y acero, entre otras. Estas actividades, junto con la alta concentración de poblaciones ribereñas dotadas con sistemas de alcantarillado bastante precarios, han contribuido a la degradación de sus aguas, tanto en su calidad como en su cantidad.

Es así como la cuenca del Paraíba se ve afectada por las aguas servidas y las basuras que llegan a su cauce sin tratamiento alguno, por las descargas tóxicas y los residuos de metales pesados que emanan de las plantas industriales, y por el desmonte de bosques debido a la expansión de pastizales, plantaciones de eucalipto, monocultivos y quemas continuas.

La degradación ambiental originada por las aguas contaminadas del río ha afectado directamente la generación de energía eléctrica y el suministro de agua potable en la región. Esto ha obligado a Light a emprender esfuerzos para recuperar y conservar el ecosistema de manera tal que se le garantice a sus represas el agua necesaria para llevar a cabo sus actividades.

En términos generales, la contaminación del río representa para la compañía un problema circular que se manifiesta de la siguiente manera: sin un suministro confiable de energía y agua la industria y el comercio no se instalarán en la región, los ingresos de Light disminuirán y la empresa no podrá mantener y mejorar la calidad de los servicios prestados a la comunidad; en consecuencia, la calidad de vida de la población se deteriorará y aumentará la contaminación del río, lo cual comprometerá progresivamente la confiabilidad del sistema de generación de energía eléctrica y de suministro de agua.

Aspectos demográficos, económicos y ambientales de la región bajo la concesión Light

Según el Anuario Estadístico del Brasil (IBGE, 1994), en 1991 la población urbana del estado de Río de Janeiro superaba los 12 millones de habitantes, mientras que la población rural estaba alrededor de los 600 mil habitantes, para un total cercano a los 13 millones distribuidos en un área de 43.305 km². Es importante subrayar que el 76% de la población está concentrada en la región metropolitana.

Como se dijo, Light es responsable de la distribución de energía eléctrica en 28 municipios del estado de Río de Janeiro con cerca de 9,5 millones de habitantes, es decir, con el 73% de la población total del estado; sin embargo, el área que estos ocupan es de sólo 12.493 km², lo que equivale únicamente al 29% de la superficie total.

A continuación se incluye el mapa del estado de Río de Janeiro en el que se indican las áreas que fueron dadas en concesión para la generación de energía eléctrica. En 1994, la concesión de Light ocupaba 10.969 km² equivalente al 25% del estado, y atendía al 70% de la población y al 69% de los clientes de estos estados (Light, 1994).

Mapa 1. Estado de Río de Janeiro

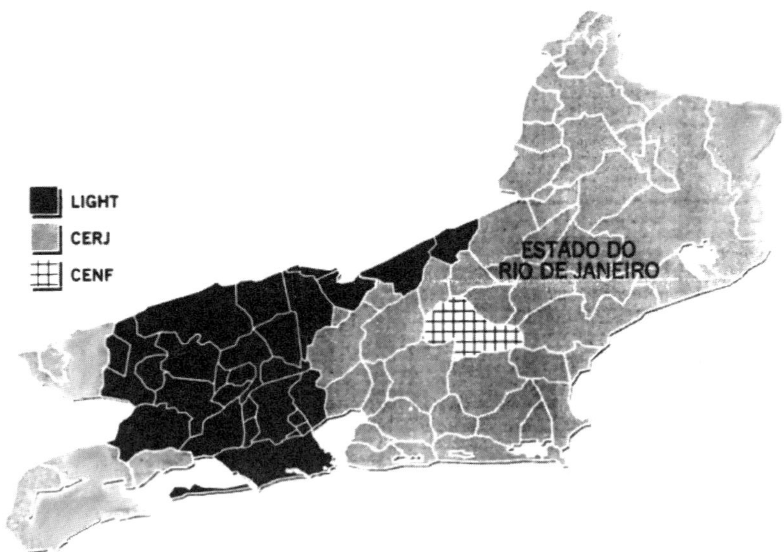

Compañía de Energía Eléctrica de Río de Janeiro (CERJ)
Compañía Eléctrica de Nueva Friburgo (CENF)

Fuente: Periódico *O Globo*, 30 de enero de 1996

Cuadro 1. Número de habitantes, área en km^2 y densidad de población de los municipios del estado de Río de Janeiro bajo la concesión de Light.

Municipios	Número de habitantes	Area km^2	Número de habitantes por km^2
Areal	8.000	125	64,00
Comendador Levy Gasparian	7.000	100	70,00
Engenheiro Paulo de Frontin	12.063	148	81,51
Mendes	16.561	77	215,08
Miguel Pereira	19.399	284	68,31
Paraíba Do Sul	33.770	620	54,47
Paty Do Alferes	20.000	257	77,82
Sapucaí	15.369	477	32,22
Três Rios	81.163	522	155,48
Vassouras	28.548	555	51,44
Subtotal Región Centro-Sul Fluminense	**241.873**	**3.165**	**76,42**
Barra Do Piraí	78.437	654	119,93
Barra Mansa	167.124	848	197,08
Piraí	33.466	602	55,59
Quatis	9.000	337	26,71
Rio Claro	13.633	868	15,71
Rio Das Flores	6.460	444	14,55
Valença	62.035	1.312	47,28
Volta Redonda	220.086	168	1.310,04
Subtotal Región Medio Paraíba	**590.241**	**5.233**	**112,79**
Carmo	14.507	357	40,64
Sumidouro	12.963	357	36,31
Subtotal Región Serrana	**27.470**	**714**	**38,43**
Belford Roxo	350.000	73	4.794,52
Duque de Caxias	664.643	442	1.503,72
Itaguaí	113.010	523	216,08
Japeri	70.000	80	875,00
Nilópolis	157.819	22	7.173,59
Nova Iguaçu	1.286.337	764	1.683,69
Paracambi	36.391	197	184,73
Queimados	125.000	75	1.666,67
Rio de Janeiro	5.336.176	1.171	4.556,94
São João de Meriti	425.038	34	12.501,12
Subtotal Región Metropolitana	**8.564.414**	**3.381**	**2.533,10**
TOTAL	**9.423.998**	**12.493**	**754,34**

El Cuadro 1 presenta el número de habitantes de cada municipio del estado de Río de Janeiro bajo concesión de Light, así como su área y densidad demográfica correspondientes (Sydenstriker, 1993).

Las actividades económicas de los municipios bajo concesión de Light son variadas. La región Centro-Sul Fluminese, formada por los municipios que van desde Engenheiro Paulo de Frontin hasta Vassouras, tiene como actividad principal la industria, seguida por el comercio y los servicios, con algunos municipios dedicados a la labor agropecuaria. En cambio la región del Medio Paraíba, que cubre a los municipios desde Barra do Piraí hasta Volta Redonda, es típicamente industrial. La región Serrana, representada por los municipios de Carmo y Sumidouro, es tanto industrial como agropecuaria, mientras que en la región metropolitana, desde Duque de Caixas hasta São João do Meriti, predominan el comercio, los servicios y la industria. En el Anexo 1 se adjunta información adicional sobre las actividades económicas de cada municipio del estado de Río de Janeiro cubiertos por la concesión de Light.

Con base en el informe de la Fundación Estatal de Ingeniería del Medio Ambiente (FEEMA) publicado en 1993 (Sydenstriker, 1993) se ha elaborado un cuadro en el que se resumen las condiciones ambientales de los municipios del estado de Río de Janeiro bajo concesión de Light (Ver Anexo 2). Allí se puede ver que la región metropolitana es la más antigua y la que presenta problemas ambientales en la mayoría de los aspectos que fueron estudiados, a saber: sedimentación y contaminación de los cuerpos de aguas, degradación de las áreas protegidas, inundaciones y crecidas, multiplicación de barrios marginales y presencia de residuos sólidos, aguas servidas y manchas de aceite. En las otras regiones estos problemas son medianamente críticos o requieren de un estado de alerta. Es necesario enfatizar también que todos los municipios carecen de sistemas de alcantarillado (Ver Anexo 2).

El Cuadro 2 muestra la tasa de urbanización, los porcentajes de domicilios atendidos por la red de suministro de agua, la red pública de alcantarillado y de iluminación. Los datos disponibles corresponden a 1980, pero la proyección para 1988 indicaba alguna mejoría en cuanto a la iluminación pública y el servicio de acueducto, indicando que éste último alcanzaría un nivel de cobertura cercano al 90% en la mayoría de los municipios (Sydenstriker, 1993).

Light y su Relación con el Problema

Reseña histórica

La empresa Light — Servicios de Electricidad S.A. — es una sociedad anónima controlada por Electrobrás — Centrales Eléctricas de Brasil S.A. — empresa estatal de cartera de inversión (*holding*) del sector que en 1995 poseía alrededor del 82% del capital de Light.

La compañía tuvo su origen en una concesión hecha por el gobierno brasileño para que el Gupo Light, con sede en Canadá, desarrollara los servicios de transporte, energía eléctrica, gas, y más tarde, de telefonía. Este grupo inició sus actividades en São Paulo, y en 1904 fundó la empresa Río de Janeiro Tramway, Light and Power Co. Ltd., radicada en el estado de Río de Janei-

Cuadro 2. Número de habitantes, tasa de urbanización, condiciones en la prestación de los servicios de acueducto, alcantarillado y energía eléctrica en los municipios del estado de Río de Janeiro bajo la concesión de Light.

Municipios	No. de habitantes	Tasa de urbanización	% Red de acueducto	% Red de alcantarillado	% Iluminación pública
Areal	8.000	(1)	(1)	(1)	(1)
Comendador Levy Gasparian	7.000	(1)	(1)	(1)	(1)
Engenheiro Paulo de Frontin	12.063	49%	sin datos	sin datos	86,94
Mendes	16.561	60%	48	31	89,23
Miguel Pereira	19.399	78%	19	8	90,73
Paraíba do Sul	33.770	76%	58	57	75,50
Paty de Alferes	20.000	(1)	(1)	(1)	(1)
Sapucaia	15.369	53%	41	23	60,10
Três Rios	81.163	81%	69	63	83,00
Vassouras	28.548	40%	43	23	77,00
Barra do Piraí	78.437	78%	56	55	73,60
Barra Mansa	167.124	88%	52	70	70,70
Piraí	33.466	76%	49	50	67,70
Quatis	9.000	(1)	(1)	(1)	(1)
Rio Claro	13.633	50%	50	47	68,60
Rio das Flores	6.460	38%	38	43	61,90
Valença	62.035	74%	64	66	79,60
Volta Redonda	220.086	98%	90	86	95,10
Carmo	14.507	47%	60	sin red	47,00
Sumidouro	12.963	12%	16	14	29,50
Belford Roxo	350.000	(1)	10	10	(1)
Duque de Caxias	664.643	96%	44	sin datos	92,90
Itaguaí	113.010	84%	36	sin datos	86,40
Japeri	70.000	(1)	(1)	(1)	(1)
Nilópolis	157.819	100%	89	71	97,80
Nova Iguaçu	1.286.337	100%	43	33	94,00
Paracambi	36.391	90%	49	sin datos	91,80
Queimados	125.000	(1)	(1)	(1)	(1)
Rio de Janeiro	5.336.176	100%	93	82	97,70
São João de Meriti	425.038	100%	72	sin red	97,30

Fuente: Sydenstriker, 1993.
(1) Municipios recién creados que no disponen de información.

ro. En 1905 esta compañía inició la construcción de una planta hidroeléctrica en Ribeirão das Lajes que comenzó a suministrar energía eléctrica a la ciudad de Río de Janeiro dos años después. El complejo hidroeléctrico de generación y transmisión de energía fue oficialmente inaugurado en mayo de 1908; un año más tarde su capacidad de generación era de 24.000 kilovatios. Posteriormente, las actividades del Grupo Light en el sector energético se expandieron como resultado de la adquisición de varias empresas pequeñas de gas y electricidad existentes tanto en São Paulo como en Río de Janeiro.

En la década de los cincuentas, como consecuencia del movimiento de nacionalización de empresas, el grupo canadiense perdió el control de las compañías de energía eléctrica. La nacionalización de Light se hizo realidad por medio del financiamiento negociado con el Banco de Desarrollo Económico; el empréstito fue transformado en participación del capital social por medio de la emisión de acciones preferenciales.

En la década de los sesenta se creó Eletrobrás, cuya misión era planificar, financiar y controlar las actividades del sector de energía eléctrica. Asimismo el gobierno federal, en su búsqueda continua por aumentar la productividad y mejorar la administración del sector, estimuló la incorporación y fusión de compañías de energía en todo el territorio nacional. Fue así como las empresas que pertenecían al Grupo Light en São Paulo y Río de Janeiro se unificaron, dando lugar a la empresa Light - Servicios de Electricidad S.A. - con sede en São Paulo (Decreto Federal no. 61.232, de 23 de agosto de 1967).

El 12 de enero de 1979, Light se convirtió en una empresa estatal cuando Eletrobrás adquirió el control sobre sus acciones, quedando el sector energético del país completamente nacionalizado. En 1981, Eletropaulo, empresa de energía eléctrica establecida en São Paulo, asumió responsabilidad por los servicios prestados por Light en este estado (Light, Patrimonio Histórico, s.f).

Actividades de la empresa Light

Las actividades de la empresa Light incluyen la generación, transmisión y distribución de energía eléctrica en el área bajo concesión. En 1993, cerca del 18% de la energía allí distribuida fue generada y transmitida por esta empresa, que contaba para entonces con cuatro plantas hidroeléctricas, 2.153 km de líneas de transmisión y 68 sub-estaciones transformadoras.

Como se señaló, la distribución cubre a 28 municipios del estado de Río de Janeiro, atendiendo en 1994 a 2 millones 781 mil consumidores catastrados (Light, 1993); esto corresponde a cerca de 10 millones 700 mil habitantes y representa un consumo de energía eléctrica de 19.980 gigavatios (GWh).

La fuente principal de facturación de Light en el suministro de energía eléctrica ha sido el sector residencial. En 1994, este sector representó el 35,9% del total, seguido por los sectores industrial y comercial con participaciones del 26,5% y 26,7% respectivamente. El restante 10,9% corresponde a otros sectores como el rural y las entidades del gobierno (Light, 1994).

La participación porcentual de cada sector en la facturación total se ha mantenido relativamente estable y su variación en los últimos tres años ha sido apenas de décimas porcentuales. En 1994, la clase residencial representaba el 91,4% del total de consumidores; la comercial el 7,5%; la industrial, el 0,6%, mientras que los sectores público y rural constituían el 0,5% (Light, 1994).

En términos de GWh, el consumo durante 1989 fue de 19.422, produciéndose una caída al año siguiente. Solamente a partir de 1991 se registraron pequeños aumentos, y en 1993 finalmente se logró superar el consumo de 1989, cuendo éste alcanzó 19.486 GWh. En 1994, el consumo fue de 19.980,6 Gwh. En el Anexo 3 se presenta información anual sobre cada clase de consumidor, la facturación y el consumo en GWh.

Información financiera

En 1994, después de cuatro años consecutivos de pérdidas, Light volvió a presentar ganancias como resultado de la recuperación de la utilidad operacional y de la disminución en los gastos. Las pérdidas habían sido generadas a través de la deuda de la Eletropaulo con Light, y por las modificaciones en la legislación concerniente a la depreciación contable y a la equivalencia patrimonial de las acciones de la Eletropaulo.

El activo corriente está compuesto por las cuentas por cobrar a Eletropaulo, Electrobrás, consumidores, al Banco Central, y por inversiones temporales en acciones. El activo fijo está compuesto por bienes e inmuebles y por las acciones preferenciales de la Electropaulo; éstas últimas representan el 40% del total del activo.

Para el período 1990-1994 el patrimonio líquido había aumentado, pasando de US$3.105 millones a US$6.528 millones.

El capital social de Light se ha mantenido estable en términos porcentuales y tiene la siguiente composición: el 82% lo posee la Electrobrás, la participación de las municipalidades pasó del 1,26% en 1990 al 0,55% en 1994, y las acciones en manos del público aumentaron del 9,31% en 1990 al 17,84% en 1994. El Banco Nacional de Desarrollo Económico y Social (BNDES) tuvo acciones de Light hasta 1991, como consecuencia del proceso de nacionalización ocurrido en la década de los cincuentas. En el Cuadro 3 se presenta la configuración de las inversiones de Light.

Las inversiones relacionadas con programas ambientales están agrupadas bajo el rubro "Servicios de apoyo", entre los cuales figuran la sistematización y la capacitación del personal. En el Anexo 4 se incluye la información financiera de Light para el período 1990-1995.

Términos de la concesión y sistema de tarifas

Por medio del Decreto 5.539, del 30 de mayo de 1905, el Presidente de la República autorizó a la empresa The Rio de Janeiro Tramway, Light and Power Company, Ltd. para realizar el aprovechamiento de la fuerza hidráulica y su transformación en energía eléctrica en el área bajo concesión.

Según la legislación vigente en aquella época, la empresa concesionaria, en este caso Light, quedaría autorizada para utilizar la fuerza hidráulica de las cascadas de los ríos Lajes y Paraíba do Sul, pudiendo realizar todas las obras necesarias, útiles y

Cuadro 3. Inversiones realizadas por la empresa Light

	1992		1993		1994	
Actividad	**US$ millones**	**%**	**US$ millones**	**%**	**US$ millones**	**%**
Generación	1,8	1,46	5,0	4,53	13,4	11,47
Transmisión	39,6	32,06	30,3	27,47	30,8	26,37
Distribución	61,5	49,80	45,5	41,25	44,3	37,93
Servicio de Apoyo	20,6	16,68	29,5	26,75	28,3	24,23
TOTAL	**123,5**		**110,3**		**116,8**	

Fuente: Informes de Light, año por año. Valores a diciembre de cada año.

convenientes para la instalación de una hidroeléctrica. A la concesionaria se le otorgaban los siguientes derechos:

- la exención del impuesto aduanero para la importación de equipos y materiales;
- la expropiación de terrenos y la realización de las mejoras necesarias para instalar y poner a funcionar los respectivos servicios de generación de energía;
- el establecimiento de una tarifa prefijada para el cobro del suministro de energía eléctrica, y
- la exención de algunos impuestos estatales y municipales.

Las obligaciones de la concesionaria se expresaron de la siguiente manera:

- presentar el proyecto general de instalación de las obras y los documentos exigidos por la ley;
- tener un representante legal en el Brasil;
- pagar una cuota de fiscalización anual de 12 *contos de reis** durante la construcción de la obra y de 3 *contos de reis* después de la conclusión de la misma, durante el período de la concesión;
- pagar una contribución anual correspondiente al producto de *2 contos de reis* por la capacidad normal en kilovatios de todos los generadores de energía instalados en sus plantas.

En mayo de 1905, el municipio de Río de Janeiro firmó un contrato con Light para que ésta suministrara energía generada por fuerza hidráulica al distrito federal. La autorización, que fue recibida como transferencia de otra empresa, otorgaba un período de 15 años para el suministro exclusivo contados a partir del 7 de junio de 1900, y concedía una licencia prorrogable por más de 35 años sin derecho exclusivo. Este contrato comprometió a Light a suministrar energía eléctrica a todos los que la solicitaran. También quedó consignada en ese documento una tabla con los precios

* Moneda de la época.

que la empresa le debía cobrar al consumidor según su clase y la cantidad de energía consumida.

La concesionaria quedó obligada a pagar un valor anual que variaba de acuerdo con el avance de la obra. En consecuencia, Light firmó varios contratos con las distintas municipalidades para suministrar energía eléctrica al alumbrado público y a los sectores residencial, comercial, industrial y agrícola.

En resumen, la empresa concesionaria pagaba un valor anual por la concesión. Esto le daba derecho a expropiar terrenos y a realizar las obras necesarias para la generación, transformación y distribución de la energía eléctrica, al tiempo que la declaraba exenta de algunos impuestos. Asimismo, la empresa cobraba una tarifa establecida por el gobierno por el suministro de la energía eléctrica.

La estructura tarifaria de la energía eléctrica definía la relatividad de los precios: "La estructura cubre la diferenciación de las tarifas según los componentes de consumo y demanda, el nivel de tensión de suministro, la clase de consumo y la estación del año. La tarifa debe satisfacer las necesidades financieras de las concesionarias y, al mismo tiempo, alcanzar los objetivos de distribución eficiente de recursos, igualdad y justicia social, la estabilidad relativa de los precios, la simplicidad y el uso racional de la energía eléctrica" (Bitu y Born, 1993).

Dentro de la estructura de precios aplicada a los concesionarios existen actualmente dos grupos tarifarios: uno de alta tensión y otro de baja tensión. Dentro de cada grupo hay clases de consumidores y para cada clase hay niveles de consumo. En cuanto más bajo sea el consumo, más bajo también es el precio kilovatio/hora.

Las tarifas de energía eléctrica se calculan teniendo en cuenta los costos de operación y de mantenimiento de los bienes y las instalaciones en servicio, y el costo de conservación de los activos y la rentabilidad del capital, entendida ésta última como un porcentaje sobre el costo de la inversión realizada en bienes e instalaciones de servicio. Como las tarifas son pre-establecidas, la empresa no puede transferir al consumidor los costos incurridos en los programas destinados a la recuperación, conservación o preservación del medio ambiente. Las acciones que se realicen en este sentido hacen parte de la política de cada empresa y de la del sector eléctrico en general, teniendo en cuenta las regulaciones sobre estudios de impacto ambiental y las presiones provenientes de la sociedad, como aquellas consignadas en la Agenda 21 y los requrimientos de ISO 14000.

El problema de Light como consecuencia de la contaminación del río Paraíba do Sul

Para poder entender el problema de la concesionaria Light como consecuencia de la contaminación del río, a continuación se describe la forma en que opera el complejo de generación de energía eléctrica construido a lo largo del Paraíba do Sul en Ribeirão das Lajes.

En el sitio denominado Ribeirão das Lajes, las aguas del río son represadas y bombeadas hacia la represa de Santana. Posteriormente se bombean nuevamente hacia la represa de Vigario, la cual forma una cascada de 30 metros de altura que alimenta un complejo de plantas hidroeléctricas.

Al salir de las plantas, el agua es canalizada hacia Guandu, represa de propiedad de la Compañía Estatal de Aguas y Alcartillado (CEDAE), la cual es responsable por el 80% del suministro del agua potable para la población de Grande Río. Como parte de la concesión, Light debe garantizar un cierto volumen y calidad de agua para la represa de Guandu, según se establece en las claúsulas del contrato. A continuación se muestra una representación gráfica del funcionamiento del complejo de Ribeirão das Lajes.

Figura 1. Complejo de Riberão das Lajes

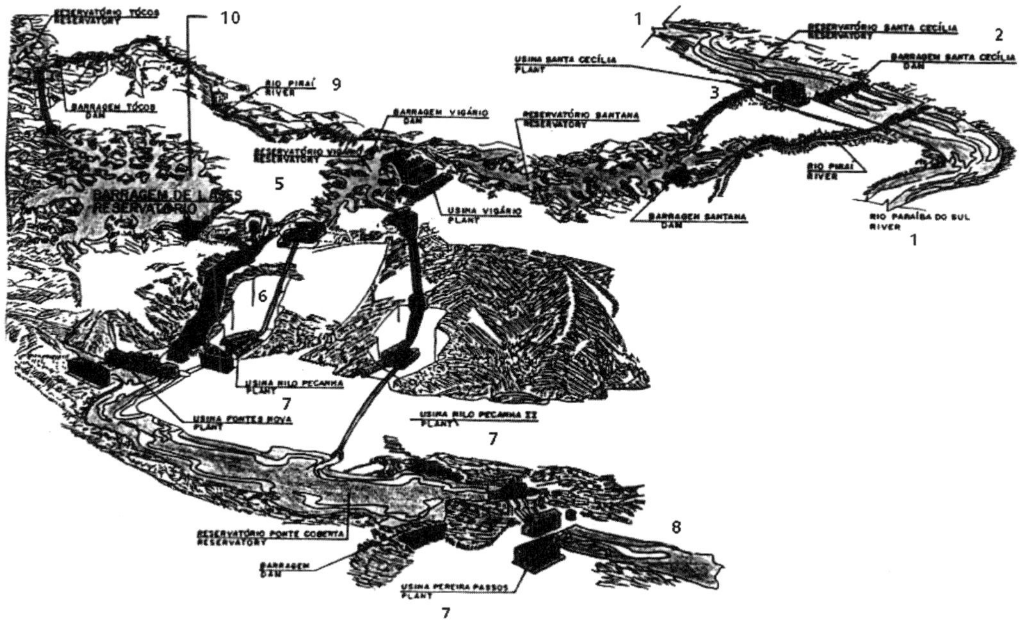

1. Río Paraíba do Sul
2. Captación del agua del río Paraíba do Sul
3. Túnel por donde pasa el agua represada, formando la represa de Santana
4. Represa de Santana
5. Represa de Vigario
6. Cascada de 30 metros que alimenta el complejo de plantas
7. Complejo de plantas
8. Formación del río Guandu, que abastece a la ciudad de Río de Janeiro.
9. Río Piraí
10. Represa de Lajes, que sirve como reserva de "holgura", alimentada por el río Piraí, afluente del Paraíba do Sul.

Cuadro 4. Desagües naturales del río Paraíba do Sul. (% del promedio de largo plazo - MLT por sus siglas en portugués)	
Año	**Desagüe (%)**
1989	110
1990	67
1991	105
1992	83
1993	88
1994	75

Fuente: Light, Informe anual de actividades, año por año.

En el Anexo 5 aparece un mapa del estado de Río de Janeiro donde se muestra el curso del río Paraíba do Sul y se señala la localización de las represas de Ribeirão das Lajes y Guandu. Allí también aparecen los municipios bajo concesión de Light.

Para enfrentar eventuales accidentes ecológicos en el río Paraíba do Sul (como por ejemplo el derrame de aceite debido a la caída de un camión al río), Light desactiva el bombeo del agua hacia las represas de Santana y Vigario y la deja seguir su curso. De esta manera evita que el agua contaminada alimente los generadores de energía eléctrica y siga hasta la represa de Guandu, responsable por el suministro del agua potable.

Es en estos casos cuando el bombeo de agua de la represa de Lajes es activado, cumpliendo así con su función como reserva estratégica para responder a emergencias. Normalmente, las aguas de esta represa presentan un nivel bajo de contaminación porque provienen de afluentes del río Paraíba do Sul para los cuales Light tiene programas directos de preservación, pudiendo entonces garantizar su calidad. Sin embargo, esta represa de "holgura" tiene una capacidad limitada para mantener el nivel normal de generación de energía eléctrica y de suministro de agua por un período prolongado.

Como se mencionó anteriormente, el río Paraíba do Sul es víctima de la contaminación proveniente de diferentes fuentes; ésta tiene los siguientes efectos sobre las represas de Santana y Vigario:

- Obstrucción y disminución de la capacidad de almacenamiento de las represas como consecuencia de la acumulación de metales pesados emanados de la industria, de tierra proveniente de derrumbes y de la basura generada en las ciudades.
- Proliferación en las represas de plantas hidrófilas llamadas "agua-pé", las cuales se nutren de los metales pesados provenientes de las industrias y se reproducen con su ayuda. El área ocupada por estas plantas se duplica cada cuarenta días. Así como sus raíces sirven para obstaculizar el paso de materiales contaminantes, también comprometen la capacidad de almacenamiento de las represas, obstruyen la entrada del agua a las turbinas de generación de energía eléctrica y dificultan la navegación.
- Oxidación de los equipos de generación de energía eléctrica, turbinas y tubulaciones producida por las sustancias químicas y orgánicas presentes en las aguas contaminadas del río Paraíba do Sul.

Cuadro 5. Capacidad de almacenamiento de las represas del Complejo de Ribeirão das Lajes.		
	Capacidad útil	
Año	**(Máxima)**	**(Mínima)**
1989	90,0%	69,7%
1990	70,2%	38,9%
1991	78,4%	50,8%
1992	60,0%	36,0%
1993	63,0%	—
1994	49,7%	—

Fuente: Light, Informe anual de actividades, año por año.

Cuadro 6. Capacidad de almacenamiento de la represa de Ribeirão das Lajes.		
	Capacidad útil	
Año	**(Máxima)**	**(Mínima)**
1990	54,3%	46,6%
1991	71,2%	45,8%
1992	63,0%	43,0%
1993	45,0%	—
1994	64,4%	—

Fuente: Light, Informe anual de actividades, año por año.

La situación de las represas de Santana y Vigario se ha agravado en los últimos años debido a que el río Paraíba do Sul presenta problemas estacionales relativos al desagüe del agua, según lo muestra la información presentada en el Cuadro 4.

Tomando el 100% como base media de largo plazo, el desagüe natural del río Paraíba do Sul presentó su máximo de 160% en 1983, y su mínimo de 60% en 1995. Con relación a la capacidad de almacenamiento de agua, se estableció que las "represas del Complejo de Ribeirão das Lajes finalizaron el año de 1994 con una cantidad de agua equivalente al 31% de su capacidad útil total, la peor situación registrada desde 1980" (Light, 1994, p.11). En el Cuadro 5 se muestra la capacidad de almacenamiento de las represas de Ribeirão das Lajes.

De acuerdo con el Cuadro 6 que aparece a continuación, el volumen de agua de la represa de Ribeirão das Lajes también sufrió una caída.

En términos globales, se puede constatar que se ha producido una disminución en la capacidad mínima de almacenamiento de las represas.

Las consecuencias directas de la contaminación del río Paraíba do Sul para Light son:

- incursión en gastos de mantenimiento de equipos y de personal para drenar periódicamente las represas y para remover el exceso de plantas de aqua-pé;
- desgaste acelerado de los equipos de las plantas y disminución de su tiempo útil, así como aumento en los gastos de mantenimiento de los mismos;
- interrupción del sistema normal de generación de energía eléctrica, lo cual podría resultar en la compra de una mayor cantidad de energía para no afectar la calidad de prestación de este servicio;
- interrupción del sistema normal de suministro de agua, lo cual pone en peligro la prestación de este servicio esencial y perjudica la imagen de la empresa.

Cuadro 7. Composición de la carga de energa eléctrica de Light.

Año	Producción propia líquida (GWh)	% del suministro total de energía producida	Energía Comprada (GWh)	% de energía comprada	Carga propia de energía (GWh)
1989	4.242	19,5	17.538	80,5	21.780
1990	3.704	17,1	17.984	82,9	21.688
1991	4.140	18,9	17.824	81,1	21.964
1992	4.005	18,1	18.186	81,9	22.191
1993	4.108	18,0	18.675	82,0	22.783
1994	3.829	16,2	19.845	83,8	23.674

Fuente: Light, Informe anual de actividades, 1989-1994.

La sola remoción del agua-pé, que debe ser realizada diariamente, le cuesta a Light cerca de US$1 millón al año. En un esfuerzo por disminuir los gastos crecientes generados por este rubro, en 1991 la empresa firmó un convenio con la Universidad Federal de Río de Janeiro para controlar la proliferación de las plantas por medio de la introducción del pez "carpa-césped chino" en las represas.

Dadas a las actuales condiciones hidrológicas, Light tiene capacidad de generar cerca de 4.000 Gwh al año, lo que ha representado un promedio de 18% del suministro total de la demanda de energía. Esto significa que si la capacidad de almacenamiento de las represas decae, y si ocurren desastres ecológicos en el río Paraíba do Sul, la represa se vería obligada a comprar un volumen más elevado de energía sin la respectiva ganancia en términos de ventas. El Cuadro 7 a continuación muestra la disminución en la producción de energía eléctrica de la empresa.

En 1989, por ejemplo, dos derrames de contaminantes en el río Paraíba do Sul ocasionados por terceros produjeron pérdidas en la generación de 1.830 MWh. En 1988, las pérdidas fueron de 11.160 Mwh. Esta situación hizo que Light, junto con las autoridades ambientales estatales y municipales, tomase medidas en contra de las empresas que contaminan el río (Light, 1989).

Teniendo en cuenta que el costo estimado de cada GWh comprado en 1993 fue de US$25.524, las pérdidas de la empresa en 1989 ascendieron a US$46.708,92 y en 1988 a US$284.847,84 (Light, 1993)*.

Pese a la creciente concientización por parte de los empresarios dueños de las industrias situadas a lo largo del Paraíba do Sul y de la capacidad de fiscalización de los estados, Light siempre corre el riesgo

* La energía eléctrica comprada para la reventa a 31/12/93 en *cruzeiros reais* es igual a CR$155'437.537,00 y equivale a US$ 47'665.604,72 (considerando una tasa de cambio de CR$ 326,10 por dólar). Este valor, dividido por la energía comprada en 1993, esto es, 18.675 Gwh, equivale a US$ 25.523,75 por GWh.

de tener que comprar energía adicional sin que ésto corresponda a un aumento en la demanda.

En 1994 se observó una disminución en la producción de energía eléctrica propia y un aumento en el consumo del orden del 2,53%. Tomando como base la producción promedio de 4.000 GWh, se puede afirmar que Light tuvo que comprar 171 GWh debido al descenso en la producción, lo que representó un costo de US$4'360.000. El excedente de la energía comprada se puede deber al aumento de la demanda y por lo tanto se le cobra al consumidor.

Tanto la interrupción de la energía eléctrica como del sumininistro del agua tienen repercusiones que van más allá de lo económico, afectando directamente la imagen de la compañía y la de las otras empresas del sector eléctrico ante la comunidad. Además de los problemas técnicos y económicos ya mencionados, la contaminación del río Paraíba do Sul puede ocasionar otros problemas como son la caída en la demanda de energía eléctrica y una disminución en la calidad de vida de las personas, en virtud de la poca confiabilidad del sistema administrado por Light.

Cuando se comprometen el suministro de energía eléctrica y de agua, las actividades económicas del estado se estancan o se produce una migración de las empresas, lo cual tiene repercusiones adversas sobre los ingresos de la población empobrecida. Esto a su vez contribuirá tanto a la contaminación cada vez mayor del río Paraíba como a la disminución de los ingresos de Light, a consecuencia de la instalación de líneas clandestinas. Así pues, la empresa tendrá menos recursos para invertir con el fin de mejorar la confiabilidad del sistema.

En el Informe de Actividades de 1993, el análisis realizado por los directivos de la compañía indica que, a pesar de que el PIB brasileño había crecido en un 5% en aquel año y que el mercado de energía eléctrica había presentado un incremento del 3,7% en relación a 1992, en el estado de Río de Janeiro "el consumo de energía eléctrica en el área de concesión de Light creció apenas en un 1% como reflejo del débil desarrollo de la economía" (Light, 1993). Esto significa que, en relación con las otras empresas del sector, Light está dejando de ganar, ya que el crecimiento de la economía representa un incremento en el consumo de energía eléctrica. En 1994, esta situación apenas se atenuó, dado que el consumo de energía eléctrica en el área de la concesión de la empresa creció en un 2,5%, mientras que en el resto del país aumentó en un 3,7% (Light, 1994).

Cuadro 8. Datos de costos.

Pérdidas/costos	Valor
Pérdida en la generación de energía por la paralización del sistema entre 1988 y 1989	US$46.000 a US$284.000
Pérdida en generación de energía en 1994	US$4.360.000
Costo anual de remoción del "agua-pé"	US$1.000.000

Fuente: Light, Informe anual de actividades, 1989-1994.

Es necesario subrayar el hecho de que las inversiones y los gastos relacionados con los programas de protección ambiental emprendidos por Light son contabilizados de forma global, razón por la cual no fue posible discriminar esta información.*

Acciones de Light en el Complejo de Riberão das Lajes

En 1986, bajo la orientación del Ministerio de Minas y Energía, se creó dentro de la empresa un núcleo responsable por el estudio de los problemas ambientales. Por medio de convenios con universidades y organismos gubernamentales especializados en esta temática, la empresa realizó un diagnóstico ambiental en el área del Complejo de Ribeirão das Lajes que condujo a la planificación de acciones de preservación del medio ambiente en la región. Los profesionales pertenecientes a este núcleo también participaron en grupos de estudio para evaluar los efectos ambientales de los sistemas eléctricos a nivel nacional y elaborar un Plan Maestro para la protección y mejora del medio ambiente en las obras y servicios del sector eléctrico.

En 1987 se llevó a cabo el primer "Seminario Light del Medio Ambiente" destinado a concientizar a los empleados de la empresa. A partir de 1989, con la transformación del núcleo original creado en la División de Medio Ambiente, la empresa intensificó las acciones de recuperación y conservación ambiental en la represa de Ribeirão das Lajes, manantial artificial sobre el cual Light tiene poder directo de intervención. De la represa hacen parte 14.700 has. de tierra que rodean un espejo de agua de 5.000 has., cuyo volumen asciende a un total de un trillón de litros.

A continuación se presenta una breve descripción de cada una de las acciones emprendidas:

Control biológico de la vegetación acuática. Proyecto de investigación científica en convenio con la Universidad Federal Rural de Río de Janeiro encaminado a controlar la proliferación de las plantas acuáticas (hidrofitos) a través de la introducción del pez carpa-césped chino en las represas.

Calidad del agua. Programa permanente de control de calidad del agua en las represas realizado mediante un muestreo sistemático y análisis de las características químicas, físicas y biológicas del medio hídrico.

Reforestación. Proyectos de reforestación con especies nativas con el propósito de asegurar la protección de los manantiales y de las áreas marginales de las represas (vegetación ciliar).

Control ambiental. Equipos especializados están a cargo del control y manejo de las áreas de las represas restringiendo la caza y la pesca predatorias, con el fin de mantener la biodiversidad de la región y su equilibrio ecológico.

Estudios ambientales para la implantación de la línea de transmisión. Estos estudios tienen por objeto definir los corredores prioritarios por los cuales pasarán las

* Eletrobrás, como empresa holding del sector de energía, ha venido trabajando para establecer un estado de cuentas que posibilite discriminar los recursos financieros asignados a los programas ambientales.

líneas de transmisión y las medidas de protección ambiental que habrá que tomar durante la instalación de nuevas redes.

Educación ambiental. Este proyecto incluye cursos, seminarios y charlas para empleados y alumnos de las escuelas de Light, con el fin de aumentar su consciencia ecológica.

Eliminación de residuos industriales (ascarel). Programa de eliminación de residuos industriales a través del proceso de incineración del PCB (ascarel) y de los materiales contaminados con ese producto en hornos especiales de alta temperatura.

Reciclaje de desechos. Estudios y proyectos para la construcción de plantas de reciclaje y de conversión de las basuras domiciliares en abono, con el fin de proteger el ecosistema de los ríos que llenan las represas del complejo de Lajes.

Estas acciones hacen parte del programa de recuperación de la zona de bosques llamada Mata Atlántica, que en 1933 ganó el premio "Acción Verde" concedido a Light por un grupo de entidades gubernamentales y no gubernamentales dedicadas a la protección ambiental. Entre 1992 y 1995 se sembraron 550.000 plántulas en un total de 220 hectáreas, a un costo de US$1'528.530. Para 1996 está prevista la siembra de 750.000 plántulas en un total de 300 hectáreas a un costo de US$1'350.000 financiados por el Ministerio del Medio Ambiente mediante donación. Sin embargo, este programa representa acciones de protección ambiental solamente sobre el 15% del volumen de los recursos hídricos utilizados por la empresa para la generación de energía eléctrica. El 85% restante proviene del río Paraíba do Sul, el cual, dado su trayecto interestatal no facilita la implementación de medios de control y el desarrollo de acciones comparables a las que se llevan a cabo en la represa de Lajes, alimentada por aquel.

ALTERNATIVAS DE ACCIÓN

Ante la necesidad de preservar la calidad y el caudal de las aguas que alimentan las represas de Santana, Vigario y Ribeirão das Lajes, Light se ha visto obligada a proteger estos manantiales desarrollando medidas preventivas y correctivas, a pesar de no haber sido la responsable por la degradación del río Paraíba do Sul.

Sin embargo, estas medidas no han sido suficientes para controlar las pérdidas técnicas, financieras e institucionales causadas por la contaminación del río; por eso se ha hecho imprescindible emprender acciones a lo largo del curso del río que beneficia a tres estados de la federación. Fue por ello que el Presidente de Light designó al señor Pablo Dias Pizão para que encontrara una solución alternativa para recuperar, conservar y preservar las aguas del río Paraíba do Sul — sobre las cuales Light no tiene derecho de acción directa — para poder garantizar tanto la generación de energía eléctrica como la calidad del agua que recibe la población de Grande Río.

Se esperaba que la solución adoptada tomara en consideración el mejoramiento de la calidad de vida de la comunidad y la preservación del medio ambiente a través de la implementación de proyectos de carácter empresarial. Dias Pizão evaluó cuál sería la mejor manera de delimitar la formulación de un programa con las características anteriormente definidas. Pensó en dos estrategias: la primera con base en acciones de conjunto con organismos institucionales existentes, y la segunda con base en acciones directas de educación e integración con la comunidad.

Acción gubernamental e implementación de una política pública

La primera alternativa considera la vinculación de la empresa a los esfuerzos de saneamiento y control realizados por los gobiernos municipal, estatal y federal a lo largo de todo el trayecto del río Paraíba do Sul. En la región está siendo creado el Comité de la Cuenca del Río Paraíba do Sul (CEIVAP)*, cuyo objetivo principal es el de reglamentar el uso de las aguas del río e integrar las acciones de recuperación y preservación emprendidas en forma aislada a lo largo de su curso. Este comité reunirá representantes de las Secretarías Estatales del Medio Ambiente de los tres estados bañados por el Paraíba do Sul, a saber, Río de aneiro, Minas Gerais y São Paulo.

En diciembre de 1991 se firmó un acuerdo de cooperación con el gobierno francés+ para la evaluación de un proyecto que simulará la creación y puesta en funcionamiento de una organización en la cuenca del Río, el cual se basa en el sistema francés de Comités de Agencias de Cuencas. Este sistema se guía por dos principios paralelos para financiar los proyectos a lo largo del río: "el que contamina paga" y "el que utiliza paga". Debe tenerse en cuenta que estos principios representan un cambio significativo en el esquema del uso del agua, dado que en el Brasil este recurso es gratuito. El usuario, sea residencial o industrial, paga es por la infraestructura necesaria para el uso del agua, como por ejemplo su tratamiento y red de abastecimiento.

En marzo de 1993 se presentaron los resultados de la primera fase de este acuerdo donde se hace una síntesis de las necesidades respecto al manejo integrado de la cuenca del río Paraíba do Sul. A partir del diagnóstico se definió un plan de acción preliminar con un plazo de ejecución de 17 años. Las principales líneas de acción para la cuenca comprenden:

- descontaminación de las industrias y destilerías y control de la prospección minera (US$481 millones);
- protección del suelo y reforestación (US$296 millones);
- recolección y tratamiento de las alcantarillas domésticas (US$1.583 millones);
- consumo de agua potable (US$240 millones);
- recolección y tratamiento de residos domésticos ($1583 millones);

* Mediante el Decreto No. 1.842 del 22 de marzo de 1996 se creó el Comité para la Integración de la Cuenca Hidrográfica del Río Paraíba do Sul (CEIVAP). El comité tiene por objeto garantizar la viabilidad de los programas de inversión, consolidar las políticas de estructuración urbana y regional, y articular las acciones de los diferentes usuarios de los recursos hídricos de los tres estados involucrados.

\+ Acuerdo firmado entre el Departamento Nacional del Aguas y Energía Eléctrica (DNAEE) del Ministerio de Minas y Energía, las Secretarías del Medio Ambiente de los estados de Río de Janeiro, São Paulo y Minas Gerais, el Comité de la Cuenca del Valle del Paraíba do Sul y el gobierno francés.

- abastecimiento de agua potable (US$560 millones), y
- suministro del agua potable a las poblaciones urbanas y rurales (US$51 millones), para un gran total de US$214 millones (Groupe Caisse des Depots, 1993).

En esta alternativa, Light se vincula a este comité y otros organismos similares que se ocupan de las cuestiones ambientales con el fin de presionar para que se adopten medidas que posibiliten una gestión integrada de la cuenca del río Paraíba. Aquí la acción de Light se dirigiría básicamente a ejercer presión para que los estados y municipios ejerzan un mejor control sobre la contaminación, para que se apruebe una legislación eficaz sobre el uso del agua, y para que se creen mecanismos que permitan el manejo integrado de los recursos hídricos de la cuenca del Paraíba do Sul.

En el caso de que la empresa adoptara esta alternativa, las repercusiones potenciales serían las siguientes:

Políticas: Light podría ser considerada únicamente como miembro colaborador en lo que se refiere a la implementación de medidas y acciones punitivas.

Interés público: Contibuiría a la descontaminación del río Paraíba do Sul y a un manejo más equitativo de los recursos hídricos de la cuenca.

Financieras: En principio no habría ninguna; las repercusiones potenciales dependerían de los acuerdos que fuesen negociados dentro del comité.

Resultados operacionales directos: Acciones a mediano y largo plazo que dependen de terceros.

Estructura organizacional necesaria: Ninguna en principio; la empresa sólo tendría que designar aquellos empleados que harían parte de los organismos. Con el tiempo se requeriría crear grupos de trabajo interno para promover las posiciones y las proposiciones de Light dentro de estos organismos.

Esta alternativa se ve favorecida por la posibilidad de desarrollar acciones de largo plazo que involucran a las autoridades ambientales de los tres estados bañados por la cuenca del Paraíba do Sul y a dos niveles diferentes del gobierno, para promover y financiar el manejo integrado de los recursos hídricos. Con ello se garantizaría la recuperación y preservación del río.

Sin embargo, existen tres factores que obstaculizan la adopción de esta alternativa:

- la dificultad de hacer converger los intereses de los diferentes actores que utilizan el río o ejercen control sobre él;
- la necesidad de realizar un trabajo de concientización de mediano a largo plazo, y
- el bajo grado de eficiencia en el corto plazo de las medidas de control emprendidas.

Acción a nivel empresarial

La segunda alternativa consiste en llevar a cabo un programa de educación ambiental y de integración a la comunidad para promover iniciativas de desarrollo sostenible. Esta opción prevé una serie de acciones centradas en el ámbito de Light junto con los municipios que se hallan localizados dentro de la concesión. Se crearía el Programa de Gestión Ambiental -Light, el cual comprendería tres tipos de proyectos: 1) educación ambiental, 2) asistencia técnica, financiera y de facilitación y, 3) promoción y revitalización.

El primer proyecto comprendería acciones de concientización ambiental por temas a través de campañas educativas, distribución de folletos informativos y promocionales, así como la realización de seminarios, encuentros y reuniones en las que participen empresarios, escuelas, técnicos de las prefecturas y miembros de la comunidad asentada en el área de concesión de Light.

En el proyecto de asistencia técnica, financiera y de facilitación, Light actuaría como agente de promoción y coordinación estimulando la creación de consejos municipales de medio ambiente y desarrollo dentro de cada municipio; buscando medios materiales y financieros en forma individual o en conjunto con otros socios para la realización de proyectos de recuperación o conservación del río Paraíba do Sul; y ofreciendo asistencia técnica que haga viable la ejecución de los proyectos emprendidos en los municipios, empresas, escuelas y comunidades.

El tercer proyecto de promoción y revitalización trataría de esclarecer y mantener el ideal ambientalista en la región mediante la creación de premios, la vinculación a las actividades de entidades públicas y privadas nacionales e internacionales, y el acompañamiento de las acciones consignadas en convenios relativos al medio ambiente y al desarrollo implementadas a través de los proyectos ambientalistas de las prefecturas. Estos proyectos serán financiados en forma compartida por Light, los empresarios y las instituciones de la sociedad civil.

En caso de que la empresa adoptara la alternativa de Programa de Educación Ambiental - Light, las repercusiones potenciales serían las siguientes:

Políticas: Prestigio para Light y sus dirigentes por actuar directamente sobre la cuestión del medio ambiente a través de su proyecto de educación ambiental, y con cada municipio a través de los otros dos proyectos; esto posibilitaría la realización de iniciativas diferenciadas que respeten las características locales y los problemas ambientales específicos.

Interés público: Contribución a la recuperación y conservación del río Paraíba.

Financieras: Acciones limitadas por la capacidad de Light y de cada institución participante de negociar y recaudar recursos financieros.

Resultados operacionales directos: Acciones puntuales de corto plazo a través del proyecto de educación ambiental y acciones estratégicas de mediano y largo plazo.

Estructura organizacional necesaria: Creación de un Directorio de Proyectos Ambientales con funciones de coordinación (Light), ejecución, cooperación, apoyo y fomento, que además se encargara de estrechar los vínculos entre los socios, las comunidades y los agentes de promoción.

Entre los factores que favorecerían el desarrollo de las acciones previstas en este programa figuran los siguientes:

- dependencia exclusiva de las acciones de Light; la empresa tendría el control total sobre la planificación, avalúo y utilización de los recursos;

- mayor compromiso de los diferentes actores de cada municipio con la preservación del medio ambiente, teniendo en cuenta su participación directa en la ejecución de los proyectos;
- carácter educativo del programa, lo que hace posible que cada municipio administre esta cuestión independientemente de la acción directa de Light.

Entre los factores que obstaculizarían las acciones previstas en este programa figuran los siguientes:

- la necesidad de conducir un esfuerzo más intenso de articulación con las prefecturas, los empresarios y sociedad civil por parte de Light, lo cual haría que se torne más complejo el control sobre la planificación, ejecución y avalúo de las acciones a desarrollar;
- cumplimiento de los compromisos asumidos por los municipios en el momento de adhesión al programa;
- dependencia de las acciones de Light para garantizar la coordinación de esfuerzos.

En el Anexo 6 se presenta el cronograma de eventos relevantes ocurridos en el período de 1986 a 1996 relativos al Programa de Gestión Ambiental - Light.

Anexo 1

ASPECTOS ECONÓMICOS DE LOS MUNICIPIOS DE RÍO DE JANEIRO BAJO CONCESIÓN DE LIGHT

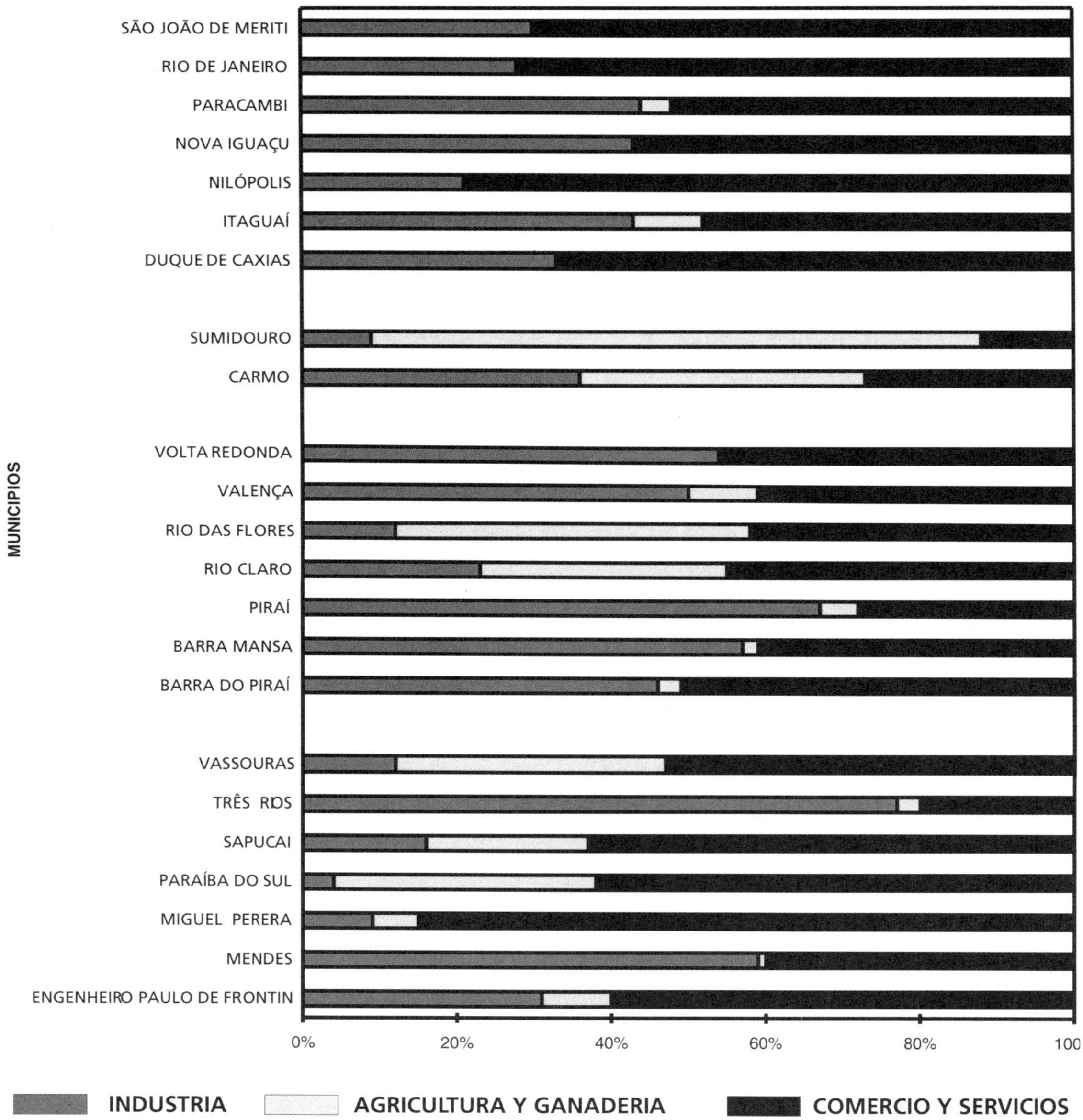

Anexo 2

CONDICIONES AMBIENTALES RELATIVAS A LOS MUNICIPIOS DEL ESTADO DE RIO DE JANEIRO BAJO CONCESION DE LIGHT

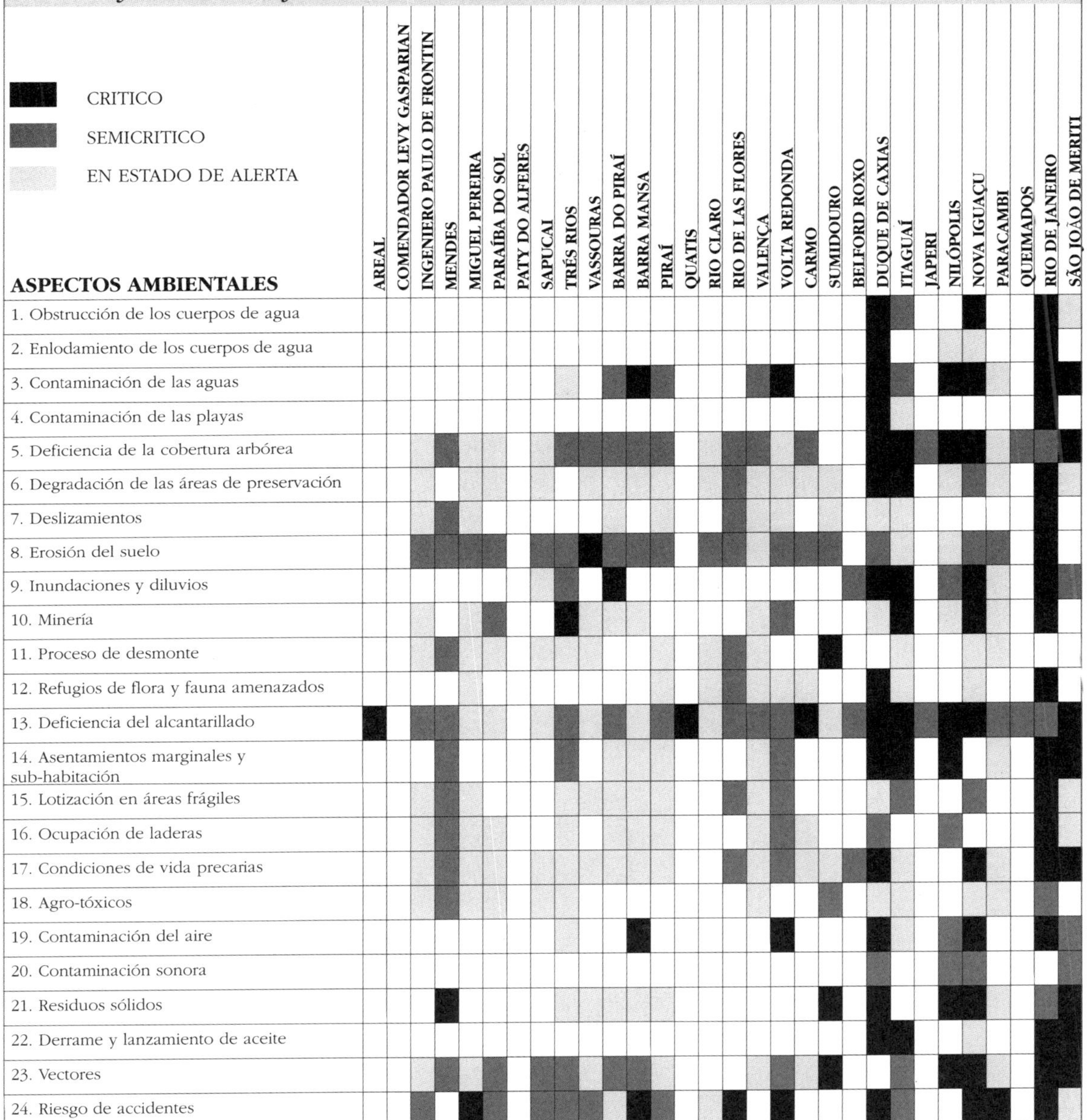

Fuente: Datos de la FEEMA de 1990/1991, Sydenstricker, 1993.

Anexo 3

DATOS SOBRE LOS CONSUMIDORES DE ENERGÍA ELÉCTRICA DE LIGHT

1. Evolución del número de consumidores

AÑO	CONSUMIDORES CATASTRADOS	CONSUMIDORES FACTURADOS
1990	2.610.919	2.544.455
1991	2.671.898	2.598.171
1992	2.714.767	2.617.816
1993	2.758.248	2.658.168
1994	2.781.373	2.689.934

2. Número de consumidores facturados por clase de consumo en diciembre

	1994		1993		1992		1991		1990	
CLASE	nº	%	nº	%	nº	%	nº	%	nº	%
Residencial	2.458.037	91,4	2.429.161	91,4	2.392.044	91,3	2.371.657	91,3	2.322.166	91,3
Industrial	17.322	0,6	17.647	0,7	18.025	0,7	18.756	0,7	18.627	0,7
Comercial	200.790	7,5	197.585	7,4	194.779	7,4	195.186	7,5	191.651	7,5
Rural			3.962	0,1	3.762	0,2	3.656	0,1	3.320	0,1
Gobierno			8.524	0,3	7.954	0,3	7.728	0,3	7,532	0,3
Demás consumidores	* 13.785	0,5	1.289	0,1	1.252	0,1	1.188	0,1	1.159	0,1
TOTAL	**2.689.934**		**2.658.168**		**2.617.816**		**2.598.171**		**2.544.455**	

* En este año el informe presentó las categorías rural, gobierno y demás consumidores como una categoría única.

Anexo 3, cont.

3. Consumo de GWh por clase de consumidor										
	1994		**1993**		**1992**		**1991**		**1990**	
CLASE	**nº**	**1994**	**nº**	**%**	**nº**	**%**	**nº**	**%**	**nº**	**%**
Residencial	5.472,6	27,4	5.487,2	28,2	5.428,7	28,3	5.365,3	27,7	5.365,3	27,7
Industrial	8.101,6	40,5	7.841,6	40,2	7.772,4	40,9	8.046,0	41,6	8.046,0	41.6
Comercial	3.905,2	19,6	3.785,3	19,4	3.674,0	18,9	3.595,2	18,6	3.595,2	18,6
Rural			26,3	0,1	25,2	0,1	25,7	0,1	24,0	0,1
Gobierno			777,8	4,0	785,1	4,1	734,6	3,8	726,8	3,8
Demás consumidores	* 2501,2	12,5	1.569,0	8,1	1.596,7	8,3	1.531,4	8,0	1585,0	8,2
TOTAL	**19.980,6**		**19.487,2**		**19.282,1**		**19.166,9**		**19.342,3**	

* En este año el informe presentó las categorías rural, gobierno y demás consumidores como una categoría única.

4. Distribución de la facturación por clase de consumidor					
	1994	**1993**	**1992**	**1991**	**1990**
CLASE	**%**	**%**	**%**	**%**	**%**
Residencial	35,9	36,7	35,5	37,3	34,7
Industrial	26,5	26,1	27,2	27,1	28,3
Comercial	26,7	26,8	26,3	25,7	27,3
Otras clases	10,9	10,4	11,0	9,9	9,7

Anexo 4

DATOS SOBRE LOS BALANCES DE LIGHT (US$)

FECHAS	**12/31/90**	**12/31/91**	**12/31/92**	**12/31/93**	**12/31/94**	**12/31/95**
ACTIVO TOTAL	*4.948.094.450,50*	*6.239.918.265,60*	*6.039.437.336,00*	*5.729.216.501,00*	*7.850.623.967,50*	*8.162.072.787,60*
Activo Corriente	1.257.842.790,80	1.294.088.047,20	1.468.039.475,30	955.818.216,52	904.521.259,77	966.732.107,60
Realizable LP	399.577.326,42	379.451.396,40	300.085.812,31	261.907.290,97	593.537.814,02	540.126.463,58
Permanente: inversión + fijo	3.290.674.333,20	4.566.378.822,10	4.271.312.048,40	4.511.490.993,50	6.352.564.893,70	6.655.214.216,40
Inv. en Subsidios y Otros	2.487.156.797,30	2.386.958.359,30	1.930.997.699,30	2.262.010.865,10	3.217.879.372,80	3.268.655.953,00
Inv. en Sucursales	—	—	—	—	3,189,183,155.80	—
Otras Inversiones	—	—	—	—	28,696,216.96	—
Fijo	700.137.539,66	1.929.896.662,40	2.078.385.227,00	1.973.250.159,70	2.779.016.496,80	3.021.883.723,10
PASIVO TOTAL	*4.948.094.450,50*	*6.239.918.265,60*	*6.039.437.336,00*	*5.729.216.501,00*	*7.850.623.967,50*	*8.162.072.787,60*
Pasivo Corriente	1.477.252.771,10	1.611.564.798,20	1.868.014.450,00	780.840.825,57	458.576.823,62	370.874.025,99
Exigible LP	365.558.642,50	455.167.407,16	377.153.420,79	389.332.407,42	863.852.229,80	854.680.696,75
Patrimonio Líquido	3.105.283.036,80	4.173.186.060,30	3.794.269.465,20	4.559.043.268,00	6.528.194.914,00	6.936.518.064,90
RESULTADO						
Utilidad Bruta Oper.	836.404.061,88	743.706.557,53	915.562.462,16	907.137.639,82	1.520.147.725,90	1.506.858.571,20
Utilidad Bruta	836.404.061,88	743.706.557,53	915.562.462,16	907.137.639,82	1.520.147.725,90	1.506.858.571,20
Gastos Operacionales	671.216.986,46	728.630.195,94	864.080.000,00	854.442.482,06	1.407.206.829,60	1.356.953.176,80
Utilidad Líquida	-81.564.696,36	-145.794.984.92	-317.485,933.40	-244.178.900,41	144.251.70,37	-113.300.768,15
*Div p/Acción Pagada en el Período	0,00	0,00	0,00	0,00	0,00	0,01
CANTIDAD (Ct) DE ACCIONES Y COTIZACIONES TRI						
Ct Total de Acciones Emitidas	9.446.224.000,00	10.390.846.000,00	10.390.846.000,00	10.390.846.695,00	10.390.846.695,00	10.390.846.695,00
Ct de Acciones Ordinarias	9.446.224.000,00	10.390.846.000,00	10.390.846.000,00	10.390.846.695,00	10.390.846.695,00	10.390.846.695,00
Ct Total de Acciones Calculadas	9.446.224.268,20	10.390.846.695,00	10.390.846.695,00	10.390.846.695,00	10.390.846.695,00	10.390.846.695,00
DIVERSOS						
Formato de Balance	Ind&ComBr	Ind&ComBr	Ind&ComBr	Ind&ComBr	Ind&ComBr	Ind&ComBr
Método Contable	CMI	CMI	CMI	CMI	CMI	CMI
Consolidación	Nao	Nao	Nao	Nao	Nao	Nao
INDICES						
Indice de Solvencia	62,76	66,88	62,82	79,58	83,16	84,98
Indice de Liquidez	0,90	0,81	0,79	1,04	1,13	1,23
Indice de Rentabilidad	0,24	0,16	0,22	0,18	0,21	0,19

Fuente: Economática. Balances y Base Accionaria. Datos Consolidados. En moneda dólar oficial-venta demostrativo de resultados acumulados. Investigación realizada el 31 de mayo de 1996.

Anexo 5

MAPA DEL ESTADO DE RÍO DE JANEIRO

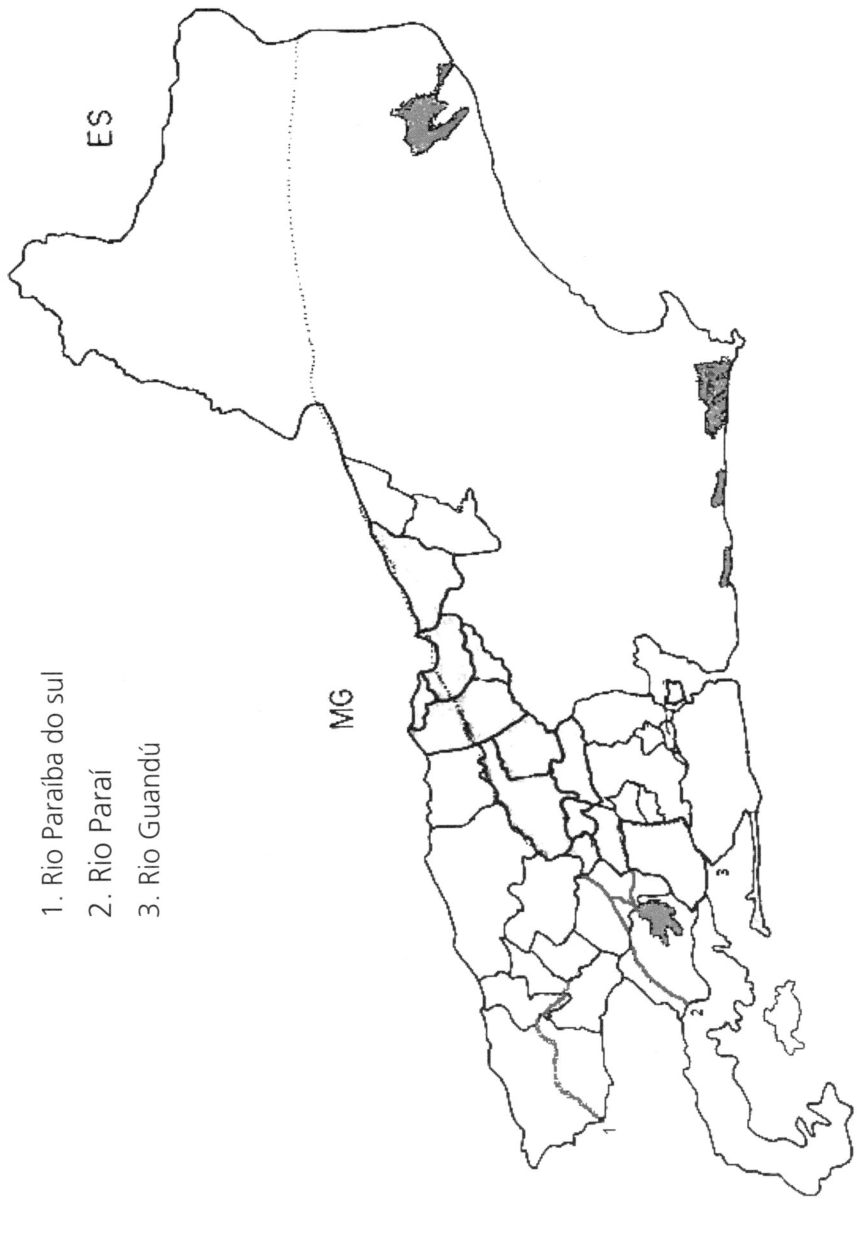

Anexo 6

Cronología del Programa Río Ambiental LIGHT

1986 Siguiendo las orientaciones del Ministerio de Minas y Energía, Light creó un núcleo para estudiar los aspectos ambientales.

1987 Realización del primer seminario *Light Medio Ambiente* para concientizar a los empleados de la empresa.

1989 Transformación del núcleo inicial en División del Ambiente con el objetivo de incentivar las acciones de recuperación y conservación de la represa de Lajes.

18 de mayo 1992 El Consejo de Administración de Light nombra a Joaquim Affonso MacDowell Leite de Castro como director y presidente de la empresa. Este Consejo está constituido por representantes de los accionistas, cuyo socio mayoritario es el Gobierno Federal. El Dr. MacDowell es abogado con experiencia en el campo empresarial.

1991 Firma del acuerdo de cooperación para estudiar la gestión de los recursos hídricos del río Paraíba do Sul con el Departamento Nacional de Aguas, los estados de Río de Janeiro, São Paulo y Minas Gerais y el gobierno francés.

Junio 1992 "Cumbre de la Tierra" en Río de Janeiro.

Final de 1992 Salida del Presidente de la República, Fernando Collor; Itamar Franco asume la primera magistratura. El Dr. MacDowell se mantiene firme en la presidencia de Light.

1993 Light recibe el premio "Acción Verde" por su Programa de Recuperación de la Mata Atlántica y sus acciones ecológicas en la Represa de Ribeirão das Lajes.

Marzo 1994 El Dr. MacDowell contrata a un economista, Paulo Dias Pizão, para que desarrolle un programa de gestión ambiental para Light.

17 de junio de 1994 El Dr. Paulo Dias Pizão presenta al directorio de Light el Programa de Gestión Ambiental

21 de junio de 1994 La junta directiva de Light aprueba el Programa de Gestión Ambiental, cuyo plan de inversiones será aprobado a medida que se presenten los socios eventuales y los fondos para costear los proyectos que forman parte del programa.

21 de agosto de 1994 Firma del Convenio de Adhesión para la cooperación técnica y financiera con el propósito de implementar el Programa de Manejo Ambiental en los 28 municipios que hacen parte del área de concesión de Light. El convenio fue firmado por Light, las prefecturas y por entidades pública y privadas.

Enero de 1995 El Dr. MacDowell es confirmado en sus funciones de director y presidente de LIGHT pese a los cambios en los gobiernos federal y estatal. Asumen la presidencia y vicepresidencia del Brasil Fernando Henrique Cardoso y Marcelo Alencar, respectivamente.

22 de marzo de 1996 Se constituye el Comité para la Integración de la Cuenca Hidrográfica del Río Paraíba do Sul (CEIVAP).

Mayo de 1996 Se privatiza Light. La nueva composición del capital es la siguiente: Consórcio EDF 34,0%; Electrobrás 26,9%; BNDES Participaçoes 9,1%; Cia Siderúrgica Nacional 7,2%; Brazil Export y Trascom-Amurada 2,4%; GTD Participaçao 1,4%; y otros 18,8%. Antes de la privatización la Electrobrás tenía el 81,6% del capital.

Referencias

Bitu, Roberto y Paulo Born. 1993. *Tarifas de energía eléctrica. Aspectos conceptuales y metodológicos.* São Paulo: MM Editora.

Instituto Brasileiro de Geología e Estadística. 1994. *Anuario estadístico de Brasil.* Río de Janeiro: IBGE.

Light. 1994. *Informe Anual de 1994.*

Light 1993a. *Light: 90 años en la historia de Río de Janeiro.* Informe Anual de 1993.

Light. 1993b. *Resultados financieros de 1993.*

Light. 1989. *Informe anual de 1989.*

Light. Patrimonio histórico (documento interno) s.f.

Lima, Eneida Santos Correia. 1992. Gestión integrada de recursos hídricos y la cuestión ambiental: el caso de la cuenca hidrográfica del Paraíba do Sul. Proyecto de investigación. FGB/EBAP (mimeo).

Ministerio de Minas y Energía. Secretaría Nacional de Energía, Departamento Nacional de Aguas y Energía Eléctrica. 1992. Groupe Caisse de Depots. Proyecto Paraíba do Sul, Informe sobre la fase A2.

Sydenstriker, Iara (Coordinadora). 1993. *Guía socioeconómica de los municipios del estado de Río de Janeiro.* Vols. 1 y 2. Río de Janeiro: Gráfica JB.

Mexicana de Cobre*

Víctor del Castillo, Superintendente de Ecología de la principal planta productora de cobre de México, le dio los buenos días a su secretaria, le preguntó dónde estaban tres miembros de su personal técnico, tomó su casco y comenzó a subir la colina hacia la fundidora para asistir a la reunión semanal de la gerencia.

Esa mañana, del Castillo y los otros miembros del equipo gerencial continuaron revisando el progreso alcanzado para hacer de Mexicana de Cobre una de las principales empresas de cobre del mundo, y discutieron sus aspiraciones para el futuro. El tema para la reunión de esa mañana era la política ambiental.

Durante los últimos años, la protección ambiental había surgido como un elemento importante en los negocios de Mexicana. La compañía había establecido sus metas ambientales a finales de los ochenta, respondiendo principalmente a las presiones relacionadas con los planes de México para buscar una mayor integración económica con los Estados Unidos y para garantizar el financiamiento externo necesario para expandir su crecimiento. Para tal fin, el equipo gerencial había trabajado intensamente por varios años para que la compañía mejorara el cumplimiento de las leyes ambientales.

"Bueno", dijo del Castillo. "Nuestra meta es ser la principal compañía minera de cobre del mundo ¿Cómo encaja nuestro desempeño ambiental en esta meta? Por varios años nuestro principal objetivo ambiental ha sido darle un cumplimiento firme a la legislación. Hemos tenido mucho éxito en este sentido, lo cual nos ha reportado rendimientos valiosos. ¿Deberíamos sentirnos satisfechos de estar dónde estamos? Si no es así, ¿dónde deberíamos hacer el énfasis en nuestro futuro?".

Cerrando la discusión del día, el Director de Operaciones de Mexicana de Cobre, Rubén Tello, tomó la palabra. "La prevención de daños ambientales es un parámetro a través del cual se evalúa a las compañías de talla mundial. La protección del ambiente debe estar completamente integrada a las otras operaciones, y debe manejarse con la misma calidad y a la misma altura que otros aspectos del negocio... en cuanto a mis metas personales, quiero que esta compañía sea reconocida como la principal empresa ambiental de México".

El equipo gerencial levantó la sesión con la tarea tácita de averiguar hacia dónde iban y qué papel jugaba la protección ambiental en el futuro de la compañía. Teniendo claro hacia dónde quería ir con los programas ambientales, del Castillo se montó en su camioneta para hacer el reco-

* Este estudio de caso fue preparado originalmente en inglés por Lawrence Pratt, del Environmental Law Institute (Washington, D.C.) y Leonardo J. Cárdenas del Environmental Quality Consultants (Monterrey, México), con el apoyo del INCAE, Costa Rica. La traducción al español fue realizada por Rocío Varela Rosabal de TRAYSER S.A. (Costa Rica).

rrido de 23 Km. hasta la mina y meditar sobre lo mucho que había avanzado la compañía durante los últimos diez años.

Mexicana de Cobre

Mexicana de Cobre es una compañía minera fundada hace 28 años; está incorporada de acuerdo con las leyes mexicanas y es propiedad casi total del Grupo México, una de las sociedades de cartera de inversión (compañía *holding*) más grandes del país. Actualmente cuenta con más de 2.800 empleados, de los cuales cerca de 1.900 son trabajadores sindicalizados y el resto son gerentes o personal administrativo y de apoyo.

Mexicana de Cobre actualmente fabrica cuatro productos: cobre "anódico" con 99,6% de pureza; "cobre catódico", con 99,99999% de pureza, mineral de molibdeno concentrado que contiene 60% de molibdeno por peso, y ácido sulfúrico (un subproducto de la fundición de cobre). Vende aproximadamente 50% de sus 250.000 toneladas de producción anual de cobre a un solo cliente belga. El resto lo utiliza para satisfacer la demanda interna, la cual proviene principalmente de Cobre de México, una compañía de acabado de cobre. El concentrado de molibdeno se vende a una fundidora nacional. El ácido sulfúrico se comercializa internamente y en el exterior, y se utiliza sobre todo para la fabricación de fertilizantes. La compañía actualmente controla casi el 60% de la producción total de cobre de México y cerca del 5% de la producción total de cobre del mundo, lo que la coloca como una de las principales empresas mineras a nivel mundial en cuanto a volumen de producción y a la participación de mercado.

Las principales instalaciones de la compañía están ubicadas en Nacozari de García. Se trata de un complejo de 5.000 kilómetros cuadrados localizado en las montañas de un área semiárida, polvorienta y de fuertes vientos al noroeste del estado de Sonora. La empresa también posee instalaciones de embarques de ácido sulfúrico en el puerto de Guaymas en el Golfo de California. Las operaciones mineras de Nacozari se iniciaron en 1968. A principios de los setenta, la compañía se expandió al procesamiento del mineral. En 1986, Mexicana abrió su primera fundidora para producir cobre anódico, y en 1995 inició la producción hidrometalúrgica de cobre catódico.

Nacozari de García está ubicado a 70 Km. de la frontera de México con Estados Unidos. El área es conocida principalmente por su riqueza en mineral de cobre, por una rebelión de trabajadores mineros que redefinió las relaciones laborales en México, y por el acto heroico de un trabajador minero que salvó a Nacozari de un accidente de ferrocarril y cuyo apellido (García) se agregó al nombre del pueblo. También se le conoce como el hogar de un misionero español del Siglo XVI, Fraile de Anda, quien estableció los primeros asentamientos en San Francisco y Los Angeles, California.

Se trata de un área poco habitada donde existen sólo unos cuantos pueblos dispersos cuyas poblaciones oscilan entre decenas y algunos miles de habitantes cada uno. La mayoría se gana la vida a duras penas con agricultura o ganadería en pequeña escala. No hay agricultura en gran escala debido a lo abrupto del terreno, la escasez de agua, la falta de mano de obra y las rutas deficientes de transporte. El clima del área puede ser difícil. Las temperaturas en invierno descienden a 20°C bajo cero, mientras que en el verano frecuentemente sobrepasan los 40°C. Los fuertes vientos del sur o del norte golpean los valles a medida que atraviesan las montañas. Históricamente, el área ha sido bastante pobre. Sin embargo, durante los ciclos prósperos de la industria minera de cobre se ha logrado que ciertas partes de esta región figuren entre los lugares más ricos del mundo, aunque sólo para empobrecerse rápidamente una vez más, debido a la naturaleza volátil de la minería. Este ciclo continúa hasta el presente. De acuerdo con las leyes nacionales, Mexicana está obligada a distribuir 2% de sus utilidades brutas entre sus empleados. La distribución de este año para las ganancias de 1995 tuvo lugar en abril. Cada trabajador recibió casi US$9.000 en un pago global. En la mayoría de los casos esta cantidad era equivalente o mayor al salario de tres años.

Grupo México

El Grupo México, la compañía matriz de Mexicana, es una importante sociedad de cartera de inversión diversificada con oficinas en el distrito federal que posee el 95% de las acciones de la empresa; American Smelting and Refining Company (ASARCO) tiene casi el 3% (actualmente está negociando vender su parte), mientras que el 2% restante está distribuido entre otros accionistas y algunos gerentes de la compañía. La división de cobre del Grupo México también comprende Mexicana de Cananea, una antigua compañía minera cerca de la frontera con Arizona, y una mina piloto que todavía no ha recibido un nombre formal, localizada en el estado de Baja California. El Grupo México también es dueño de Industrial Minera México (uno de los mayores productores de plata y zinc del mundo y un importante productor de oro), y es el principal propietario de BANAMEX, el banco más grande del país.

Finanzas y estructura de costos

Como las demás empresas del Grupo, Mexicana no revela sus estados financieros al público. Sin embargo, se conoce cierta información. Los costos desde la extracción hasta el punto de venta fueron de casi US$0,75 por libra de cobre en 1995. Estos han permanecido bastante constantes desde 1989, y se espera que disminuyan en uno o dos centavos por libra durante los próximos años, a medida que la compañía logre hacer ahorros de energía y de costos de inventario y aumente la capacidad de la fundidora. Con base en la información presentada en los Cuadros 1 y 2 se puede elaborar una descripción aproximada del estado de pérdidas y ganancias de la compañía.

A partir de la última crisis del peso mexicano en diciembre de 1994, muchas empresas han tenido dificultades para obtener crédito. No se han otorgado empréstitos de largo plazo y las tasas de interés de corto plazo, incluso para las compañías más sólidas, han permanecido en cerca de 50% al año. Mexicana ha evitado estas restricciones de financiamiento gracias a su flujo confiable de ingresos en dólares (el cobre y otros productos que se comercializan a nivel mundial se venden y se cotizan en dólares) y a su demanda de

Cuadro 1. Precios del cobre en los mercados mundiales (US$)

Año	Precio del cobre (Promedio anual/lb)
1990*	$1,21
1991*	$1,06
1992*	$1,04
1993*	$0,88
1994*	$1,05
1995**	$1,10
1996***	$1,04
1997***	$0,86

* Todas las cifras corresponden al promedio anual de los precios mensuales en dólares estadounidenses para la liquidación Categoría A de la Bolsa Mercantil de Londres, tal como se informa en *American Bureau of Metal Statistics Yearbook*, el cual toma sus datos de *Metal Bulletin* y *Metals Week*.
** Los datos de 1995 se tomaron del *Estudio Geológico Estadounidense, Estudios de la Industria de Minerales*, cuya información proviene del *Platt's Metals Week* y *American Metal Market*.
*** Los estimativos para 1996 y 1997 se tomaron de diferentes fuentes de la industria minera y la industria financiera, y fueron ponderados por los autores.

financiamiento en gran escala, lo cual le ha permitido obtener mejores cotizaciones y términos en los mercados mundiales de capitales que a nivel nacional. Mexicana actualmente tiene una baja carga de deuda (cerca del 20% de las utilidades anuales), con casi $60 millones de deuda de largo plazo (10 años en promedio), cuyas tasas de interés oscilan entre 7,8% y 9,5%. Sus acreedores son bancos privados de los Estados Unidos y Europa, y entidades crediticias multilaterales como la Corporación Financiera Internacional (CFI) del Banco Mundial.

Expansión actual

Durante 1996, la compañía ha venido expandiendo su capacidad de producción de cobre con la adición de nuevos hornos en la fundidora, al tiempo que construye una planta refinadora en su complejo industrial que le permitirá convertir su cobre de 99,6% de pureza en cobre de 99,99% de pureza, y extraer millones de dólares de los metales preciosos (arsénico, platino, oro, plata y molibdeno). Se espera que la planta refinadora tenga un costo aproximado de $114 millones y genere casi $2,5 millones de ingresos mensuales. La compañía ha reunido el financiamiento necesario para la construcción de la refinería, la expansión de la fundidora y para ampliar la capacidad de producción de dióxido de azufre, a fin de mantener las emisiones de azufre dentro de los límites de las regulaciones.

Mexicana tiene planes para desarrollar su mina piloto en la parte central de Baja California. Esto requerirá cientos de millones de dólares que Mexicana espera obtener principalmente en los mercados de deuda. También existen planes para construir un gasoducto desde Arizona hasta Nacozari. Esta inversión sería un proyecto de largo plazo que reduciría considerablemente los costos energéticos de Mexicana y la contaminación del aire, al sustituir por gas natural el petróleo pesado residual que la empresa utiliza en el precalentado y secado del mineral.

Producción de cobre

Minería

El primer paso para obtener cobre es la explotación minera. Mexicana de Cobre utiliza una estrategia de mina a cielo abierto que requiere perforar cuidadosamente niveles sucesivos de montaña hasta alcanzar una profundidad de 16 metros mediante un proceso de explosiones calculadas; éstas generan tierra de baja densidad que es removida posteriormente por excavadoras y camiones con una capacidad de 240 toneladas. La tierra se deposita en uno de tres lugares. El mineral de baja ley (que contiene menos de 0,15% de cobre) —el cual se considera inútil para la producción de cobre —se elimina en la parte de la montaña que no contiene mineral, esencialmente creando una nueva montaña; el mineral de mediana ley (entre 0,15% y 0,29% de cobre) se coloca en el área de lixiviación para entrar al proceso hidrometalúrgico; y el mineral de alta ley (con un contenido de cobre mayor a 0,29% cuya concentración podría variar dependiendo del precio de mercado) es llevado a las trituradoras para iniciar el proceso de concentración y fundición. El Anexo 1 describe el proceso de fabricación de cobre en Mexicana.

Trituración

El mineral de alta ley se somete a un proceso de pulverización en tres etapas que reduce el tamaño de los pedazos grandes de tierra (aproximadamente 50 centímetros de diámetro) a pequeñas rocas de menos de 3 centímetros de diámetro. El proceso es mecánico y no requiere ninguna reacción química. Al entrar a la tercera etapa se le agrega agua a la roca para agilizar el flujo y para ayudar al proceso final de pulverización.

Cuadro 2. Niveles de producción de cobre en Mexicana de Cobre

	Mina (millones de toneladas de mineral)	Concentración (miles de toneladas de cobre 32%)	Fundidora (miles de toneladas de cobre 99,6%)
1981	32		
1982	34		
1983	40	446	
1984	39	451	
1985	37	457	
1986	38	436	29
1987	41	475	83
1988	42	487	120
1989	44	466	120
1990	45	571	143
1991	48	539	123
1992	55	494	160
1993	62	475	180
1994	66	507	184
1995	68	510	196

Fuente: Mexicana de Cobre.

Concentración

El proceso de concentración recibe un *slurry* (agua, pequeñas rocas y polvo) proveniente de la pulverización que contiene 0,6% de cobre con 0,02% de molibdeno; éste se recoge en un "concentrado de cobre", que contiene cobre 32% puro, y en un "concentrado de molibdeno", que contiene molibdeno 60% puro y desechos (menos de 1% de cobre o molibdeno).

El proceso comienza con la adición de químicos especializados al lodo, lo cual mantiene las partículas de cobre secas durante el último proceso de pulverización y durante todo el proceso de concentración. El siguiente paso consiste en depositar el lodo en estanques de concreto (aproximadamente de 3 x 3 x 3 metros) y agitarlo mecánicamente mientras se bombea aire al estanque; de esta manera las burbujas llevan el cobre liviano (seco) a la superficie, donde se desborda de los estanques con la espuma. La mezcla de espuma contiene cobre, molibdeno y compuestos de hierro; estos se mezclan luego con otros químicos especializados que agregan peso a las partículas de cobre, haciendo que el molibdeno sea relativamente liviano y liberándolo de la misma manera que el cobre para producir un concentrado de molibdeno al 60%. Las partículas restantes se secan parcialmente conservando una humedad de 8%. El concentrado de cobre, ahora en forma de arena húmeda gruesa, contiene 30% de cobre, principalmente en la forma de sulfito de cobre mezclado sobre todo con sulfato de hierro. El lodo que queda en los estanques pequeños es transferido a estanques redondos grandes (aproximadamente de 200 metros de diámetro) donde se le extrae el agua para ser reutilizada; la mezcla restante es una razón de sólido a agua de 1:1 con menos de 0,1% de cobre que se lanza a las coleras.[*]

Fundición

El mineral concentrado se transporta desde la planta de concentración hasta la fundidora, que queda a 23 kilómetros de la primera. El concentrado se esparce en lechos receptores de manera que las camionadas se puedan homogenizar, produciendo una concentración uniforme a medida que el mineral entra al proceso de fundición. El concentrado se seca a una temperatura elevada (90°C). Una vez seco, el concentrado se pasa por un horno "flash" donde el azufre (en el sulfito de cobre y el sulfato de hierro) reacciona con el aire lleno de oxígeno (el aire regular tiene 21% de oxígeno; el aire enriquecido tiene casi 51%). Esta reacción produce un calor muy elevado (aproximadamente 2.000°C), que funde los metales y libera óxidos de azufre (principalmente dióxido de azufre). La mezcla de metal fundido produce casi 60% de cobre (llamado "mata") y una gran cantidad de óxidos de hierro fundidos que se remueven y envían a un kilómetro de distancia para su eliminación. La "mata" se envía a otros hornos donde se le agregan silicatos para eliminar el hierro restante y otras impurezas, produciendo 98% de cobre líquido (llamado cobre "blister"). El cobre blister se coloca en un horno refinador donde se mezcla con propano y aire para producir cobre de 99,6%. El cobre se vierte luego en moldes donde se enfría con agua, resultando en placas de 300 kilos (ánodos).

Hidrometalurgia

La hidrometalurgia se realiza paralelamente al proceso de trituración, concentración y fundición. Este consta de tres etapas básicas. Primero, las pilas de lixiviación (de mineral de mediana ley) se rocían con una solución de ácido sulfúrico depositada en

* Lagos secos de sales ácidas infértiles creados como resultado del proceso de concentración del cobre.

ellas, la cual produce una reacción con el mineral de cobre formando soluciones de sulfato de cobre que caen por gravedad llenando un gran estanque embalsado*. Estas soluciones se bombean luego a una segunda etapa donde se le agregan solventes purificadores. Una vez se remueven los solventes lo que queda es una solución de cobre altamente concentrada y ácida que se bombea a unas celdas para la etapa final. En esta etapa, una corriente eléctrica atraviesa la solución y el cobre se deposita en placas de acero inoxidable por siete días. Finalmente se remueve el cobre de las placas en láminas de 40 kilogramos con aproximadamente 15 mm. de grosor y una pureza de cobre de 99,99999%.

Efectos Ambientales de la Producción de Cobre

Por su naturaleza misma, la producción de cobre es una actividad ambientalmente destructiva. En circunstancias ideales, las actividades mineras deberían cambiar solamente la topografía del área explotada. En la práctica, sin embargo, muchas compañías mineras no se han preocupado por la protección ambiental. Al igual que otras industrias mineras, la del cobre ha operado históricamente en áreas remotas y por lo tanto aisladas de los cambios en materia de política ambiental; por esta razón los esfuerzos de estas industrias por mejorar su desempeño ambiental han sido muy modestos.

En los últimos años, la toma de conciencia respecto a los problemas ambientales y el surgimiento de normas en este campo han afectado la manera en que se realizan las operaciones mineras, colocando las consideraciones ambientales en un nivel más elevado en la escala de prioridades. Factores tales como la contaminación del aire, los vertimientos en las fuentes de agua, la eliminación de desechos peligrosos, la deforestación y el peligro que corren algunas especies han cobrado importancia frente a las metas de producción y ventas. Aun así, en casi todos los países las industrias mineras continúan rezagadas frente a otros sectores de la producción en lo que respecta al progreso ambiental. Mexicana ha desarrollado una estrategia de largo alcance, basada principalmente en los mandatos legales mexicanos, para mitigar muchos de los impactos negativos de la minería de cobre.

Por lo general, las consideraciones para la protección del ambiente se inician mucho antes de que comiencen las actividades mineras, y frecuentemente continúan por decenas de años después de que éstas cesan. Un manejo ambiental apropiado requiere de planificación e intervención en un continuo de tiempo prolongado y en diversos tipos de operaciones. Los impactos más significativos de la minería tienen que ver sobre todo con la escala de las operaciones. Para remover una montaña se requiere usar una variedad de equipo para procesos en gran escala. Debido al gran tamaño de las operaciones, una fuente relativamente pequeña de contaminación puede producir un impacto significativo. Por ejemplo, el aceite usado de los motores de Mexicana (camiones y maquinaria pesada)

* Presa con protección para evitar fugas al subsuelo.

podría llenar una piscina de tamaño normal en menos de un mes.

A continuación se presentan los impactos ambientales adversos más significativos de la producción de cobre. En el Anexo 2 se incluye una lista más completa con detalles adicionales, así como la respuesta de Mexicana a estos impactos.

Minería. El proceso de explotar y trasladar 90.000 toneladas diarias de tierra tiene impactos ambientales significativos. El paisaje natural se altera en forma irreversible en tanto se elimina la vegetación, reduciendo así el hábitat animal. Asimismo se libera la escasa agua del suelo, y frecuentemente se perturban las corrientes de agua subterránea. La maquinaria necesaria para la minería es grande y pesada y crea enormes cantidades de polvo a partir de la tierra que ha sido perturbada. Este polvo daña la vegetación, destruye el hábitat e incluso contribuye al desgaste de la maquinaria.

Trituración. El proceso de pulverización produce grandes cantidades de polvo; éstas se desprenden de las bandas transportadoras de más de 5 km. a través de las cuales se lleva la piedra de un pulverizador a otro. Los impactos de este polvo son similares a los del polvo de minería, pero están más concentrados puesto que tanto su cantidad como su exposición al viento son mayores. La pulverización consume más de 25 megavatios de electricidad por mes, representando más de la mitad del consumo de energía eléctrica de todo el complejo minero.

Concentración. La planta de concentración es la mayor productora de impactos ambientales de Mexicana. Después de que se elimina el cobre y el molibdeno, el material restante (llamado "colas") permanece en una mezcla de agua con un pH muy elevado (extremadamente básico) y en partículas en suspensión (principalmente silicatos) con un pH muy bajo (extremadamente ácido). La mezcla es llevada por gravedad a través de un cañón aislado a un área embalsada de sedimentación a varios kilómetros (creando las coleras) donde los sólidos de la mezcla se asientan; es así como se forman lagos secos de sales ácidas infértiles. Las coleras representan docenas de millas cuadradas de tierras deforestadas sin posibilidad de regeneración natural en un período aceptable. El flujo de sales a estas coleras es inmenso. Más de 85.000 toneladas de compuestos ácidos en suspensión llegan a las coleras cada día (el equivalente a la carga de casi 2.000 tractores). Las coleras activas parecen lagos grandes con varias millas de longitud que se secan gradualmente debido a la evaporación. Los lagos secos resultantes no pueden sostener la vegetación, y el polvo proveniente del lago transportado por el viento o el agua perjudica el suelo saludable, dificultando aún más el crecimiento de especies naturales en una área mucho más extensa.

Fundición. El impacto ambiental de una fundidora puede ser muy grande. De hecho, se considera que la fundición figura entre las operaciones industriales más dañinas al medio ambiente. A nivel mundial, la atención se ha concentrado en las fundidoras y por lo tanto las regulaciones en muchos países, incluyendo a México, han obligado a muchas a cerrar. La principal preocupación es la generación masiva, tanto actual como potencial, de dióxido de azufre, un contaminante atmosférico peligroso que al entrar en contacto con suficiente humedad — como la que se encuentra en las nubes de lluvia o en los aparatos respiratorios de animales o del ser humano — produce ácido sulfúrico. La lluvia ácida, las enfermedades respiratorias en las personas y el daño a las plantas son algunos de los efectos de la fundición en el medio ambiente y en la salud.

Hidrometalurgia. Este proceso relativamente nuevo tiene un enorme impacto potencial sobre el medio ambiente. Para llevarlo a cabo se requiere un uso extremadamente elevado de ácido sulfúrico que se rocía al aire libre sobre hectáreas de roca expuesta. El ácido disuelve el cobre de las rocas y la solución resultante de sulfato de cobre se mantiene en un gran estanque embalsado. La solución es un contaminante potencial de agua subterránea si se filtra por el fondo del estanque. Este estanque es extremadamente ácido (pH = 2) y se halla expuesto a la fauna silvestre (aves y animales terrestres), cuyos especímenes morirían si cayeran accidentalmente en él. Un estallido del embalse también es una posibilidad catastrófica con repercusiones impredecibles para todo el Grupo México. El costo de limpieza de dicho estallido sería astronómico y probablemente equivaldría a varios años de las utilidades de Mexicana.

Manejo ambiental en Mexicana de Cobre

Desde 1985, la compañía ha recorrido un largo camino para poner en práctica un programa ambiental que permita reforzar los diversos objetivos de la empresa. Muchos factores, tanto externos como internos, han contribuido a crear un programa en el que se integran el cumplimiento de la legislación y reglamentos ambientales con principios de gerencia para la calidad, ecoeficiencia y participación comunitaria. En 1985, los Estados Unidos y México firmaron el Tratado de La Paz, a través del cual se establecieron una variedad de programas para mejorar las condiciones ambientales en el área fronteriza. Uno de los aspectos principales del tratado es un acuerdo para limitar estrictamente las emisiones de las fundidoras mexicanas y estadounidenses (principalmente fundidoras de cobre) en el área fronteriza de Sonora y Arizona, el cual entró en vigencia cuando Mexicana de Cobre estaba preparándose para abrir su nueva fundidora.

A fin de satisfacer los requisitos legales anteriores a La Paz, Mexicana decidió que necesitaba una enorme chimenea para dispersar las emisiones de la fundidora. Fue así como invirtió decenas de millones de dólares en una chimenea de 280 metros de altura (la estructura de concreto más alta de Latinoamérica hasta la fecha) que para el día que se concluyó su construcción ya era obsoleta.

Al enfrentar las exigencias del nuevo tratado, Mexicana se vio obligada a construir una planta de ácido sulfúrico con tecnología de punta que capturaría casi todo el dióxido de azufre del proceso de fundición antes de que fuera liberado al medio ambiente. El principal problema era que la planta tenía un costo muy elevado. Su mayor ventaja era que gran parte del ácido sulfúrico resultante se podría utilizar internamente —lo cual permitía ahorros de costos significativos —, y el resto se podría vender a un precio razonable. En ese momento, la gerencia de Mexicana consideró que podría lograr un punto de equilibrio en esta "inversión forzosa".

Aun así, Mexicana había hecho dos grandes inversiones de capital para controlar el flujo de desechos, siendo éste el primer gran problema ambiental que enfrentó la compañía. Lo interesante es que este revés económico y las evidencias del cambio de actitudes hacia la protección del medio ambiente en los Estados Unidos y México no transformaron la manera en que Mexicana tomaba las decisiones sobre asuntos ambientales. Fue así como la compañía estableció un departamento ambiental con pocos recursos y un enfoque muy poco original donde la función ambiental se reducía a una simple "lectura del medidor". Un miembro del personal ambiental (a quien se le llamó el "hombre sandwich" porque se lo veía "más a menudo con un sandwich que con un casco") registraba las lecturas de las estaciones de monitoreo de la compañía instaladas dentro del complejo y en sus alrededores. Cada vez que una lectura excedía el límite de las regulaciones (13 partes por millón [ppm] de óxidos de azufre [SOx]), el "hombre sandwich" se lo informaba al jefe del departamento, en donde se ignoraba su reporte o se justificaba como un mal necesario para satisfacer las cuotas de producción.

Tiempos cambiantes en el manejo ambiental

El cambio real se produjo hacia 1990 cuando, en un período relativamente corto, se conjugaron una serie de factores (regulatorios, de mercado, laborales y de personal) que crearon las condiciones propicias para que se produjera una trasformación drástica en el área ambiental.

En ese momento entró en vigencia la nueva Ley General de Equilibrio Ecológico aprobada por el Congreso Mexicano en 1988. De acuerdo con esta legislación, las autoridades gubernamentales pueden cerrar una planta (temporal o permanentemente, parcial o totalmente) por incumplir con las leyes y normas ambientales. Este poder se utilizaba esporádicamente, reservándose para infracciones graves. Sin embargo, en 1990 las autoridades federales comenzaron a hacer un uso más eficaz de esta herramienta legal. Varias empresas prominentes (incluyendo importantes empresas mineras) fueron cerradas por varias semanas, lo cual en algunos casos les ocasionó costos de decenas de millones de dólares en utilidades perdidas.

Por esa misma época, muchos compradores internacionales, particularmente los europeos, comenzaron a preocuparse por el contenido de arsénico en el cobre. Frecuentemente se encuentran cantidades de trazas de arsénico, un elemento extremadamente tóxico, en el mineral de cobre. El arsénico se comporta de forma tan similar al cobre que es difícil separarlo de aquél en el proceso de producción. Los ánodos de cobre terminado usualmente tienen una pequeña cantidad de arsénico. La cantidad exacta es difícil de predecir, pero se puede medir por tandas. El principal cliente de Mexicana comenzó a "castigar" a la empresa cuando detectaba cantidades de arsénico superiores a los niveles que consideraba aceptables. Aunque no eran castigos graves, la gerencia de Mexicana creía que esto era parte de un movimiento de mercado potencialmente importante que había que vigilar cuidadosamente y para el cual no se tenía una respuesta inmediata.

Entre tanto, un joven y agresivo gerente de mandos medios llamado Jorge Meza comenzó a asumir mayores responsabilidades y a tener más éxito en la operación de la fundidora. Sus esfuerzos lo llevaron a ocupar el puesto de gerente de la fundidora en 1991. En su primer año, Meza logró triplicar la producción, afianzándose en su puesto y estableciéndose como un importante líder futuro de la compañía. Poco después, Mexicana le ofreció el puesto de ingeniero jefe de seguridad a un profesional muy experimentado llamado Víctor del Castillo. Del Castillo dejó un trabajo muy bueno en la planta de Hermosillo (la capital del estado de Sonora) de una importante cervecería mexicana y se mudó con su familia. Al llegar a Nacozari se enteró de que el puesto de jefe de seguridad no estaba disponible, así que no le quedó otra alternativa que aceptar la posición menos atractiva de jefe ambiental de la fundidora que le ofrecieron a cambio, dado que ya había renunciado a su trabajo en la cervecería. Del Castillo pasó así a trabajar para Jorge Meza.

Su experiencia en una industria de procesos en gran escala resultó ser muy valiosa para Mexicana; con el apoyo de Meza, del Castillo se convirtió casi inmediatamente en una pieza muy importante del engranaje de la empresa. Comenzó a traer nueva información sobre manejo ambiental (regulaciones, tendencias, técnicas de ecoeficiencia, etc.) y la distribuyó entre los gerentes y trabajadores de la fundidora de una manera muy instructiva y participativa. También se propuso identificar nuevas oportunidades para reducir la contaminación y aumentar la rentabilidad de la compañía. Utilizando un enfoque holista — el cual combina los problemas originados en múltiples medios (aire, agua y desechos) con objetivos de producción, consideraciones de seguridad y necesidades comunitarias — el manejo ambiental dejó de ser una actividad de lectura de medidor para convertirse en un esfuerzo por encontrar soluciones a los problemas detectados. Del Castillo y Meza rápidamente comenzaron a ser reconocidos tanto por este enfoque como por el valor que éste le estaba generando a las operaciones de la fundidora.

La meta principal del programa era garantizar que la fundidora acatara totalmente las leyes mexicanas, y la de la compañía era aumentar la capacidad de producción. Un cierre por parte de las autoridades ambientales pondría en peligro la expansión de la operación, la cual dependía del aumento de capital. Un cierre tendría además el efecto inmediato de pérdida de ingresos (afectando el flujo de caja), al tiempo que afectaría la reputación de la empresa; esto, a su vez, complicaría la consecución de empréstitos, particularmente en mercados internacionales, y aumentaría considerablemente la cantidad del tiempo requerido para obtener los permisos necesarios de expansión.

Paralelamente, los mercados financieros mundiales liderados por instituciones como el Banco Mundial y su Corporación Financiera Internacional exigían cada vez con mayor insistencia que las compañías cumplieran con requisitos ambientales estrictos, entre ellos el acatamiento de la ley ambiental local y la adopción de un sistema de manejo confiable para garantizar que los aspectos ambientales estuvieran bajo control. Por ello estaban presionando a sus clientes para que los acataran a cabalidad.

En 1992 Mexicana enfrentaba una situación laboral desesperada, pues la tasa de rotación de trabajadores del año anterior había sido de un 140%; fue así como la compañía decidió tomar medidas agresivas. Estas se materializaron en una serie de programas para fomentar la retención del personal, principalmente mediante la promoción de una cultura más amigable con sus familias. Del Castillo aprovechó los programas aludidos para promover simultáneamente una cultura ambiental más positiva. Fue así como dió inicio a sesiones de capacitación para todos los empleados a través de conferencias dictadas por expertos ambientales externos; incluso se cercioró de que a los estudiantes de primer grado de primaria de la escuela administrada por la compañía se les impartiera educación ambiental. La idea era hacer que el medio ambiente formara parte integral de la nueva cultura familiar.

Esta nueva orientación, combinada con una agresiva campaña de contrataciones y despidos, redujo la tasa de rotación a casi 6% en 1995. Para del Castillo, lo más importante era que los trabajadores que se quedaron comenzaran a aceptar la idea de que la protección ambiental era importante. Paralelamente, los recién enganchados entraban a laborar de una vez en un entorno permeado por una cultura ambiental y orientada a la familia. Esto le permitió al ingeniero dirigir su atención a otros asuntos.

Sus esfuerzos no sólo consiguieron que la fundidora acatara a cabalidad las normas ambientales (una medida bastante defensiva), sino que apuntaron además a disminuir los desechos y otras ineficiencias de índole ambiental. Los programas de conservación de agua y energía a nivel comunitario resultaron muy eficaces en función de los costos (la compañía paga por el agua y la electricidad de sus trabajadores). Otros programas como la prevención de derrames, cambios en los horarios de mantenimiento, reciclaje y un mejor manejo de residuos estaban produciendo aumentos considerables de eficiencia, al tiempo que reducían costos.

La alta gerencia se preguntaba si las destrezas de del Castillo serían eficaces en otras áreas de la compañía, por lo que le solicitó que comenzara a examinar el desempeño ambiental en la planta de concentración. Pero como su departamento contaba con pocos recursos, el ingeniero se vió obligado a cambiar de estrategia porque con la actual no podía resolver los problemas ambientales de todos. Fue así como del Castillo le dió un vuelco al enfoque utilizado por su grupo, pasando de la solución de problemas a la detección de problemas. El equipo se concentró en identificar problemas y oportunidades y en hacer recomendaciones a los gerentes de línea sobre cómo mejorar su desempeño ambiental de tal manera que fuera eficiente en función de los costos. Esto tuvo una consecuencia imprevista, y fue hacer que los gerentes de línea pensaran de manera más global sobre la ecoeficiencia, en la medida en que eran responsables de "solucionar sus propios problemas". Bajo la orientación de del Castillo y su equipo, los gerentes de línea comenzaron a diseñar una serie de proyectos y programas eficientes en función de los costos, cuyos resultados fueron muy alentadores.

Mejorar el manejo ambiental

En 1993, Mexicana creó el cargo de Superintendente de Ecología. Esta posición dependía directamente del Director de Operaciones (al mismo nivel de Meza, el gerente de la concentradora y otros funcionarios de alta gerencia). Meza estaba renuente a permitir que Victor del Castillo se fuera de la fundidora, pero admitió que era arriesgado contratar a alguien más para el puesto de superintendente. "Quería a alguien en quien pudiera confiar, alguien que me ayudara; por ello preferí sacrificar a Víctor, en vez de tener que tratar con alguien nuevo que probablemente actuaría como policía ambiental, recitando las reglas en vez de ayudar a resolver problemas". Con el apoyo activo de Meza se le dio el puesto a del Castillo, quien ahora estaba a cargo del desempeño ambiental de toda la operación (mina, planta concentradora y fundidora), y también de la unidad operativa hermana de Mexicana de Cobre, Mexicana de Cananea (ubicada a aproximadamente a 50 km. al norte de Nacozari, cerca de la frontera con Arizona), así como del nuevo proyecto minero de la compañía (ahora en fase piloto de producción) en el estado de Baja California.

Con responsabilidades tan amplias, del Castillo y su equipo (el cual contaba ahora con un tercer empleado para trabajar directamente con Meza en la fundidora) tuvieron que concentrar sus esfuerzos en asuntos incluso más estratégicos, dedicándose esencialmente a la formulación de políticas en conjunción con promotores externos (reguladores, líderes comunales, el personal de mercadeo que está en contacto permanente con los clientes, y financistas) y a darle respuesta a las necesidades de los departamentos funcionales. La otra responsabilidad fundamental de del Castillo era garantizar que se contara con los recursos necesarios de la alta gerencia para hacer mejoras ambientales, una tarea en la cual había resultado todo un experto. Como bien lo expresó uno de los gerentes de la planta concentradora, "no sé exactamente cómo lo hace, ¡pero caramba!, ese tipo realmente puede producir flujo de caja".

Efectos sobre la reputación de Mexicana

Los cambios en Mexicana de Cobre se llegaron a conocer dentro de la industria minera en todo el mundo, así que la empresa comenzó a figurar en la vanguardia ambiental y tecnológica de la industria de cobre. El enfoque adoptado por Mexicana de integrar los factores ambientales a las decisiones gerenciales se estaba promoviendo en otras compañías del Grupo México. Industrial Minera México, por ejemplo, había comenzado a implementar sistemas de manejo ambiental en sus plantas de Monterrey y San Luis Potosí. Este proceso fue el resultado de enviar más de 30 empleados cada año a Nacozari para recibir capacitación en los seminarios ambientales organizados por Mexicana de Cobre en sus instalaciones.

Esto le ha reportado el reconocimiento significativo de las autoridades ambientales mexicanas, tanto de aquellas que fijan las normas, como de las que las aplican. Las autoridades federales han manifestado que el desempeño ambiental de Mexicana es excepcional dentro de la industria minera nacional. El grupo de silvicultura de la Secretaría del Ambiente (SEMARNAP) considera que los programas de reforestación cooperativos de Mexicana son muy buenos. El acatamiento de leyes y normas es excelente. Esta reputación le permitió a Mexicana hacer un acuerdo especial para evitar los elevados costos de las inspecciones estatales de vehículos motorizados para sus más de 100 vehículos. Mexicana desarrolló un programa riguroso de certificación de mantenimiento que garantizaba resultados superiores a una fracción del costo, tanto para la empresa como para el gobierno.

Incluso grupos ambientalistas han mostrado respeto por el desempeño de Mexicana. La Arizona Toxics Coalition, un grupo de vigilancia que le hace un seguimiento cuidadoso a la industria mexicana y estadounidense en el área fronteriza afirma que "no tenemos problemas con Mexicana de Cobre; los tenemos con otras industrias mineras de México".

A diferencia de muchos de sus competidores, la reputación ambiental de Mexicana es muy buena dentro de la comunidad financiera internacional. Los acreedores hacen visitas regulares a las instalaciones de la empresa para evaluar la producción y el desempeño ambiental de las operaciones, y han señalado informalmente que desearían que otras operaciones mineras fueran tan seguras desde el punto de vista ambiental. Otra cosa que los ha impresionado es que, dada la reputación y el desempeño de Mexicana con respecto al cumplimiento de la normas ambientales nacionales, la empresa logra que se le aprueben permisos y otros procesos legales en forma eficiente y rápida. Muchas otras compañías mineras han experimentado demoras prolongadas (de uno o dos años) para obtener los permisos necesarios de expansión y operación a medida que los reguladores se esfuerzan por exigir que corrijan problemas anteriores. Mexicana también ha evitado los cierres y amenazas de cierres de las autoridades ambientales que han afectado a otras compañías mineras en el país. Para los acreedores, esto significa menores riesgos y un ciclo de vida de las inversiones mucho más rápido.

Difusión del modelo del programa ambiental

El enfoque de del Castillo está siendo imitado por gerentes de mandos medios de la compañía. Reconociendo los paralelos con la protección ambiental, el gerente de recursos energéticos ha iniciado un programa agresivo para mejorar la eficiencia de la energía basado en gran parte en el modelo adoptado por del Castillo, particularmente en lo que se refiere a su estilo gerencial de actuar como punto de apoyo para la toma de decisiones a nivel de unidades.

Los costos energéticos representan el 17% de los costos de producción de la compañía. Después de las materias primas y los bienes de capital, este es el mayor componente de costos en el proceso de fabricación del cobre. Por consiguiente, se están realizando amplios esfuerzos a nivel de toda la empresa dirigidos hacia todos los departamentos y áreas funcionales incluyendo la mina, la concentradora, las operaciones hidrometalúrgicas, la fundidora y el manejo de aguas a nivel de toda la planta.

Mexicana también está respondiendo a los importantes cambios introducidos por las leyes energéticas mexicanas. Hasta principios de los noventas, la legislación nacional prohibía la cogeneración. Desde que la ley cambió, Mexicana ha desarrollado en forma agresiva una capacidad de cogeneración que suministra ahora casi la mitad de la energía utilizada en la fundidora, y cuya meta es proporcionar el 100% en los próximos años.

Al igual que los programas ambientales, los que se realizan en el área energética utilizan una filosofía de participación y propiedad compartida de los proyectos, reforzada por un serio compromiso de parte de la alta gerencia con respecto a reducir el uso de la energía, así como los costos y consecuencias ambientales resultantes. También se realizan amplios esfuerzos de relaciones públicas a nivel residencial, dirigidos a crear una "cultura de conservación de la energía" entre todos los trabajadores de la planta.

Mediante un análisis sistemático de los patrones y hábitos de consumo, el programa ha identificado áreas muy productivas para la reducción de costos y energía. Realizando un mejor aprovechamiento del sistema de fijación de precios de "carga máxima de dos niveles", la compañía logró grandes ahorros energéticos. Durante las horas pico, de 4:00 p.m. a 10:00 p.m., la electricidad cuesta 0,20789 pesos/kwh, mientras que en las horas que no son pico cuesta 0,07325 pesos/kwh. Los costos de bombear agua desde el suministro de la mina a 25 km. de distancia se redujeron en gran parte llevando a cabo esta operación durante horas que no fueran pico y manteniendo el agua en tanques para utilizarla durante las horas pico. Dado que las instalaciones generadoras de electricidad recirculan de 5 a 6 millones de litros y extraen 1,2 millones de litros de agua natural cada mes, el ahorro en costos es enorme. En la mayoría de las luces externas se han instalado interruptores fotosensibles para garantizar que no queden encendidas durante el día. A los talleres que trabajan menos de tres turnos se les anima a que apaguen el equipo al final de los turnos. Se está instalando material translúcido en el techo de muchos de los edificios para aumentar la calidad de la luz y disminuir el uso de energía.

Hasta 1995, este programa fue un esfuerzo principalmente ad hoc del departamento de mantenimiento. Sin embargo, el éxito alcanzado en términos de reducir el uso de la energía y sus costos hizo que se formalizara. Rubén Tello se encarga ahora de orientar a cada área operativa de la planta en la formación del Comité de Energía cuya meta es reducir en un 3% el uso total de energía para 1996. Esto teniendo en cuenta que las empresas que prestan este servicio aumentaron los precios de la energía un 8,5% en abril de 1996.

Estrategia ambiental

A Mexicana de Cobre se la reconoce como la mejor de su clase en la industria del cobre en el área de la protección ambiental. Se considera que sólo otras dos plantas, una en los Estados Unidos y otra en Chile, están en su misma categoría. Del Castillo y los otros gerentes de alto rango se dieron cuenta que ser "la mejor de su clase" en una industria como la minera no era necesariamente algo de lo que se podían jactar. Aún así, sus esfuerzos habían evitado hasta el momento problemas con las regulaciones y permitido que la compañía tuviera una buena reputación ambiental — lo que a su vez había favorecido un crecimiento más rápido de lo planeado —al tiempo que producían algunos ahorros significativos en materia de costos. Y si bien todos se hallaban muy complacidos con lo logrado en un período tan corto, el consenso era menor con respecto al papel que debía desempeñar la protección ambiental en el futuro.

Los clientes, propietarios/financistas y reguladores gubernamentales tenían sus propias expectativas respecto al desempeño ambiental de Mexicana. Dentro de la misma compañía también habían aumentado las expectativas con respecto a los gerentes, trabajadores y las comunidades locales. A continuación se presentan algunos de los factores y fuerzas que afectan las decisiones de Mexicana sobre sus metas en cuanto a desempeño ambiental.

Mercados. Dado que el del cobre es un mercado de productos, los productores son agentes económicos que carecen de influencia sobre los precios. Sin embargo, en el mercado se desarrollan ciertos nichos. Es así como el rechazo europeo al arsénico en el cobre se considera como el primer paso hacia el desarrollo de un mercado "verde" de cobre. Jorge Meza había advertido que la sola acción de eliminar el arsénico no hacía del cobre un producto "verde", ni tampoco constituía en sí misma una estrategia de mercadeo bien concebida. De hecho, el arsénico debía estar presente para algunos usos. Muchos de los clientes de Mexicana requieren un contenido mínimo de arsénico. Si el arsénico no está presente en el cobre, el cliente tendrá que agregarlo, aumentando costos y riesgos para sus trabajadores.

Generalmente hay dos dimensiones que permiten evaluar si los productos son "verdes": el contenido de los productos y el proceso utilizado para fabricarlos. En casi todas las eco-etiquetas y otros esquemas de diferenciación de productos como los desarrollados por la International Standarization Organization [ISO estándar preliminar serie 14020] se evalúan estos dos componentes. Jorge Meza manifiesta categóricamente que quiere que Mexicana sea la primera empresa en vender cobre "verde", "En este momento, no hay un mercado para el cobre verde, pero los clientes están comenzando a prestar más atención al contenido y no hay razón para creer que en un futuro no insistirán en que tenga otras características verdes. Estamos en camino a una operación de fundición verde. Con nuestro enfoque, la productividad es elevada, los costos están disminuyendo y la operación se está volviendo más limpia cada día". Meza ha señalado que la nueva operación de la refinadora podría eliminar el arsénico, pero todavía queda un largo camino que recorrer para controlarlo en la operación de la fundidora. "Fácilmente podremos satisfacer la demanda de cobre con bajo contenido de arsénico, pero sólo después de refinarlo. Esto tiene un costo más elevado que producir por pedido cobre con bajo contenido de arsénico en la fundidora".

Los analistas de mercado se encuentran divididos con respecto a la idea del cobre verde. Señalan que existe una demanda cada vez mayor por productos más benignos con el ambiente, pero que los mercados de productos primarios usualmente son los últimos en responder a estas tendencias. Algunos de ellos creen que las presiones de los consumidores europeos probablemente obliguen a los proveedores de bienes de consumo y materiales para el hogar a examinar sus fuentes de abastecimiento. Ofrecen como ejemplo la industria de productos de madera, donde las presiones del mercado por materiales de bajo impacto (y benignos para el ambiente) están replanteando rápidamente la industria. Los mayoristas y otros grandes compradores están buscando cada vez más información sobre los productos que están comprando para revender; esto incluye sellos de silvicultura sostenible, certificados, prácticas de manejo de madera, registros del sistema de manejo ambiental, esto es, cualquier cosa que diferencie en forma confiable los productos según las especificaciones del cliente. Este movimiento está teniendo lugar principalmente en el norte de Europa, pero en los Estados Unidos también están surgiendo promotores de mercado similares.

Otro grupo de analistas cree que la industria de cobre elemental simplemente está muy alejada de la vida diaria de los consumidores como para que estos tomen seriamente las inquietudes ambientales. Advierten cómo otras industrias de productos como el acero, el maíz, el jugo de naranja, el oro y la plata no se han visto afectadas por la demanda ambiental. También han comentado en privado que si el cobre verde proviniera de México, es muy posible que los compradores tuvieran dudas, dada la reputación del país en materia de contaminación. No obstante indican que los competidores más nuevos de Mexicana en la fundición limpia (las operaciones en Estados Unidos y Chile) también parecen estar posicionados para competir en materia de criterios ambientales. La fundidora más reciente de Kennecot en Utah, y la planta más nueva de CODELCO en Chile se consideran tan avanzadas o más avanzadas que la de Mexicana. Meza está presto a señalar que Mexicana todavía tiene que avanzar varios años en la operación de este tipo de planta.

Medio ambiente y expansión. Con la expansión de las operaciones de la refinadora y la fundidora, Mexicana entrará en un punto de equilibrio con su capacidad de producción. De hecho, la extracción de mineral de Nacozari pronto será insuficiente para satisfacer la capacidad de las fundidoras. Mexicana de Cobre comenzará en poco tiempo a fundir el concentrado de su instalación hermana, Mexicana de Cananea, cuya fundidora estaba programada para cerrar operaciones en 1997 dada su incapacidad para cumplir con las nuevas regulaciones ambientales de México. Se espera que la mayor integración con Cananea sea un desafío. A diferencia de Mexicana de Cobre, Mexicana de Cananea tiene una desastrosa reputación ambiental y ha sido la fuente de gran parte del conflicto transfronterizo que llevó al Tratado de La Paz. La contaminación del aire y el agua originada en sus instalaciones tuvo un impacto negativo sobre los pueblos de Agua Prieta, Sonora y Douglas, Arizona. La capacidad de la fundidora de Cananea se redujo para satisfacer los límites provisionales, mientras que las descargas de agua se enviaron al sur de manera que no afectaran las ciudades fronterizas. La nueva orientación de la producción de Cananea y las mejoras ambientales necesarias requerirán una inversión de capital considerable.

La comunidad financiera. Representantes de la banca internacional, incluyendo algunos del Banco Mundial, han visitado Nacozari en repetidas ocasiones y han quedado bien impresionados con lo que han visto. Incluso han señalado a Mexicana como un ejemplo de lo que la comunidad bancaria internacional está buscando en materia de esfuerzos ambientales en los países menos desarrollados. Los banqueros han sugerido que el compromiso de Mexicana con la protección ambiental, particularmente con el acatamiento de las leyes ambientales nacionales, operará en su favor en las futuras decisiones financieras. Las principales expectativas del Grupo México para la compañía son la generación de utilidades y una expansión continua. También se espera que evite los problemas normativos que podrían poner en peligro las metas de expansión y ventas.

Expectativas internas. Mexicana parece haber tenido éxito en lo que se refiere a crear una cultura ambiental en Nacozari. Los trabajadores y sus familias están comenzando a tomar seriamente el desempeño ambiental. Para los empleados, la relación entre la calidad ambiental y la calidad de la gestión es cada vez más fuerte. Según Meza, "además de los beneficios financieros y otros beneficios tangibles, es importante sentirse bien con respecto al papel que desempeña Mexicana en la protección ambiental. Personalmente estoy orgulloso de trabajar para una compañía que tiene un huerto de 350 árboles frutales creciendo literalmente a la sombra de una planta fundidora, y que siembra 25.000 árboles al año en terrenos y comunidades. Más importante aún es que los trabajadores sientan que forman parte del esfuerzo para hacer de esta la mejor compañía del mundo, y que el ambiente es un componente muy importante de esta motivación".

Presupuestación de capital. El proceso interno de presupuestación de capital también tiene un componente ambiental. Las experiencias recientes con la valoración de proyectos han llevado a la conclusión de que los proyectos ambientales producen beneficios intangibles considerables. La política permanente — aunque no está escrita — es que si un proyecto ambiental parece tener un punto de equilibrio en el análisis financiero, entonces ciertamente es rentable y se debe llevar a cabo. El director financiero de la compañía lo explica de la siguiente manera: "Aquí los proyectos ambientales reciben la luz verde inmediatamente. Hemos aprendido que producirán beneficios muy pronto, incluso si no podemos calcular el rendimiento en el momento".

Conclusión

Aun con toda la distancia que Mexicana ha recorrido en los últimos años, del Castillo se siente intranquilo. Un estado de administración estable es usualmente el sueño de un gerente de operaciones. Pero una vez alcanzadas las principales metas programáticas, a del Castillo le preocupaba que se hiciera más difícil mantener los niveles actuales de desempeño de la compañía. Parecía claro que Mexicana tendría que desarrollar una nueva visión empresarial y ambiental integrada para el futuro cercano y distante, a fin de continuar por el rumbo que ya había tomado. Lo que no estaba tan claro era qué tipo de objetivos y medidas debía establecer la compañía para continuar por esa senda. Varias cosas eran seguras. Se debía garantizar que no se perdieran ganancias, que hubiera un sentido real de responsabilidad por el desempeño ambiental dentro del equipo gerencial, y que la cultura ambiental se difundiera por toda la compañía, desde la cadena de gerentes hasta las familias de los trabajadores.

A del Castillo también le preocupaba el impacto ambiental absoluto de Mexicana, que era bastante considerable; quizás mucho menor que el de casi todos sus competidores, pero todavía significativo. El concepto de cobre "verde" era fascinante. Si se tuviera que evaluar lo "verde" en una escala relativa, él se sentía seguro de que Mexicana haría un buen papel. Si se hiciera más subjetivamente, todavía tenía por delante un largo camino.

Las operaciones de la fundidora están en buenas condiciones. El hecho de que la compañía ya está considerando obtener la certificación para la fundidora de acuerdo con ISO 14001, el nuevo estándar internacional de manejo ambiental, es muy positivo. Otras áreas no están tan claras. Una operación de concentración tiene un impacto tan negativo que es difícil incluso concebir una versión "verde". Un punto crítico son las miles de hectáreas de sales ácidas secas y los kilómetros de lechos de ríos que transportan las colas a las coleras. Aun con el agresivo programa de reciclaje de agua, Mexicana todavía consume cantidades enormes del líquido, lo que cobra mayor importancia si se considera sus instalaciones están localizadas en una área casi desértica.

La mina misma representa un desafío interesante. ¿Cómo puede ser "verde" eliminar una montaña? Se ha programado clausurar la mina en 18 años, y la compañía ya comenzó a pensar en el plan de cierre. Se ha dado inicio a la reforestación en algunas áreas cerradas de la mina, pero todavía no existe un plan global.

Las operaciones hidrometalúrgicas son particularmente preocupantes. El concepto de lixiviar metales con ácidos es muy antiguo, pero la escala y el enfoque son muy nuevos. A medida que el mundo agota su abastecimiento de los minerales más ricos, la hidrometalurgia se expandirá para hacer de la extracción de mineral de menor ley la opción más eficaz en función de los costos. De hecho, muchos analistas creen que las tres fundidoras de cobre más recientes (Mexicana, Kennecot y CODELCO) serán las últimas en gran escala. La experiencia previa con la lixiviación en montones ha sido muy negativa. Las minas de oro y plata que utilizan procesos similares en los Estados Unidos y otras partes del mundo han dejado atrás cientos de ríos muertos, al tiempo que han contaminado el agua subterránea e innumerables sitios con desechos peligrosos. Muchas compañías importantes de cobre en todo el mundo ya están operando con esta técnica o planeando operaciones muy similares. Los ambientalistas y muchos gobiernos están preocupados por el impacto potencial en gran escala de las nuevas operaciones de cobre. Lo que más los inquieta es el efecto potencial del proceso de lixiviación. Hay un gran peligro de contaminación de aguas subterráneas procedente de las operaciones normales a medida que el ácido se lixivia a través de su recipiente, llevando metal consigo. Un estallido del embalse también es una posibilidad aunque remota, incluso en instalaciones bien diseñadas como las de Mexicana. La compañía construyó sus campos y estanques de lixiviación directamente sobre el suelo rocoso y se sellaron las fisuras con un concreto especial. Algunas empresas, particularmente las de los Estados Unidos, han instalado revestimientos especiales para garantizar que no haya filtración al agua subterránea. Otras también han instalado mecanismos de protección para garantizar que las aves y otros animales no caigan en la solución ácida.

El hecho de que el equipo gerencial se sintiera muy satisfecho con el desempeño ambiental no tranquilizaba de todo a del Castillo, quien continuaba preocupándose de que quizas no estuvieran viendo con claridad el papel que los programas ambientales estaban desempeñando en Mexicana de Cobre, o hasta dónde debían llegar. Pensó en la siguiente reunión del equipo de alta gerencia y se preguntó qué tendría que hacer para plantear claramente su posición con respecto al futuro ambiental de Mexicana.

Anexo 1

El proceso de producción de cobre en Mexicana

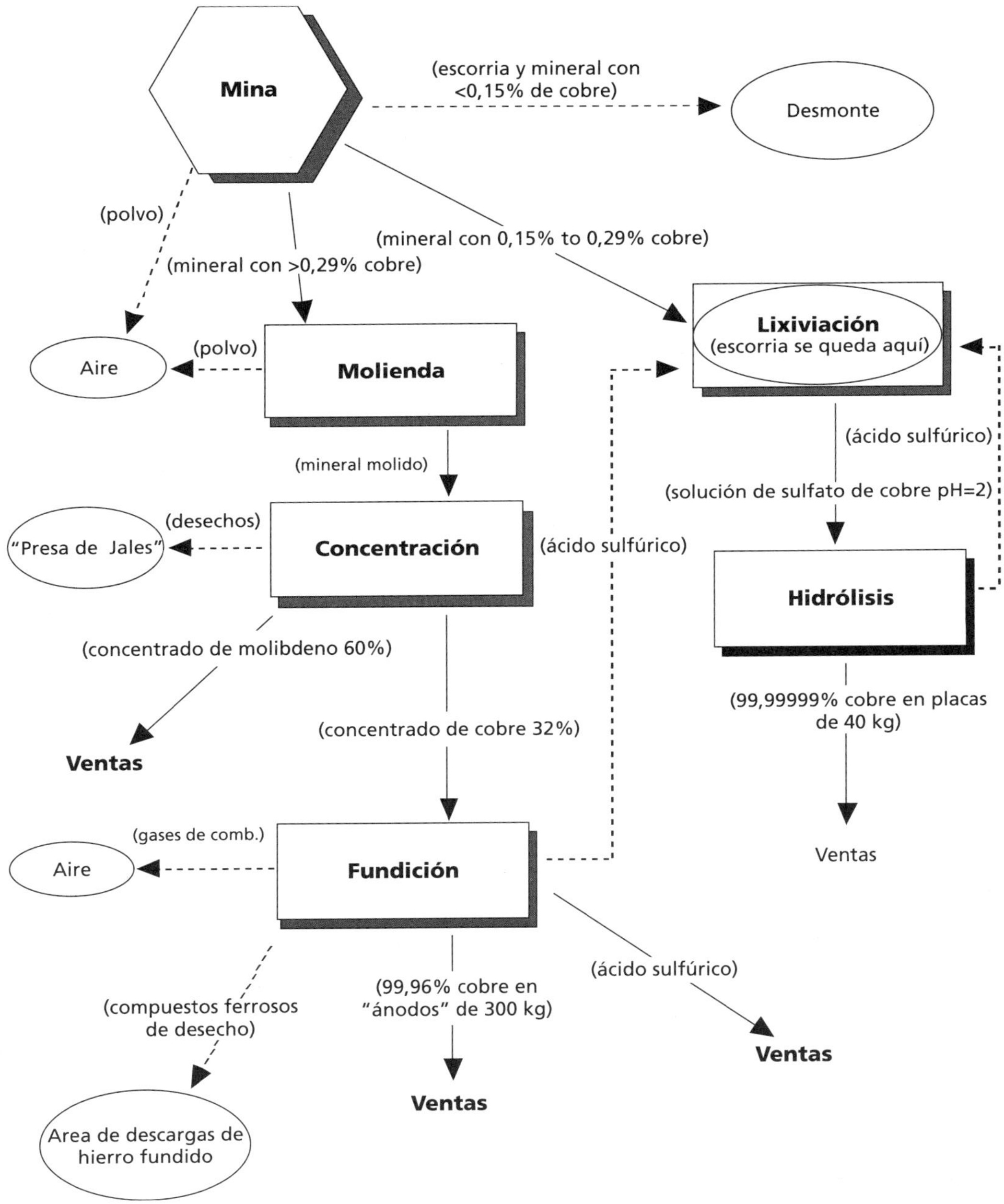

Anexo 2

PRINCIPALES PROBLEMAS AMBIENTALES Y RESPUESTAS

Horno de fundición

Problema	Motivado por	Respuesta	Resultado	Costo/beneficio
Emisiones de dióxido de carbono	regulación	planta de dióxido de carbono	reducción de 98%	pérdida de ventas de S204, mejoramiento de la imagen con la comunidad y el gobierno
(expansión de la planta)	regulación	ampliación de la planta de dióxido de carbono	reducción de 98%	pérdidas adicionales en ventas, $52 millones en deducción de impuestos
	motivos éticos, seguridad	aumento en la retención de emisiones fugitivas (ajuste en el trabajo del conducto)	nivel de concentración apto para humanos durante 24 horas al día en 1997	aumento en la moral de los trabajadores, menor uso de respiradores
Polvo/partículas	motivos éticos, seguridad, costo de mantenimiento	programas de limpieza	reducción de polvo	menos manteni-miento; se estima una reducción en el porcentaje de enfermedades
Impurezas del cobre	pérdida de ingresos, multa por contenido	refinería	libre de impurezas para 1997	$xx millones en inversión, $xx millones/mes en ingresos
Emisiones de arsénico	seguridad, posibilidad de demanda legal	investigación metalúrgica	ninguna todavía	costo del equipo de trabajo de metalúrgia

Trituración

Problema	Motivado por	Respuesta	Resultado	Costo/beneficio
Polvo	pérdidas de cobre, daño al ecosistema, costos de mantenimiento	cubrimiento de las bandas transportadoras	programado para 1997	varios millones de dólares (US$); aumento en la cantidad de cobre recuperado; reducción en mantenimiento de equipo; menor daño al ecosistema
Uso de energía	costo de energía	ninguno	ninguno	46% del total del costo de energía

Minería

Problema	Motivado por	Respuesta	Resultado	Costo/beneficio
Polvo	daño al ecosistema, costos de mantenimiento, seguridad	cubrimiento con agua	menos polvo	costo de agua y bombeo; menor daño al ecosistema; menor costo en mantenimiento de equipo
Aceite usado	regulación	quemar en la fundidora	ningún vertimiento a la tierra o a fuentes de agua subterránea	menor emisión de la fundidora; menor costo de eliminación de desperdicios

Anexo 2, cont.

PRINCIPALES PROBLEMAS AMBIENTALES Y RESPUESTAS				
Concentración				
Problema	**Motivado por**	**Respuesta**	**Resultado**	**Costo/beneficio**
Uso de agua	costos	máxima recirculación del agua	menor uso de agua	reducción en la demanda de agua; aumento de costo de energía
Uso de energía	costos	bombeo de agua fuera de las horas pico	mayor porcentaje de agua bombeada fuera de las horas pico	reducción en el uso de energía
Estanques de colas	posibles demandas legales, daño al ecosistema, imagen de la empresa	programa de investigación	todavía ninguno	un empleado tiempo completo
Hidrometalurgia				
Pilas de lixiviación	posibles demandas legales	pilas puestas sobre roca expuesta (sellamiento de grietas)	no se sabe	no se sabe
Estanque potencial	posibilidad de demandas legales, prevencción de accidentes, seguridad	estanque construido sobre roca expuesta	no se sabe	no se sabe
Exposición al ácido sulfúrico	regulación, daño al ecosistema	ventilación y alarma	reducción del riesgo de exposición dañina	costo de energía para ventilación
Comunidades Locales				
Caza ilegal	regulación, motivos éticos, imagen de la empresa	prohibición a la caza, programa educativo	casi ninguna pérdida de fauna silvestre por caza	costo para hacer cumplir la ley; costo de programas educativos; imagen frente a los reguladores
Uso de agua	costos	restricción de uso	menor uso	costo de hacer cumplir la ley, costo de programas educativos, reducción en costos de agua y de bombeo
Deshechos domésticos	motivos éticos	programas de reciclaje de caridad	reciclaje de un alto porcentaje de vidrio, papel y latas	costo de receptáculos, costos de educación

LOS EDITORES

Lawrence Pratt es el subdirector del Centro para la Competitividad y el Desarrollo Sostenible de INCAE, Costa Rica, donde tiene a su cargo diferentes proyectos de investigación orientados a explorar la relación que existe entre la competitividad industrial, el manejo ambiental a nivel de empresa y el diseño de políticas ambientales. Es también profesor de los cursos de manejo ambiental y políticas ambientales de los programas de Maestría y de Educación Ejecutiva del INCAE. Anteriormente, Lawrence Pratt se desempeñó como analista de políticas y como director de los programas de capacitación del Environmental Law Institute.

Susan Ward es la directora del Programa de Educación Empresarial para América Latina del World Resources Institute (WRI), organización con sede en Washington D.C. Como responsable del proyecto Latin America - Business Environment Learning and Leadership (LA-BELL), Susan Ward trabaja con profesores de administración de empresas en América Latina para incorporar los temas del desarrollo sostenible a los programas de estudios. Esto se hace por medio de la capacitación del profesorado, el desarrollo curricular y una mayor integración entre la academia y la industria. Anteriormente, Susan Ward trabajó para el World Learning Inc. en programas de educación y capacitación en Ecuador, República Dominicana y Ucrania.

COLABORADORES

Andrés Berterreche, Universidad Católica del Uruguay

Bianor Scelza Cavalcanti, Fundação Getulio Vargas/Escola Brasileira de Administração Pública, Brasil

Leonardo Cárdenas, Instituto Tecnológico y de Estudios Superiores de Monterrey y Consultores en Calidad Ambiental, México

Ana Célia Castro, Universidade Federal Rural do Rio de Janeiro, Brasil

Eugenio Clariond Reyes, Consejo Empresarial para el Desarrollo Sostenible en America Latina (CEDSAL)

Sarah Cordero Pinchansky, INCAE, Costa Rica

Susana A.Q. Feichas, Fundação Getulio Vargas/Escola Brasileira de Administração Pública, Brasil

Claudia Fiant, Universidad Católica de Córdoba, Argentina

Eduardo Frank, Universidad Católica de Córdoba, Argentina

Celso Funcia Lemme, Universidade Federal do Rio de Janeiro, Brasil

Mario Gallo Gallo, Escuela Superior de Administración de Negocios, Perú

David Gertner, Universidade Federal do Rio de Janeiro, Brasil

Valéria Gonçalves da Cunha, Universidade Federal do Rio de Janeiro, Brasil

Michel Hick, Universidad Católica de Córdoba, Argentina

Bryan W. Husted, Instituto Tecnológico y de Estudios Superiores de Monterrey, México

Concepción Jiménez González, Instituto Tecnológico y de Estudios Superiores de Monterrey, México

Isak Kruglianskas, Universidade de São Paulo, Brasil

Peter May, Universidade Federal Rural do Rio de Janeiro, Brasil

Lawrence Pratt, INCAE, Costa Rica

Juan Pablo Severi, Universidad Católica del Uruguay

Jorge Talavera, Escuela Superior de Administración de Negocios, Perú